CHRISTIANE WOELKY

Der kleine Stier will kuscheln, die kleine Jungfrau braucht viel Lob

Was das Sternzeichen über Ihr Kind verrät

Krüger Verlag

Originalausgabe
Erschienen im Krüger Verlag, einem Unternehmen der
S. Fischer Verlag GmbH, Frankfurt am Main

Satz: Pinkuin Satz und Datentechnik, Berlin
Druck und Bindung: GGP Media GmbH, Pößneck
Printed in Germany
ISBN 978-3-8105-2374-7

Inhalt

Drei Dinge sind uns aus dem Paradies geblieben:
die Sterne der Nacht, die Blumen des Tages
und die Augen der Kinder.
Dante Alighieri (1265–1321)

Vorwort

Jedes Kind ist einzigartig. Es ist von Geburt an eine kleine Persönlichkeit, ein Individuum, und braucht daher die Zuwendung, die zu seinen speziellen Bedürfnissen passt. Wie findet man aber heraus, was genau diese speziellen Bedürfnisse sind?

Manches Kind benötigt viel Ermunterung und Rückversicherung, um etwas zu wagen (wie die kleine Jungfrau), während ein anderes furchtlos von selbst auf die Welt losgeht, und man eher darauf achten muss, dass es sich nicht zu weit vorwagt. Einige Kinder sind sehr anlehnungsbedürftig und brauchen viele Kuscheleinheiten, um sich geborgen und sicher zu fühlen (wie der kleine Stier), andere sind nicht so anschmiegsam, benötigen deshalb aber nicht etwa weniger Zuwendung!

Da ein Kleinkind seine eigenen Bedürfnisse zunächst ja gar nicht äußern kann, erfordert es von den Eltern (oder anderen engen Bezugspersonen) großes Einfühlungsvermögen, gute Beobachtung und natürlich unendlich viel Geduld, um herauszufinden, was ihr Kind gerade braucht oder was für es allgemein am besten ist.

Neue Eltern lernen ihr Kind erst nach und nach kennen, seine individuellen Charaktereigenschaften, seine Eigenheiten, seine Vorlieben und Abneigungen – kurzum: seine Persönlichkeit. Vielleicht erkennen sie eigene Verhaltensweisen und Wesenszüge in ihrem Kind wieder, aber vielleicht fragen sie sich in manchen Situationen auch etwas ratlos: Von wem hat sie/er das bloß? So sind wir doch überhaupt nicht! Wie verhalte ich mich denn jetzt richtig?

Sich selbst und andere zu erkennen – dabei kann die Astrologie helfen. Über das Horoskop eines Menschen begreift

man, wie er gedacht ist – und wichtiger: *dass* er so gedacht ist!
Mit diesem Buch möchte ich Sie darin unterstützen, Ihr Kind in seiner ureigenen Persönlichkeit besser zu verstehen. Sich das Sternzeichen Ihres Kindes und die damit verbundenen Eigenschaften bewusst zu machen, kann Ihnen dabei helfen, Ihr Kind realistisch einzuschätzen, frühzeitig zu erkennen, wo seine Stärken und Schwächen liegen, und es entsprechend zu fördern.
Natürlich kennen Sie selbst Ihr Kind am besten, und einige der Aussagen in diesem Buch werden daher eher ein Spiegel Ihrer eigenen Erfahrungen statt eine Überraschung sein. In diesem Fall wirkt die Bestätigung, dass Ihr Kind – laut kosmischem Bauplan – genauso sein soll, wie es ist, angenehm beruhigend. Vielleicht beschert Ihnen dieses Buch aber auch ein paar Aha-Erlebnisse und bringt Sie zum Beispiel dazu, die schier endlosen Fragen Ihres kleinen Zwillings mit mehr Geduld zu beantworten oder die Unordnung Ihres Fische-Kindes gelassener – und mit Humor! – zu ertragen.
Zwar kann dieses Buch kein individuelles Horoskop für Ihr Kind erstellen, aber es kommt dem schon recht nahe. Durch die Unterteilung in kindliche Entwicklungsphasen sowie die Einbeziehung von Aszendent und Mond wird ein tiefer Einblick in die Veranlagungen Ihres Kindes möglich.

Weitere Informationen finden Sie unter
www.woelky-astrologie.de

Über die Astrologie

Von alters her haben die Sterne für den Menschen etwas Faszinierendes. Und der Gedanke, dass die funkelnden Gestirne dort oben etwas mit unserem Schicksal hier unten zu tun haben, macht sie noch geheimnisvoller. So umgibt auch die Astrologie, die sich ja mit der Sternendeutung befasst, eine Aura des Magischen. Kaum jemand versteht, wie sie »funktioniert«. Manche werfen sie mit Hellsehen oder Kartenlegen in einen Topf, viele bringen sie mit Esoterik in Verbindung, wenige wissen, dass sie im Altertum als Königin der Wissenschaften galt.

Der Begriff Astrologie stammt aus dem Griechischen und setzt sich aus den Worten »astron« – Stern und »logos« – Sinn zusammen. Er lässt sich gut mit »Sternenkunde« übersetzen. Dabei geht es in erster Linie um das Wissen über die Wandelsterne – die Planeten unseres Sonnensystems.

In fast allen frühen Kulturen der Menschheit beobachtete man die Bewegungen der Planeten am Himmel, um daraus Kenntnisse über die Gesetzmäßigkeiten des Lebens auf der Erde zu erlangen. Auch die drei Weisen aus dem Morgenland waren Sterndeuter. Sie hatten aufgrund einer besonderen Planetenkonstellation an einem bestimmten Ort die Geburt Christi vorhergesehen.

Im Altertum war die Astrologie noch identisch mit dem, was wir heute Astronomie nennen. Ab dem 17. Jahrhundert trat aber eine Spaltung auf, und die Astrologie verlor nach und nach an ernsthafter Bedeutung. Als eine Wissenschaft wird sie heute nicht mehr betrachtet. Deren vier geforderte Kriterien von Nachprüfbarkeit, Wiederholbarkeit, Allgemeingültigkeit sowie Objektivität sind von ihr nicht immer erfüllbar.

Die Astrologie ist eine Symbolsprache. Die Sterne »sprechen« in Bildern zu uns. Und die müssen übersetzt, d.h. interpretiert und auf das Leben des Ratsuchenden bezogen werden. Das hat eigentlich wenig Geheimnisvolles, sondern ist – allerdings mit einiger Arbeit – im Prinzip von jedem erlernbar. Die Qualität der Deutung hängt unmittelbar mit dem Wissensstand, dem Weltbild und der Lebenserfahrung des Astrologen zusammen.
So hat die Astrologie auch nicht unbedingt etwas mit Esoterik zu tun. Glaubt der Astrologe z.B. an Wiedergeburt, wird er das in seine Beratung mit einfließen lassen. Ein anderer interpretiert das Horoskop vielleicht auf eine ganz sachlich-psychologische Art.

In der breiten Öffentlichkeit wird die Astrologie meist mit Vorhersagen in Verbindung gebracht. Das ist aber nur eine ihrer Funktionen. Ihre größere Bedeutung liegt meines Erachtens in der Analyse der seelischen, geistigen und körperlichen Veranlagung eines Menschen anhand seines Horoskops.
Mittels eines individuellen Horoskops kann ein guter Astrologe einem Menschen all seine Begabungen, Blockaden, Entwicklungsmöglichkeiten und sogar seine Lebensaufgabe aufzeigen.
Eine derartige Deutung kann dieses Buch natürlich nicht leisten. Es liefert aber ein fundiertes Basiswissen, anhand dessen sich – auch für Laien – die Veranlagung eines Kindes gut erfassen lässt.

Sonne, Mond und Sternzeichen

Erklärung einiger astrologischer Begriffe
Wenn jemand von sich sagt, er sei Widder, dann ist er zwischen dem 21. März und dem 20. April eines Jahres geboren. Diese Aussage beruht darauf, dass in dieser Zeit – astrologisch gesehen – die Sonne das Zeichen Widder durchwandert. Widder ist eines von 12 Zeichen, die sich in einem gedachten Kreis am Himmel befinden. Diesen Kreis kann man sich wie einen unsichtbaren Gürtel vorstellen, der um die Erde herum liegt. Es ist der sogenannte Tierkreis oder auch Zodiak. (Der Tierkreis hat übrigens nichts mit Tieren zu tun, sondern geht auf den Namen des germanischen Sonnengottes Tyr zurück.) Diesen Kreis durchläuft die Sonne, aus Sicht der Erde, einmal jährlich; dabei braucht sie ca. 30 Tage für jedes Zeichen.

Die 12 Zeichen heißen also *Tierkreiszeichen*, weil sie Abschnitte dieses Kreises bzw. dieser Sonnenbahn sind. Umgangssprachlich werden sie aber *Sternzeichen* genannt, ein Begriff, der in diesem Buch der Einfachheit halber beibehalten wird.

Statt »Ich bin Widder«, müsste man also eigentlich sagen: »Meine Sonne steht im Tierkreiszeichen Widder«. Der Sonnenstand allein sagt natürlich nicht alles über einen Menschen aus, jeder ist viel mehr als sein *Sonnenzeichen.* Um einen Menschen ausführlich zu beschreiben, muss man nämlich nicht nur in den Geburts-Tag, sondern auch in die Geburts-Stunde schauen. »In-die-Stunde-schauen« ist die Übersetzung des griechischen Wortes »Horoskop« (hora skopein). Erst ein individuell erstelltes Horoskop, das auf die Minute genau berechnet wird, gibt umfassend Auskunft über Veranlagungen und Potenzial eines Menschen.

Ein *Horoskop* ist so etwas wie ein kosmischer Bauplan; es enthält 10 Planeten in ihren Zeichen und den Aszendenten. Dazu kommen u.a. noch die sogenannten »Häuser«, die die Lebensbereiche darstellen, und die »Aspekte«, die etwas über die Beziehungen zwischen den Planeten aussagen. Es gibt z.B. ein Haus für Familie, eins für Arbeit, eins für Freunde usw. Die Aspekte sind Winkelverbindungen zwischen den Planeten, die förderlich oder hemmend sein können.

Die *Planeten* symbolisieren unsere Persönlichkeitsanteile; zum Beispiel steht die Venus für unsere Beziehungsfähigkeit. In der Astrologie zählen auch Sonne und Mond zu den Planeten.

Die *Sonne* ist und bleibt in einem Horoskop der Hauptfaktor. Das Zeichen, in dem sie sich befindet, gibt Auskunft über die Haupteigenschaften eines Menschen, über seinen Wesenskern, und wie er ihn zum »Strahlen« bringt. Lebt er die Qualitäten dieses Zeichens positiv aus, befindet er sich ganz in seiner Mitte.

Als Stern strahlt die Sonne Licht, Energie, Wärme aus; im Horoskop steht sie mit unserer männlichen Seite – Aktivität, Willenskraft und Vitalität – in Verbindung. Auch körperliche Eigenschaften und gesundheitliche Schwachpunkte (wie Anfälligkeiten) lassen sich aus ihrer Stellung im Horoskop ablesen.

Der *Mond* ist das Symbol für die weibliche Seite eines Menschen. Das Zeichen, in dem er sich zum Zeitpunkt der Geburt befindet, sagt hauptsächlich etwas über unsere Gefühle, unsere seelische Grundstimmung und Bedürfnisse aus. Für ein Kleinkind, das sich in erster Linie über seine Gefühle und Bedürfnisse erlebt, ein ganz wichtiger Planet!

Der *Aszendent* ist – vereinfacht gesagt – auch ein Tierkreiszeichen, und zwar dasjenige, welches im Moment der Geburt am Horizont aufsteigt (von lat. ascendere). Er steht also eng mit dem Geburtsmoment in Verbindung und sagt etwas über die Art und Weise aus, wie wir das Leben angehen. Mehr über seine Bedeutung und wie Sie ihn herausfinden, lesen Sie ab S. 261.

Zu guter Letzt noch einmal zurück zu den *Sternzeichen* (eigentlich *Tierkreiszeichen*). Man könnte sie als 12 Energiefelder ansehen, die den Planeten und dem Aszendenten bestimmte Eigenschaften »verleihen«:

* Das Sternzeichen, in dem unsere Sonne steht, beschreibt unseren Wesenskern.
* Das Sternzeichen, in dem sich der Aszendent befindet, bestimmt, wie wir das Leben angehen.
* Das Sternzeichen, in dem der Mond steht, sagt etwas über unsere seelische Grundstimmung und Bedürfnisse aus.

Die Beschreibung des Zeichens Widder gilt also nicht nur für diejenigen, die ihre Sonne in diesem Zeichen haben, sondern auch für alle, deren Aszendent oder Mond sich im Widder befinden. Das Sonnenzeichen ist für Erwachsene das Wichtigste, dann folgt der Aszendent, darauf der Mond. Je kleiner aber das Kind ist und somit mehr von seinen Gefühlen und Bedürfnissen gelenkt wird, desto stärker treten die Mond-Eigenschaften hervor. So kann ein Kind, das vom Sternzeichen her ein ruhiger Krebs ist, einen neugierigen Zwilling-Aszendenten haben und einen lebhaften Widder-Mond. Mehr dazu lesen Sie im Kapitel »Der Mond«.

WIDDER
21. 3. – 20. 4.

»Jetzt! Jetzt«, schrie die Königin. »Schneller! Schneller!«
Alice im Wunderland von Lewis Carroll

Planet: Mars Seinen Namen hat der rote Planet vom römischen Kriegsgott Mars, der zugleich Beschützer der Herden und Felder ist. Auch der Monatsname März geht auf ihn zurück.

Symbol: ♈ Dieses Symbol stellt das Gehörn des Widders dar. Es galt früher als Sinnbild für Stärke, Mut und Männlichkeit.

Element: Feuer Das dynamische Element steht für Energie, Hitze und Bewegung. Es verleiht den Menschen Tatkraft, Antrieb und Vitalität. Feuer sorgt für eine optimistische Lebenseinstellung und den Drang nach ständig neuen Erlebnissen. Das Widder-Feuer hat viel Hitze, Impulsivität und ein besonders hohes Energiepotenzial.

Stein: Rubin Dieser rote, seltene Stein gehört zu den wertvollsten Edelsteinen der Erde. Er zeichnet sich durch große Härte und herrliche Leuchtkraft aus. Schon Hildegard von Bingen (Äbtissin und Heilkräuterkundige des Mittelalters) empfahl den »Karfunkelstein« bei Fieber, Kopfschmerzen und Stimmungsschwankungen.

Tag: Dienstag Das französische Wort »Mardi« (Dienstag) leitet sich von Mars ab.

Farbe: Rot Diese Primärfarbe symbolisiert das feurige Temperament des Widders. Sie hat eine energetisierende Wirkung.

Blume: Arnika Die leuchtend gelbe Heilpflanze wird gern bei Verletzungen aller Art eingesetzt. Manche nennen sie das »Erste-Hilfe-Kraut«.

Tier: Wolf Der geschickte, kämpferische Jäger hat ähnliche Eigenschaften wie der Widder.

POSITIVE UND SCHWIERIGE EIGENSCHAFTEN AUF EINEN BLICK

+ spontan, mutig, abenteuerlustig, direkt, dynamisch, sportlich
– hitzig, voreilig, ungeduldig, aggressiv, ich-bezogen

Das Zeichen Widder im astrologischen Tierkreis

Mit dem Widder beginnt das astrologische Jahr und damit auf unserer nördlichen Halbkugel der Frühling (21.3.). Die Tage werden wieder länger, das Licht siegt über die Dunkelheit, in der Natur bahnt sich neues Leben kraftvoll seinen Weg.
Der Widder ist also das allererste Zeichen, und diese Aufbruchstimmung macht sich in seinem Wesen sehr deutlich bemerkbar: Der Anfang reizt ihn – nicht das Zuendebringen oder Ausführen von Dingen. Er ist ein Pionier, der stets nach vorne stürmt, Stillstand oder Rückschau kennt er nicht. Auf seine Ziele geht er willensstark und direkt los, seine Wünsche kann er in der Regel gut durchsetzen. Meist handelt er instinktiv und überlegt nicht lange. Fehler, die dabei entstehen, werden schnell abgehakt. Er liebt Herausforderungen – egal welcher Art. Dabei misst er sich gern mit anderen und gibt alles, um Erster zu sein. Schließlich will er seiner Rolle als Anführer im Tierkreis gerecht werden!

Das Kleinkind (0-5 Jahre)

Viel Temperament
Ein Widder-Baby ist selten zu überhören. Lautstark macht es auf seine Bedürfnisse aufmerksam und gibt nicht eher Ruhe, bis sie erfüllt sind. Da es auch ausgesprochen ungeduldig ist, steigt – bei Nichtreagieren – der Geräuschpegel sehr schnell an. Die Hoffung, dass das Kind sich irgendwann beruhigen wird, ist leider vergebens. Ein neugeborener Widder ist mit schier unerschöpflichen Ener-

gien ausgestattet – müde Erwachsene haben dem nicht viel entgegenzusetzen. Und so bekommt der kleine Kämpfer schon früh, was er will, und das entspricht ja auch seinem Naturell: Er muss sich durchsetzen.

Wenn sich dieser willensstarke kleine Racker etwas in den Kopf gesetzt hat, ist es schwer, ihn davon abzubringen. Es sei denn, es gibt etwas noch Interessanteres. Seine Aufmerksamkeitsspanne ist kurz, er wird sich selten lange mit etwas beschäftigen. Dafür sind seine Energie und seine Lebensneugier zu groß.

Früh selbständig

Angst vor Veränderungen kennt er nicht, im Gegenteil: Der kleine Widder braucht immer wieder neue Eindrücke. Er ist früh selbständig und will alles alleine machen. Hat er bekommen, was er will, lässt sein Strahlen schnell das Schreien vergessen.

Positive Gefühle, wie Freude oder Überraschung, drückt er ebenso unüberhörbar aus wie seine Bedürfnisse.

Dieses übermütige Energiebündel kann die Familie mit seinem Aktionismus ganz schön in Atem halten, ist aber gleichzeitig auch herrlich unkompliziert. Durch seine geradlinige Art weiß man immer genau, wie es ihm geht und woran man bei ihm ist.

Großer Bewegungsdrang

Verständlicherweise braucht der Widder viel Bewegung – Enge und Eingrenzung verträgt er nicht, dazu ist sein Freiheitsdrang zu groß. Er mag die Natur; Dinge erkunden und draußen herumtollen tun ihm gut.

Auf dem Spielplatz will dies abenteuerlustige Kind alles ausprobieren. Nichts ist ihm zu hoch, zu steil oder zu gefährlich. Dabei kann es seine Kräfte und Möglichkeiten durchaus mal überschätzen.

Kontaktfreudig, aber konkurrenzorientiert
Mit seiner direkten Art hat es keinerlei Probleme, auf andere Kinder zuzugehen und schnell Kontakte zu knüpfen. Allerdings kann es durch Forschheit auch mal die Grenzen anderer überschreiten. Es hat keine Mühe damit, sich zu behaupten und seine Wünsche durchzusetzen.
Ist es das Erstgeborene, reagiert es auf Geschwister zunächst wahrscheinlich nicht hocherfreut. Tief im Inneren hat das Widderchen nämlich das Gefühl, etwas Einzigartiges zu sein. Außerdem haben die guten Feen vergessen, ihm Rücksichtnahme und die Bereitschaft zum Zurückstecken in die Wiege zu legen. Hier ist viel Extra-Zuwendung nötig, damit es den Neuzugang nicht als Konkurrenten ansieht.

Sein Märchen: »Der Königssohn, der sich vor nichts fürchtet« (Brüder Grimm)

Praktische Tipps für die Eltern

- Sie müssen wirklich sehr aufmerksam sein, denn ein Widder-Baby ist unglaublich schnell und impulsiv. Kaum weggeschaut, schon ist es woanders und erkundet etwas Neues. Ihre Wohnung sollte also früh kindersicher sein und dennoch Möglichkeiten zum Erforschen bieten.
- Wenn Sie das Gefühl haben, Ihr feuriges Widderchen sei manchmal zu unruhig, können Sie zum Beispiel das Kinderzimmer in Blautönen streichen. Diese Farbe beruhigt. Meditations- oder klassische Musik im Hintergrund sind auch ein gutes Mittel – vor allem zum Einschlafen.
- Ihr Kind hat viel Power, und es ist Ihre Aufgabe, diese Energien in geeignete Bahnen zu lenken. Geben Sie ihm viele Möglichkeiten, unterschiedliche Sportarten auszuprobieren.
- Tragen Sie's mit Fassung: Die Trotzphase kann bei Ihrem

Kind besonders stark ausfallen, da es von Haus aus schon recht temperamentvoll ist.

- Krabbelgruppe, Kindergarten und Vorschule sind allesamt sehr förderlich für Ihren kleinen Liebling. Hier erhält er Anregungen, kann herumtoben und lernt frühzeitig etwas über Gruppenverhalten. Wichtig ist allerdings, dass er freiwillig hingeht! Man sollte dieses lebhafte Kind nicht in ein starres (Zeit-)Korsett zwingen, sonst wird es entweder trotzig oder unterdrückt seine Lebendigkeit.
- Halten Sie Pflaster, Desinfektionsspray und dergleichen griffbereit. Der kleine Widder wird sich überall seine Hörner = Stirn, Knie, Ellenbogen abstoßen.

Das Schulkind (6-12 Jahre)

Schule

Die Schule ist für den jungen Widder eigentlich eine recht spannende Angelegenheit. Im Idealfall wird er dort ständig mit neuen, interessanten Themen konfrontiert, er findet Herausforderungen auf geistigem und auch körperlichem Gebiet. Die Kehrseite besteht darin, dass er sich jetzt in einem System mit festen Regeln befindet, und das liegt diesem freiheitsliebenden Zeichen nicht besonders. Es fällt ihm nicht leicht, sich Autoritäten unterzuordnen, er schafft es nicht immer, pünktlich zu sein. Auch bringt er oft nicht genügend Disziplin auf, Dinge zu Ende zu bringen oder Hefte sauber zu führen. Der ständig gleiche Tagesablauf langweilt ihn, Routineaufgaben ebenfalls. Er mag nicht nach (Stunden-)Plan lernen, sondern braucht innere Begeisterung, um ein Thema zu bearbeiten. Vokabeln und Formeln pauken gehört nicht zu seinen Lieblingsbeschäftigungen. Auch mangelt es ihm oft an Geduld und Genauigkeit, eine

Aufgabe richtig durchzulesen oder zu berechnen. Flüchtigkeitsfehler sind bei ihm an der Tagesordnung.
Andererseits hat der junge Widder einen äußerst wachen und wendigen Geist, der Informationen sehr schnell aufnehmen und verarbeiten kann. Er bildet sich im Handumdrehen eine Meinung und vertritt sie auch sehr engagiert. In Fächern, in denen also Kombinations- und Diskussionsfähigkeit gebraucht wird, hat er keinerlei Schwierigkeiten.
Ein weiteres Problem für den dynamischen Widder ist das lange Stillsitzen in der Schule. Er kann wirklich nichts dafür, wenn er nach der dritten Stunde kribbelig wird und dadurch seine Konzentration nachlässt. Sein feuriges Naturell braucht einfach zwischendurch Bewegung. Auch nach dem Unterricht muss er sich erst mal etwas austoben, bevor er sich an die Hausaufgaben macht.

Hobby

Sport ist für den kleinen Wirbelwind ganz wichtig. Und wenn er etwas trainiert, wird er meist ein ausgezeichneter Sportler mit schnellen Reflexen und guter Muskelkraft. Auch außerhalb des Schulangebots sollte er Gelegenheit erhalten, die verschiedensten Dinge auszuprobieren, und selten wird er gleich bei seiner ersten Wahl bleiben.
Kampfsportarten (Karate, Judo, Capoeira) sind besonders für Jungen ideal, Mädchen lieben Individualsportarten (Joggen, Skilaufen, Leichtathletik). Teamsportarten können beiden ebenfalls viel Spaß bringen, hier werden sie schnell zum Anführer und wollen ihre Mannschaft um jeden Preis zum Sieg führen.

Gemeinschaft

Das reibungslose Zusammenspiel mit anderen ist für den typischen Widder nicht immer einfach. Oft geht er von sich aus, anstatt sich in den anderen hineinzudenken oder zu -fühlen.

In Gruppen ist er gern der Anführer und möchte bestimmen, was gemacht wird. Dabei wirkt er inspirierend und Impuls gebend auf andere. Er ist stets natürlich und sagt meist direkt, was er denkt – damit kann allerdings nicht jeder umgehen. So können seine Freundschaften schon hin und wieder auf die Probe gestellt werden. Meist haben die anderen ein Problem mit ihm, nicht umgekehrt. Es sei denn, sie sind zu langsam ... Tatsächlich ist der Widder im Kern warmherzig und gutmütig wie ein Lamm. Eine seiner größten Stärken ist seine Loyalität: Für seine Gefährten geht er durchs Feuer.

Haustiere
Ein Haustier würde ihn – wie vieles andere auch – kurzfristig enorm begeistern. Auf eine kontinuierliche Betreuung seinerseits darf man aber nicht hoffen. Die bleibt, eher über kurz als lang, bei den Geschwistern oder Eltern hängen – obwohl der kleine Widder das Tier sehr lieb hat! Trotzdem könnte der kleine Widder mit Hilfe eines Haustiers auf sehr anschauliche Weise den Wert von Regeln und festen Zeiten lernen. Hier gilt es, sorgfältig zwischen pädagogischem Wert und konkreten Alltagsgegebenheiten abzuwägen, damit das Tierchen auch zu seinem Recht kommt.

Sein Lieblingsspielzeug:
Jungen: Autos, Boxsack
Mädchen: Springseil, Gartenhockey

Praktische Tipps für die Eltern

- Unterstützen Sie alle sportlichen Interessen Ihres Sprösslings. Vielleicht gibt es in Ihrer Nähe eine Schule mit einem besonders breiten und guten Sportangebot.
- Visieren Sie mit ihm kurzfristig erreichbare Ziele an. Der

dynamische Widder braucht einen schnellen Erfolg und hat keinen langen Atem. (Die »Zwei« im nächsten Test statt im nächsten Zeugnis).

- Veranstalten Sie Lernwettkämpfe, z. B. für Vokabeln. Im Falle eines Misserfolges sollte Ihr Liebling allerdings nicht leer ausgehen, sonst würde er schnell den Spaß daran verlieren.
- Ermuntern Sie ihn aber auch, seine Energien statt zum Kräftemessen zur Unterstützung anderer einzusetzen. Es ist sinnvoll, sein Gemeinschaftsverhalten früh positiv zu beeinflussen.
- Machen Sie sich keine Sorgen, wenn es in der Schule mal nicht so toll läuft. Zeugnisse sind nicht ausschlaggebend für seinen späteren beruflichen Erfolg: Die Widder führen zum Beispiel die Liste der deutschen Nobelpreisträger an!
- Bieten Sie Ihrem Kind alle Möglichkeiten, seinen Forscherdrang auszuleben. Lassen Sie es das Internet erobern, ein Radio auseinandernehmen, den Wald auskundschaften usw.
- Wahrscheinlich hat Ihr Widder, als Feuerzeichen, eine starke Affinität zu »seinem« Element. Kerzen, Streichhölzer, Feuerwerk etc. können eine große Faszination auf ihn ausüben, auch Heißes scheint ihn anzuziehen. Sprechen Sie die Gefahren rechtzeitig durch.
- Halten Sie Ihr Kind dazu an, angefangene Dinge auch zu Ende zu bringen. Der Widder liebt ja den Neubeginn und verliert dann leicht das Interesse.

Das jugendliche Kind (13-18 Jahre)

Pubertät

Wie es zum vorwärts drängenden Widder passt, will er natürlich schnell erwachsen werden und versucht sehr

früh, Freiheiten für sich zu erringen. Widerstand seitens der Eltern fordern den pubertierenden Junior eher heraus, als dass er klein beigibt. Die daraus entstehenden Kämpfe können sehr heftig ausfallen. Einmischung und Überwachung liebt er sowieso nicht, und je älter er wird, desto allergischer reagiert er darauf. Hier sind Fingerspitzengefühl, Klarheit und Nervenstärke erforderlich.
Oft ist es so, dass die Pubertät bei Widdern früher und heftiger einsetzt, dafür aber kürzer ausfällt. Ausnahmen bestätigen die Regel.

Beziehung zu anderen
Der Widder ist ein Individualist; Kooperation, Anpassungs- und Kompromissbereitschaft sind weniger gut ausgeprägt. Dafür ist er mit viel Initiative und guten Führungsfähigkeiten ausgestattet. In Gruppen übernimmt er gern die Leitung, für Freunde springt er freudig in die Bresche. Jedoch hat er mehr von einem Einzelkämpfer als von einem Teamplayer an sich und agiert instinktiv aus seinen Impulsen und Bedürfnissen heraus. Damit wird er in der Schule sowie im Freundeskreis hier und da anecken, und allzu egoistische Züge schleifen sich nach und nach ab. Gibt es Streit, kann der feurige Widder ordentlich austeilen, nach kurzer Zeit ist für ihn aber alles wieder vergessen. Nachtragend ist er überhaupt nicht.

Partnerschaft und Sex
Das Thema Sex ist für Widder wichtig, der Umgang damit meist natürlich und unkompliziert. Ihr Abenteuerdrang lässt sie (zumindest die Jungs) zeitig alles Mögliche ausprobieren – immer auf der Suche nach neuen Erfahrungen. Probleme könnten hier aus ihrer hohen Risikobereitschaft und ihrer Unbekümmertheit heraus entstehen.
In seiner spontanen Art verliebt sich der jugendliche Widder im Handumdrehen. Die Gefühle sind schnell sehr

leidenschaftlich und wollen ausgelebt werden. Langes romantisches Anschmachten aus der Ferne ist nicht seine Sache. Empfindungen werden stets gezeigt (meist sind sie ihm ins Gesicht geschrieben), lang und breit darüber reden muss er nicht unbedingt. Auch wenn er oft etwas Einzelgängerisches an den Tag legt: Liebeskummer nagt sehr an ihm. Bei aller Eigenwilligkeit braucht er und wünscht er sich eine harmonische Beziehung.

Freizeit

Hobbys können in dieser Phase kommen und gehen, sein Interesse ist selten ausdauernd bei einer Sache. Am besten ist er dort aufgehoben, wo er viel Eigeninitiative zeigen oder etwas Besonderes leisten kann. Da (vor allem männliche) Widder sehr technikbegeistert sind, nehmen Computerspiele und LAN-Partys viel Raum ein.

Praktische Tipps für die Eltern

- Gehen Sie mehr und mehr von Ratschlägen über Vorschläge zu Inspirationen über. Dann leistet Ihr Widder weniger Widerstand.
- Auch in dieser Phase ist Sport ganz wichtig, vor allem um »Dampf abzulassen«.
- Ihr Kind neigt jetzt dazu, zu viel (auf einmal) tun zu wollen. Es probiert seine körperlichen Kräfte aus und geht oft über seine Grenzen. Versuchen Sie darauf zu achten, dass es genügend Schlaf und Entspannung bekommt.
- In seinem Drang, Dinge ausprobieren zu wollen, nimmt der Widder unter Umständen auch mal Drogen. Zu Ihrer Beruhigung: Ein Widder lässt zwar wenige »Dummheiten« aus, bleibt aber selten an ihnen kleben.
- Begrenzen Sie die Fernsehzeiten, bzw. bieten Sie anregende Alternativen an. Bei allem Bewegungsbedürfnis gibt

es beim Widder auch eine bequeme Seite, die zeitweilig Action lieber sieht als macht. Den Aus-Schalter kann er dann nur schwer alleine finden.

- Denken Sie daran: Auch nach dem hitzigsten Wutanfall wird der pubertierende Widder schnell wieder zum kleinen Lämmchen, das eigentlich nur Liebe möchte.
- Lassen Sie ihn direkt die Konsequenzen von impulsiven Handlungen, bzw. seiner Unbeherrschtheit spüren. Hat er etwas kaputt gemacht, bringen Sie ihn dazu, es zu reparieren, anstatt einen Betrag vom Taschengeld abzuziehen.
- In einer Verliebtheitsphase ist er möglicherweise offen für Hinweise über den Umgang mit dem anderen Geschlecht. Ihre Chance, etwas über Themen wie Rücksichtnahme, Verständnis, Toleranz, Kompromisse einzubringen.
- Haben Sie Extra-Verhütungsmittel im Haus. Ihr Teenager plant selten voraus.

Körper und Gesundheit

Der kleine Widder kommt mit einer robusten Natur auf die Welt. Später ist er gern draußen an der frischen Luft und bewegt sich viel, das hält ihn gesund. Sein Energielevel ist grundsätzlich hoch, doch er neigt dazu, sich zu überschätzen und mehr als nötig zu verausgaben. Bewegungsmangel dagegen macht ihn reizbar und kribbelig.

Sport ist, wie nicht häufig genug erwähnt werden kann, für ihn das beste Ventil, überschüssige körperliche Energie loszuwerden und inneren Druck abzubauen. Da sein Entdeckerdrang vor nichts haltmacht, zieht er sich in jungen Jahren jede Menge kleinerer Verletzungen zu (Schrammen, Beulen, Kratzer, Schnitte etc.). Die ihm zugeordnete Pflanze sollte als natürliches Heilmittel in der Hausapotheke nicht fehlen.

Wenn er sich zu stark durchsetzt, buchstäblich mit dem

Kopf durch die Wand will, sind Verletzungen am Kopf eine häufige Folge. Mit den Jahren findet man so einige Narben am Widder-Kopf. Nicht unbedingt im Gesicht – vielleicht versteckt unter den Haaren. Mädchen, die ihre Widder-Eigenschaften oft zu wenig ausleben, können regelmäßig an Kopfschmerzen leiden.
Auch die Zähne können bei diesem Zeichen eine Schwachstelle sein. Zum Beispiel beißt es sich – um seinen Willen durchzusetzen – an manchen Dingen sprichwörtlich die Zähne aus. Der umgekehrte Fall (Beißhemmung – unterdrückte Aggression) ist ebenso möglich.
Erkrankungen nehmen bei ihm oft einen heftigen, aber schnellen Verlauf (z. B. kurzfristig hohes Fieber).
Bachblüte: Impatiens (Springkraut) hilft gegen Ungeduld.

Hinweise für die Eltern von Widdern aller Altersstufen

Als Eltern eines Widders haben Sie keine ganz leichte Erziehungsaufgabe. Grundsätzlich sollten Sie ihm ganz viel Freiheit lassen, damit er seine eigenen Erfahrungen machen kann. Der Widder lernt nämlich nicht gut durch Ratschläge oder über Verbote, sondern im Wesentlichen übers eigene Erleben. Sie können ihm hundertmal sagen, dass eine Herdplatte heiß ist, erst wenn er die Brandblase spürt, weiß er, dass er dort nicht mehr hinfassen sollte. Der kleine Widder muss sich seine Hörner abstoßen, um seine Grenzen selbst zu erkennen. Er sollte Gelegenheit haben, seinen großen Mut und seine unbändige Kraft zu entwickeln und ausleben zu können, so unbequem das für andere auch manchmal sein mag. Gleichzeitig sollten Sie aber auch die Schwächen Ihres Widders im Auge behalten. Als erstes Zeichen im astrologischen Tierkreis denkt der Widder logischerweise zuerst an sich. »Ich zuerst« könnte sein Motto lauten, was ihn zu großen persönlichen Leistungen befähigen, ihm im sozialen Miteinander aber doch einige Minuspunkte verschaffen kann. Zu gern setzt er seinen eigenen Kopf durch, die Meinung der anderen ist ihm dann egal. Streit artet oft in Schuldzuweisungen aus, eigenes Verschulden wird, wenn überhaupt, erst im Nachhinein (an)erkannt.

Seine »wilde« Seite muss nicht unbedingt gezähmt, die sensible kann und sollte aber mehr geschult werden. Fordern Sie ihn des Öfteren auf, sich in andere hineinzuversetzen.

Seine Ungeduld ist ein weiteres Thema. Es lässt sich besser mit ihr leben, wenn Sie Ihrem Spross greifbare, erreichbare Ziele setzen, auf die er seine Energie richten kann, und die Erfolge sichtbar machen (z. B. Urkunden an die Wand hängen). Letzteres scheint ein Gefühl von Erdung hervorzurufen und dient natürlich auch seiner Selbstbestätigung, die wiederum ein gewisses Maß an Ruhe produziert. Das Gefühl, etwas geschafft zu haben, ist für ihn wichtig. Er definiert sich über seine Taten, und je erfolgreicher diese sind, desto besser ist sein Bezug zu sich selbst. Nichtsdestotrotz sollten Sie ihn darin unterstützen, sich hin und wieder von der äußeren Aktivität ab- und der inneren Wahrnehmung zuzuwenden, seine Handlungen zu reflektieren und seine Empfindungen und die der anderen verstehen zu lernen. Wenn er das schafft, ist es sein größter Erfolg.

Andere Stars und Sternchen:

Leonardo da Vinci 15.4.1452
Papst Benedikt XVI. 16.4.1927
Nena 24.3.1960
Eddie Murphy 3.4.1961
Russell Crowe 7.4.1964

Sarah Jessica Parker 25.3.1965
Kai Wiesinger 16.4.1966
Esther Schweins 18.4.1970

Der Widder und sein Aszendent

Bei keinem Widder sind die oben genannten Eigenschaften in Reinkultur ausgebildet. Unter anderem spielt der Einfluss des Aszendenten eine sehr wichtige Rolle. Lesen Sie dazu S. 261 und dann den Text über das errechnete Zeichen. Aber hier folgen schon einmal die möglichen Kombinationen:

Widder/Widder
Beim Doppelwidder sind die typischen Charaktereigenschaften natürlich besonders stark ausgeprägt. Dieses Kind ist ein echter Draufgänger und Macher, das keiner Herausforderung aus dem Wege geht und besonders viel Freiraum braucht. Es fällt ihm recht schwer, sich zu entspannen und nachzugeben. Das gilt besonders, wenn das Lineal in Richtung Fische zeigt. Je näher Ihr Lineal zum Stier weist (schwer zu erkennen, da Widder ein sehr schnell aufsteigendes Zeichen ist), desto mehr mildern sich aber die ungestümen Qualitäten zugunsten von Sensibilität ab. Dieser Widder braucht immer wieder Rückzugsmöglichkeiten.

Widder/Stier
Bei dieser Kombination verstärkt sich der Eigensinn des Widders sogar noch etwas, denn es kommen noch zwei »Hörnchen« dazu. Willensstärke plus Sturheit! Dafür sind Bewegungsdrang und Ungeduld weniger stark ausgeprägt, und das Kind bleibt länger an einer Sache dran. Möglich ist aber auch, dass es seine Energien anstaut und in Wutanfällen entlädt.

Widder/Zwillinge
Dieses Kind ist besonders lebhaft und wach. Geselligkeit und Austausch mit Freunden sind ihm ganz wichtig, außerdem liebt es größere Familientreffen. In seiner Vielseitigkeit ist es stets mit mehreren Dingen gleichzeitig beschäftigt; sich in eine Sache länger zu vertiefen fällt ihm sehr schwer. Manchmal scheint es wie unter Strom zu stehen, es braucht eine ausgewogene Mischung von Aktivität und Entspannung.

Widder/Krebs
Durch den Einfluss des Wasserzeichens wird der kleine Widder empfindsamer und weicher. Durchsetzungsfähigkeit und Tatkraft sind bei ihm etwas zurückgenommen; er kann auch zwischen Forschheit und Schüchternheit hin- und herpendeln. Seine Stimmungslage ist überhaupt recht wechselhaft. Dank der fürsorglichen Seite des Aszendenten hat er weniger Mühe, für kleinere Geschwister oder Haustiere zu sorgen.

Widder/Löwe
Hier kommen zwei Feuerzeichen zusammen und verleihen dem Kind viel Dynamik und eine positive Lebenseinstellung. »Geht nicht gibt's nicht« könnte sein Motto lauten. Allerdings kann sich das Feuer auch verzehren, wenn es nicht genügend Sauerstoff = geistige Nahrung erhält. Dieser Widder sollte immer wieder inspiriert und mit auf Reisen genommen werden. Er braucht aufregende Ziele, auf die er seine beträchtlichen Energien lenken kann.

Widder/Jungfrau
Eine interessante Kombination, denn die Jungfrau-Eigenschaften sind völlig anders, können die Widder-Qualitäten aber gut ergänzen. Die Aktionen des Widder-Kindes werden überlegter, genauer und finden meist einen Abschluss.

Die Impulsivität erhält durch Vorsicht einen Dämpfer, der Eigensinn ist abgemildert. Im ungünstigen Fall spürt das Kind in sich ein Feuer, das es aus Angst vor Kritik nicht richtig auszuleben wagt.

Widder/Waage
Waage ist das Gegenzeichen zum Widder, insofern ergibt sich hier eine spannende Mischung. Von Zeit zu Zeit wird bei diesem Kind eine gewisse Gespaltenheit auftreten: Soll ich meinen eigenen Impulsen folgen oder mich auf andere einstellen? Die beiden unterschiedlichen Zeicheneigenschaften können sich aber gut ergänzen, solange jede Seite zu gegebener Zeit zu ihrem Recht kommt. Dieser kleine Widder ist sehr kontaktfreudig und verfügt über einen hohen Gerechtigkeitssinn.

Widder/Skorpion
Bei dieser Zeichenkombination sind die Gefühle stark und tief, die Entschlossenheit besonders groß. Einmal begonnene Tätigkeiten werden durchaus zu Ende gebracht, Fleiß und Ehrgeiz sind gut ausgeprägt. Dieses Kind weiß ganz genau, was es will, und wird stets versuchen, seine Belange durchzusetzen – kann sich aber auch gut in andere einfühlen und viel geben.

Widder/Schütze
»Hoppla, jetzt komm ich!« Kraftvoll rennt ein Kind mit dieser Feuer-Feuer-Konstellation alles um, was sich ihm in den Weg stellt. Es sucht das riskante Abenteuer und immer das, was hinter der nächsten Ecke darauf wartet, entdeckt zu werden. Viel Optimismus und Glaube an sich selbst sind ihm in die Wiege gelegt worden, aber auch Rastlosigkeit und ein Hang zur Übertreibung.

Widder/Steinbock
Im positiven Fall dämpft das ausdauernde Erdzeichen die Voreiligkeit und Ungeduld der Widder-Seite und nutzt deren Kräfte, um seine Ziele schnell zu erreichen. Dann ist es eine sehr erfolgreiche Mischung, die zu großen Leistungen befähigt. Die beiden starken Kräfte können sich aber auch bekämpfen, was sich in Spannungen und unberechenbaren Handlungen zeigt. Heim und Familie sind für dieses Kind sehr wichtig, hier kommt es immer wieder ins Gleichgewicht.

Widder/Wassermann
Bei dieser Zeichenkombination ist der Drang nach Selbständigkeit und Freiraum besonders groß. Kennzeichnend für dieses Widderchen ist ein hoher Grad von Individualität und ein Gefühl von Besonderheit. Regeln gelten für andere, es selbst möchte die Ausnahme bilden. Neugier und Kommunikationsdrang sind bei ihm stark ausgeprägt.

Widder/Fische
Eine besondere Mischung, die einige wilde Widder-Eigenschaften aushebelt, denn das sensible Wasserzeichen Fische verleiht viel Feinfühligkeit und Zartheit. Dieses Kind pendelt zwischen Aktivität und Rückzug hin und her, schwelgt mal in sensiblen Gefühlswelten, um dann gleich wieder spontan und lebhaft einer Idee nachzugehen. Im ungünstigen Fall leidet es an innerer Unausgeglichenheit, im günstigen Fall kann es seine Träume gut ins Leben bringen.

STIER
21. 4. – 21. 5.

»Probier's mal mit Gemütlichkeit, mit Ruhe und Gemütlichkeit vertreibst du deinen ganzen Sorgenkram. Und wenn du stets gemütlich bist und etwas appetitlich ist, dann nimm es dir, egal woher es kam.«
Balu, der Bär in *Das Dschungelbuch*

Planet: Venus Der hell leuchtende Planet ist am besten morgens oder abends am Himmel zu sehen – nie mitten in der Nacht. Als Morgenstern ist er dem Stier, als Abendstern der Waage zugeordnet. In der Mythologie ist die Venus (griechisch: Aphrodite) die Göttin der Liebe und Schönheit. Sie stattet die Stiere mit Sinnlichkeit und Sanftmut aus.

Symbol: ♉ Dies Symbol stellt den Kopf der Stierkuh dar. Das Milch gebende Rind war früher ein Symbol für die nährende Mutter Erde. Auch die ägyptische Weltenmutter Isis wird mit einem Kuhkopf bzw. Stierhörnern dargestellt.

Element: Erde Das feste Element steht für Stabilität, Ruhe und Bodenständigkeit. Es versorgt den Menschen mit Geduld und praktischem Realismus. Stiere stehen mit beiden Beinen fest auf der Erde und beziehen viel Kraft aus der Natur.

Stein: Saphir Er ist ein kraftvoller (meist blauer) Schutzstein, der den Seelenfrieden fördert. Außerdem unterstützt er die geistige Entwicklung und stärkt das Verhältnis zu den immateriellen Dingen.

Tag: Freitag Das Wort ist abgeleitet von der Göttin Freya, der germanischen Entsprechung der Venus. Auch »vendredi«, Französisch für »Freitag« weist auf die Venus hin.

Farbe: Terrakotta Diese Mischfarbe strahlt erdige Wärme aus, damit entspricht sie dem Stier.

Blume: Flieder Diese schöne Pflanze mit lilafarbenen oder weißen Blüten verströmt einen sinnlichen Duft. Als Heilmittel wirkt sie gegen Verdauungsschwäche.

Tier: Taube Sie gilt als Symbol für Frieden, Treue und Fruchtbarkeit und hat damit ähnliche Eigenschaften wie das Sternzeichen Stier.

POSITIVE UND SCHWIERIGE EIGENSCHAFTEN AUF EINEN BLICK

+ warmherzig, geduldig, friedlich, stabil, genussfreudig, zuverlässig
– unbeweglich, störrisch, bequem, einseitig, festhaltend

Das Zeichen Stier im astrologischen Tierkreis

Auf den vorwärts stürmenden Widder, der den Reigen der Tierkreiszeichen eröffnet hat, folgt der besonnene Stier. Zum Widder gehörte das Prinzip des Beginnens, des Eroberns; das Thema des Stiers lautet: Sichern und Erhalten!

In der Natur sind die Frühjahrsstürme nun vorbei, alles kommt wieder zur Ruhe. Junge Pflanzen verwurzeln sich in der Erde, die Temperaturen sind mild, überall duftet, grünt und sprießt es in üppiger Pracht. Menschen, die in dieser Zeit geboren werden, sind dementsprechend bodenständig, sesshaft und sinnlich. Alles, was mit greif- oder machbaren Dingen zu tun hat, liegt ihnen. Besitz und die damit verbundene Sicherheit ist für sie wichtig, und sie können sehr produktiv sein, um sich mit genügend Werten zu versorgen. Im Grunde ihres Wesens schätzen sie aber Bequemlichkeit, Genuss und ihre Ruhe viel höher ein.

Die Worte »Stier« und »stur« gehören zusammen, ein typischer Vertreter dieses Zeichens ändert seine Meinung selten. Auch Dinge oder Menschen, zu denen er eine Beziehung aufgebaut hat, lässt er nicht gerne los. In seiner Gutmütigkeit und Trägheit neigt er dazu, negative Emotionen aufzustauen. Ist aber ein gewisses Maß überschritten – und wurde das sprichwörtliche rote Tuch zu lange geschwenkt – dann gibt es kein Halten mehr, und der sanfte Stier lässt seine harten Hörner spüren!

Das Kleinkind (0-5 Jahre)

Sooo süß!
Ein Stierbaby ist überaus wonnig – schließlich ist es ja (meistens) auch im Wonnemonat Mai geboren. Dieser friedliche Sonnenschein strahlt und schläft viel, ist anschmiegsam und dazu meistens sehr hübsch. Kein Wunder, hier hat ja auch die Venus als Göttin der Schönheit und Liebe ihre Hand im Spiel. Sein Charme entlockt nicht nur den stolzen Eltern Seufzer des Entzückens. Jeder könnte es immerzu herzen und knuddeln.
Spätestens in der Trotzphase kommt aber auch der ausgeprägte Dickkopf, der jedem Stier zueigen ist, zum Vorschein. Und besonders bei einem Thema ist mit ihm gar nicht zu spaßen:

Essen
Bekommt das Stierchen genügend und regelmäßig zu essen, ist es überwiegend ruhig und ausgeglichen. Aber wehe, wenn nicht! Nahrung spielt für dieses Sternzeichen eine große Rolle – dabei ist es nicht übermäßig wählerisch. Oft kommt es ihm mehr auf Menge und schnelle Verfügbarkeit an. Später kann es sich aber durchaus zum Feinschmecker entwickeln. Auch ein fester Rhythmus ist ihm wichtig. Eine Mahlzeit auslassen? Undenkbar! In dem Fall wird aus dem kuscheligen Schnuckelchen schnell ein unbeherrschter Schreihals.

Verhalten
Bei allem, was es tut, hat das Stier-Kind einen sehr langen Atem. Unangenehme Gefühle staut es lange auf, bis ihm dann aber doch der Kragen platzt. Für Machtkämpfe brauchen Eltern gute Nerven, dennoch müssen Grenzen gesetzt werden, denn es kann selten genug kriegen (Essen) und neigt zum Ansammeln (Spielzeug). Ein Stier verleibt

sich eben gerne alles ein. Seine Sachen gehören ausschließlich ihm, teilen mag er nicht. Dafür respektiert er selbstverständlich den Besitz von anderen. Menschen werden ebenfalls recht selbstverständlich in Besitz genommen und nur schwer wieder losgelassen.

Ein Stier-Kind kann sich aber auch stundenlang allein beschäftigen, vorzugsweise im Garten, mit Bauklötzen oder Kuscheltieren.

Soziales

Dieses Zeichen hat etwas Selbstgenügsames, es braucht nicht ständig Anregung, im Gegenteil. Seine Ruhe ist ihm wichtig, dabei stören andere oft nur. So kann für das dreijährige Stier-Kind die Umstellung vom vertrauten Zuhause auf den Kindergarten schwierig sein und lange dauern. Kleine Stiere mögen keinen Trubel, keine große Lautstärke oder Wechsel der Bezugspersonen. Es dauert, bis sie sich anderen gegenüber öffnen und neue Situationen akzeptieren. Haben sie sich aber einmal akklimatisiert, sind sie sehr beliebt und wirken auf andere harmonisierend.

Plant man als Eltern eines Stier-Kindes ein Geschwisterchen, sollte man es lange vorher und ausführlich darauf vorbereiten. Seine Eltern plötzlich teilen zu müssen, fällt dem kleinen Hosenmatz gar nicht leicht.

Bedürfnisse

Neben einem vertrauten Umfeld, Ruhe und regelmäßigen Mahlzeiten braucht das Stierkind einen geordneten Tagesablauf. Abweichungen sollten vorher angekündigt und begründet werden. Schon der kleine Stier verfügt über einen gesunden Menschenverstand und kann praktischen Überlegungen sehr gut folgen. Überraschungen liebt er nicht, die stören sein Sicherheitsempfinden. Beständigkeit und Gewohntes geben ihm den Rahmen, den er braucht, um sich optimal zu entfalten.

Körperliche Nähe ist ihm ebenfalls ganz wichtig. Er kann gar nicht genug Streicheleinheiten bekommen; eine Massage (mit parfümiertem Öl) ist für ihn schöner als die beste Gute-Nacht-Geschichte.
Stiere haben eine starke sinnliche Wahrnehmung: wohlriechende Bäder und Cremes, eine weiche Kuscheldecke, warme Farben in ihrem Zimmer und melodische Musik steigern ihr Wohlbefinden enorm. Auch für die Natur mit ihren verschiedenen Materialien, Düften, Formen und Farben können sie sich früh begeistern.

Sein Märchen: »Ferdinand der Stier« (Munro Leaf)

Praktische Tipps für die Eltern

- Für Sie als Eltern eines Stierkindes gilt: kuscheln, kuscheln, kuscheln! Der kleine Stier braucht Körperkontakt wie die Luft zum Atmen.
- Genauso wie Ihr Kind einen gleichförmigen Tagesablauf liebt, schätzt es Gewohnheiten in seiner Umgebung – besonders in seinem persönlichen Bereich. Wenn Sie also das Kinderzimmer aufräumen, stellen Sie alles wieder an den alten Platz. Der Teddy muss immer auf dem Stuhl neben der Tür auf dem gelben Kissen sitzen … Das vermittelt Ihrem Kind Geborgenheit und Sicherheit.
- Wenn Sie mit Ihrem Kind verreisen oder es einmal woanders übernachten soll, nehmen Sie sein Kopfkissen oder Bettdecke mit. Sonst schläft es schlecht.
- Singen Sie Ihrem Baby viel vor – das macht Ihrem Liebling Freude und beruhigt ihn, wenn er mal überreizt ist. Lernen Sie später zusammen Lieder und singen Sie sie gemeinsam. Stierkinder haben eine schöne Stimme und sind musikalisch begabt.
- Planen Sie für alles viel Zeit ein, und haben Sie Geduld.

Stierkinder brauchen länger als andere, um einen Vorgang abzuschließen und einen neuen zu beginnen. Die Aufforderung »Leg jetzt deine Spielsachen beiseite und zieh deine Schuhe an« sollte gut eine halbe Stunde vor dem Aus-dem-Haus-Gehen kommen.

- Nehmen Sie sich selbst auch viel Zeit für alles, was Sie mit Ihrem Kind machen. Wickeln oder Baden im Eiltempo mag Ihr Süßes gar nicht. Besonders die Mahlzeiten können dauern – sein Essen möchte es in vollen Zügen genießen.
- Setzen Sie beim Essen mengenmäßig frühzeitig Grenzen. Wenn es einem Stier schmeckt, kennt er nämlich kein Aufhören. Da er von Natur aus nicht der Sportlichste ist, wird er den Babyspeck später nur schwer wieder los.
- Wenn Ihr kleiner Stier wild wird, schützen Sie ihn vor möglichen Verletzungen. Dann machen Sie ihm in aller Ruhe deutlich, dass er mit diesem Verhalten nichts erreicht. Ganz ablegen wird er seine gelegentlichen Ausbrüche aber wahrscheinlich nicht.

Das Schulkind (6-12 Jahre)

Schule

Hat sich der junge Stier erst einmal an die Schule gewöhnt, geht er meistens gerne hin. Der geregelte Ablauf und die feste Klassengemeinschaft liegen ihm sehr. Die Lehrer kann er gut akzeptieren – solange sie geduldig mit ihm sind und die Dinge verständlich erklären. Druck erzeugt bei ihm allerdings Gegendruck, dann setzt seine störrische Seite ein. Als etwas schwerfälliges Erdzeichen braucht er seine Zeit, um Neues zu verstehen, behält es dann aber umso länger. Am leichtesten lernt er, wenn er einen praktischen Bezug zu den neuen Informationen herstellen kann. Er muss die

Dinge im wahrsten Sinne des Wortes begreifen. Konkrete Beispiele sind für ihn unerlässlich. Je praxisnaher der Unterricht ist, desto besser kommt Stier-Junior mit. Außerdem will er immer wissen, welchen Nutzen das zu Erlernende hat. Seine Stärke ist nicht die Schnelligkeit, sondern Ausdauer und Gründlichkeit. Wenn er wirklich etwas wissen will, dann kann er sich auch an Themen festbeißen. Will er etwas unbedingt beherrschen, ist er in der Lage, es x-mal zu üben. Er ist der Typ Spätentwickler, der nicht mit Geistesblitzen überrascht, sondern durch kontinuierliche Arbeit und gutes Gedächtnis überzeugt. Auch spontanes Melden ist bei ihm selten, er überlegt lieber zweimal, ob seine Antworten auch wirklich richtig sind.

Besondere Begabungen
Je theoretischer der Stoff, desto weniger ist der bodenständige Stier interessiert. Ihm liegen die handfesten und schönen Dinge. So kann er wunderbar malen, basteln, gärtnern und kochen. Sein Sinn für Harmonien (Formen, Farben und Töne) ist gut. Für Musik hat er eine besondere Begabung, in einem Schulchor und -orchester würde er sich wohlfühlen und gut machen.

Freizeit
Aktivismus kann man dem kleinen Stier nicht nachsagen. Zum einen braucht er tatsächlich viel Zeit, um neue Eindrücke und Informationen zu »verdauen«. Zum anderen neigt er zur Bequemlichkeit. Sein Interesse an Neuem ist verhalten; an Aktivitäten, die gut für ihn sein könnten, sollte er behutsam herangeführt werden. Da wäre vor allem der Bereich Natur. Als Erdzeichen ist der Stier gerne draußen und liebt den sinnlichen Kontakt mit seiner Umgebung. Blumen pflücken und binden, Bäume erklettern, warme Sonnenstrahlen spüren, im Heu herumtollen, Tiere streicheln – dabei fühlt er sich pudelwohl.

Ist er aus der Sandkiste herausgewachsen, wird ihm ein eigenes Beet (oder Balkonkasten) viel Freude bereiten und ihn auf praktische Weise mit den Jahreszyklen vertraut machen. Dinge zu hegen und zu pflegen liegt ihm sehr. Das gilt auch für materielle Dinge. Ein Stierchen geht mit seinen Sachen besser um als andere und braucht insofern auch nicht ständig etwas Neues. Das Taschengeld wird nicht spontan verpulvert, sondern wandert häufig in die Spardose. Wird der musische Bereich nicht genügend durch die Schule abgedeckt, sind Töpferkurse und Musikunterricht eine wunderbare Freizeitbeschäftigung.

Zugehörigkeit

Ein Stier ist sehr eigenständig und in sich ruhend. Oft scheint es, als würde er den Austausch mit anderen wenig brauchen. Er kann sich gut abgrenzen und sein eigenes Spiel spielen. Dennoch ist ihm die Zugehörigkeit zu einer Gemeinschaft (Familie, Clique, Verein etc.) wichtig, denn es trägt seinem Geborgenheits- und Sicherheitsbedürfnis Rechnung. Für Menschen, die ihm etwas bedeuten, engagiert er sich gerne und verhält sich stets loyal. Freundschaften halten bei ihm meist sehr lange.

Harmonie ist ihm im Zusammensein mit anderen wichtig, wenn ihm aber länger etwas gegen den Strich geht, kann er sehr störrisch oder mit Wutausbrüchen reagieren.

Haustiere

Die Liebe zu Tieren ist groß, meist kann es der junge Stier gar nicht abwarten, bis eins ins Haus kommt. Ein eigenes Kleintier (Meerschweinchen, Kaninchen) ist ihm lieber als ein Familienhund. Wichtig bei der Auswahl ist, dass er es ausgiebig streicheln kann. Der Kuschelfaktor sollte unbedingt berücksichtigt werden! Fische oder Vögel kommen deshalb weniger in Betracht. Tiere mit einer kurzen Lebensspanne sind auch nicht so gut geeignet – der Abschied könnte herzzerreißend sein. Der Aufzucht und Erziehung des neuen Spielkameraden wird sich Stier-Junior mit Geduld und Ausdauer widmen.

Sein Lieblingsspielzeug:
Jungen: Baukasten, Monopoly
Mädchen: Kaufmannsladen, Puppenküche

Praktische Tipps für die Eltern

- Wenn Sie Ihrem Stierkind mehr Lust auf die Schule machen wollen, kaufen Sie ihm schöne Arbeitsutensilien: viele bunte Stifte, hübsch eingeschlagene Hefte, einen hochwertigen Ranzen.
- Die Atmosphäre im Kinderzimmer sollte möglichst ruhig sein. Sanfte, warme Farben, wenige Möbelstücke – Übersichtlichkeit.
- Achten Sie darauf, dass auch der Terminkalender übersichtlich ist. Hektik bekommt Ihrem Liebling schlecht.
- Ihr Kind verfügt über einen guten Geschmack, überlassen Sie ihm ruhig die Auswahl und Zusammenstellung seiner Kleidung.
- Wählen Sie keine Schule mit einem extravaganten pädagogischen Konzept. Bewährte Lehrmethoden, allerdings ohne viel Druck, tun Ihrem Sprössling gut.
- Ein Stier trägt sein Herz nicht auf der Zunge. Er braucht viel Ermunterung und das Gefühl von Geborgenheit, um seine Gedanken und Gefühle mitzuteilen. Stellen Sie diese Atmosphäre her, und hören Sie dann in aller Ruhe zu.
- Haben Sie stets »gesunde Süßigkeiten« (Vollkornkekse, Quarkspeise, Datteln, Nüsse, Bananen) im Haus. Ihr Kind hat einen »süßen Zahn« und braucht immer mal etwas Leckeres zwischendurch.

Das jugendliche Kind (13-18 Jahre)

Pubertät

Stier-Eltern haben's gut: Die gefürchtete Rebellionszeit setzt bei ihrem Kind nämlich meistens spät ein – wie schon erwähnt, tut es sich mit Veränderungen ja schwer. Das heißt, sie können das ausgeglichene und harmonische Wesen ihres Nachwuchses etwas länger genießen. Und dann läuft diese Phase auch noch vergleichsweise glimpflich ab. Es entspricht eben nicht dem Stier-Naturell, viel zu provozieren oder zu experimentieren. Natürlich muss er seinen Eltern die Stirn bieten und seine Selbständigkeit demonstrieren – exzessive Grenzüberschreitungen sind dabei aber selten. Der Jungstier neigt eher zum Schmollen und demonstrativen Rückzug – was natürlich ebenfalls Probleme bereiten kann, denn auch hierbei hat er einen langen Atem. Jedoch kann er durch seine Stabilität die alterstypischen Gefühlsschwankungen gut abfedern. Durch seine abwartende Grundhaltung geht er mit den inneren und äußeren Veränderungen recht gelassen um. Sein Weg ins Erwachsenwerden verläuft also eher unauffällig und gemächlich.

Liebe und Lust

Auch das Interesse am anderen Geschlecht entfaltet sich langsam. Liebe auf den ersten Blick ist ihm fremd, seine Gefühle entwickeln sich schrittweise. Hat er sich aber einmal eingelassen, sind seine Empfindungen tief und sein Verhalten verbindlich. Besitzergreifend, wie er nun mal ist, vereinnahmt er den anderen schnell und neigt zur Eifersucht. Als sinnliches Zeichen macht ihm die erotische Seite des Beziehungslebens sehr viel Spaß – so kommt er lange mit zärtlichen Berührungen aus. Liebeskummer oder gar Trennung sind für den Stier-Teenager noch schmerzhafter als für andere Jugendliche. Letzteres bedeutet für geraume Zeit das Ende der Welt.

Freundschaften
Seinen Freunden ist der heranwachsende Stier ein verlässlicher Kumpel, in einer Gruppe der ruhende Pol. Als harmoniebedürftiger Mensch hat er bis zu einem gewissen Grad viel für Kompromisse übrig – aber auch wirklich nur bis zu einem gewissen Grad. Er muss nicht immer alles mitmachen, auch wenn ihm Zugehörigkeit wichtig ist. Außerdem schützt ihn sein gesunder Menschenverstand weitestgehend davor, Drogen oder ähnliche Dinge auszuprobieren. Er ist Neuem gegenüber ja sowieso eher skeptisch.

Geld
Spätestens in dieser Lebensphase macht sich das stiertypische Talent in Gelddingen bemerkbar. Vielleicht besorgt er sich einen lohnenden Job, verkauft alte Spielsachen oder versucht, Geldgeschenke gewinnbringend anzulegen. Verhandlungen ums Taschengeld können mit ihm ganz schön zäh sein.

Praktische Tipps für die Eltern

- In diesem Altersabschnitt versuchen viele Jugendliche, Dinge mit sich allein auszumachen und die Eltern herauszuhalten. Ihr Sprössling ist darin Meister. Bieten Sie sich – so unaufdringlich wie möglich – immer wieder als (zuhörender) Gesprächspartner an.
- Scheuchen Sie ihn öfter mal vom Sofa, und machen Sie ihm sportliche Aktivitäten schmackhaft. Wenn der junge Stier nicht in Bewegung kommt, tut's der ältere nimmermehr …
- Gegen den Dickkopf eines (pubertierenden) Stier-Kindes ist schwer anzukommen. Versuchen Sie langsam, aber beharrlich (seine Taktik!), dabei immer liebevoll, Ihren

Standpunkt klarzumachen. Druck oder Geschrei halten ihn nur länger in seiner Trotzecke.
- Begründen Sie Ihre Ge- und Verbote. Dinge, die Ihrem praktisch veranlagten Stier-Teenie einleuchten, tut oder lässt er schneller.

Körper und Gesundheit

Der kleine Stier ist wenig krank, seine natürliche Widerstandskraft ist gut – umso mehr, wenn er sich viel draußen aufhält. Wenn es ihn doch mal erwischt, hat er nichts gegen Bettruhe einzuwenden – besonders wenn er dabei liebevoll verwöhnt wird.

Der seinem Sternzeichen zugeordnete Körperbereich ist die Halsregion. Mandeln, Kehlkopf, Stimmbänder und Schilddrüse sind bei ihm anfällig. Er sollte immer einen Schal dabei haben! Salbei, in Form von Bonbons oder Tee, ist für ihn optimal bei aufkommenden Entzündungen in diesem Bereich.

Ist Stierchen angespannt, leidet zuerst seine Nackenpartie (Stiernacken). Hier liebt er Massagen besonders. Da der Stoffwechsel bei ihm etwas langsam ist, bewegt er sich häufig zu wenig. Bei seiner Vorliebe fürs Essen können sich da schnell ein paar Kilos zu viel ansammeln.

Bachblüte: Gentian (Herbstenzian) mindert die Skepsis gegenüber Neuem.

Hinweise für die Eltern von Stieren aller Altersstufen

Ein Stier-Kind ist in jedem Alter das, was man als »pflegeleicht« bezeichnet. Es hängt sehr an seiner Familie und fügt sich meist unproblematisch ein. Mit seiner warmherzigen und liebevollen Art macht es allen viel Freude. Sie werden früh merken, dass es gut mit seinen Gefühlen und Bedürfnissen verbunden ist und oft instinktiv spürt, was für sein Wohlbefinden richtig ist. Dazu gehört in jedem Fall und Alter, dass es seine genießerischen Seiten genug ausleben kann: Essen, Baden, Kuscheln etc.

Natürlich gibt es einige Dinge, die ihm schwerfallen, die aber gelernt werden sollten. Zum Beispiel der Umgang mit Veränderungen – Flexibilität gehört ja nun mal nicht zu den Stärken Ihres Kindes. Wenn also Neuerungen anstehen, beziehen Sie Ihr Kind am besten mit in den Entscheidungsprozess ein, stellen Sie es nicht vor vollendete Tatsachen. Schildern Sie die praktischen Vorteile der Veränderung, und versuchen Sie, seine Angst vor Sicherheitsverlust zu mindern.

Ein anderes Thema ist sein starkes Besitzdenken. Stier-Junior liebt es, Dinge zu »haben«, er ist ein Sammler aus Leidenschaft. Wenn Sie einen großen Krach erleben wollen, sortieren Sie heimlich einige seiner Sachen aus, wobei Verschenken möglicherweise noch schlimmer ist als wegwerfen. Teilen und Loslassen sind schwierige, aber wichtige Lernaufgaben für Ihren Sonnenschein. Dabei sollte er behutsam gelenkt und begleitet werden. Ein Stier hat einen gut ausgeprägten Sinn fürs Materielle – und damit auch für Qualität. Mit einem hochwertigen Geschenk machen Sie ihrem Liebling mehr Freude als mit mehreren billigen.

Auch das Sich-Mitteilen fällt dem stillen Stier nicht ganz leicht. Sein Grundnaturell ist Introvertiertheit; was in ihm vorgeht, ist insofern nicht auf Anhieb erkennbar. Er braucht viel Ermutigung, um aus sich herauszukommen und etwas von seinem Inneren preiszugeben.

Und zum Schluss noch einmal der Hinweis auf seine »erdige« Veranlagung. Stiere brauchen den fühlbaren Kontakt zu Dingen und Menschen. Sie erspüren die Welt mit ihren Sinnen und genießen es. Deswegen geht bei ihnen manches langsamer, ohne dass man es wirklich »trödeln« nennen könnte. Seien Sie also geduldig mit Ihrem Schatz – er ist es auf jeden Fall mit Ihnen!

Andere Stars und Sternchen:

William Shakespeare 23.4.1564
Johannes Brahms 7.5.1833
Pierce Brosnan 16.5.1953
Michelle Pfeiffer 29.4.1958
George Clooney 6.5.1961
Verona Pooth 30.4.1968
Penelope Cruz 28.4.1974

Der Stier und sein Aszendent

Bei keinem Stier sind die oben genannten Eigenschaften in Reinkultur ausgebildet. Unter anderem spielt der Einfluss des Aszendenten eine sehr wichtige Rolle. Lesen Sie dazu S. 261 und dann den Text über das errechnete Zeichen. Aber hier folgen schon einmal die möglichen Kombinationen.

Stier/Widder
Bei dieser Kombination treffen zwei »Hörner«-Zeichen zusammen – das heißt, der Dickkopf dieses Kindes ist noch etwas härter! Die stierische Sturheit wird durch widderische Willenskraft verstärkt. Hier sind oft Samthandschuhe nötig! Bequemlichkeit, Langsamkeit und Geduld sind dafür weniger ausgeprägt. Die Offenheit für Veränderungen und Aktivitäten (Sport) ist deutlich größer. Dieses Stierchen ist sehr auf sich konzentriert und muss lernen, auf andere zuzugehen.

Stier/Stier
Beim Doppelstier treten die typischen Merkmale natürlich besonders deutlich hervor. Vor allem, wenn Ihr Lineal in der Nähe des Zwillings liegt: Dann ist dieser Stier noch etwas ruhiger und verschlossener – dafür aber hochsensibel und phantasievoll. Weist das Lineal eher in Richtung Widder, zeigt das Kind mehr Bewegungsfreude, Direktheit und Spontaneität.

Stier/Zwillinge
Hier mischen sich zwei recht unterschiedliche Zeichen, dadurch treten einige Stier-Charakteristika nur sporadisch auf. Der Zwillinge-Aszendent macht das Stier-Kind nämlich flexibel, kommunikativ und neugierig. Diesem Kind fällt es leichter, wechselnde Eindrücke zu verarbeiten, zwei Dinge auf einmal zu tun und seine Empfindungen auszudrücken. Dafür ist es manchmal ungeduldig und ruht nicht so in sich. Durch die gegensätzlichen inneren Impulse ist es oft hin- und hergerissen. Es braucht gute Rückzugsmöglichkeiten, um sich immer wieder auszubalancieren.

Stier/Krebs
Bei einem Stier mit Krebs-Aszendent gehen alle Gefühle sehr tief, und das Bedürfnis nach Schutz und Geborgenheit ist besonders stark. Familie und Freunde spielen eine ganz wichtige Rolle – der Wunsch nach Zugehörigkeit ist enorm. Trotzdem ist er oft schüchtern und verhält sich anderen gegenüber abwartend. Seine Sensibilität ist hoch und damit auch die Gefahr des Verletztwerdens. Dieses Stierchen ist speziell gegenüber kleineren Geschwistern und Haustieren überaus fürsorglich und liebevoll.

Stier/Löwe
Der Einfluss des feurigen Löwe-Zeichens macht den kleinen Stier etwas aktiver und ehrgeiziger. Dieses Kind möch-

te mal hoch hinaus und fängt früh an, sich Beachtung und Anerkennung zu verschaffen. Dafür ist es auch bereit, Risiken einzugehen.
Es ist sehr eigenständig und selbstbewusst und kann in Gemeinschaften gut die Führungsrolle übernehmen. Das Qualitätsbewusstsein ist bei dieser Kombination noch verstärkt – man könnte sogar von einem Hang zum Luxus sprechen.

Stier/Jungfrau
Die erdigen Jungfrau-Eigenschaften verstärken einige Stier-Seiten noch. So ist dieses Kind besonders zuverlässig, sehr anpassungsfähig und ziemlich zurückhaltend. Für Veränderungen ist es etwas aufgeschlossener, aber auch hier ist der praktische Vorteil ausschlaggebend. Die Sammelleidenschaft bei dieser Zeichenmischung ist besonders stark – das Kinderzimmer kann gar nicht groß genug sein.

Stier/Waage
Der doppelte Venus-Einfluss (das Zeichen Waage wird auch von der Venus regiert) macht dieses Stierchen besonders hübsch, charmant und künstlerisch. Auch die Genussfreude ist verstärkt – Streicheleinheiten und gutes Essen bedeuten ihm viel. Darüber hinaus liebt es eine schöne Umgebung und pflegt und schmückt sich gerne. Ein eigenes Badezimmer für dieses Kind wäre für die ganze Familie sehr praktisch.
Durch die Waage-Eigenschaften ist dieser Stier kontaktfreudiger und offener. Der Austausch mit anderen ist ihm sehr wichtig.

Stier/Skorpion
Bei dieser Kombination intensivieren sich einige Eigenschaften: noch mehr Ausdauer, Festhalten, Loyalität und Verschlossenheit. Dieses Kind kann lange vor sich hin

brüten, und meist kommt Erstaunliches dabei heraus! Allerdings lässt das Gegenzeichen Skorpion auch ganz andere Merkmale einfließen: starkes Interesse an anderen, Leidenschaftlichkeit und eine Vorliebe fürs Extreme. Die Empfindungen gehen bei diesem Stier-Kind sehr tief, seelische Verletzungen werden nicht so schnell vergessen und können auch körperliche Symptome hervorrufen.

Stier/Schütze
Eine interessante Mischung: Realitätssinn trifft auf Abenteuerlust! Dieses Stierchen wird lustige Bocksprünge machen, wenn es beiden Seiten in sich gerecht werden will. Nach einem enthusiastischen Anlauf kommt plötzlich das Sicherheits(be)denken ins Spiel und bremst kategorisch ab. Die Umwelt wundert sich – der kleine Stier manchmal auch. Verstärkt wird durch den Schütze-Einfluss seine Liebe zu Natur. Obwohl dies Kind Heim und Familienleben liebt, ist es kaum im Haus zu halten! Ein eigenes Pferd wäre sein größtes Glück.

Stier/Steinbock
Hier verbinden sich zwei Erdzeichen und verleihen noch mehr Stabilität und Bodenständigkeit. Dieses Kind lebt nach seinem eigenen Rhythmus und lässt sich durch nichts aus der Ruhe bringen. Besonders für Geschwister und/oder Haustiere bringt es viel Verantwortungsgefühl auf; seine eigenen Bedürfnisse stellt es sogar manchmal hinten an. Der Ehrgeiz ist bei diesem Stier gut ausgeprägt; um seine Ziele zu erreichen, nimmt er einiges auf sich.

Stier/Wassermann
Für Stiere mit dieser Erde-/Luft-Kombination hat Geselligkeit höchste Priorität. Durch den Wassermann-Einfluss kommen sie leichter aus sich heraus, sind neugieriger, facettenreicher und wirken auf andere sehr interessant.

Dieses Kind will früh ein Handy haben, um jederzeit mit seinen Freunden kommunizieren zu können. Und dann möglichst eins, das nicht jeder hat – es hebt sich gern von anderen ab.

Stier/Fische
Kinder mit dieser Zeichenkombination verfügen über eine spannende Mischung aus Realitätssinn und Phantasie. Mal sind sie verträumt und abwesend, dann wieder ganz im Hier und Jetzt. Ihr Wesen ist sehr weich, trotzdem wissen sie genau, was sie wollen. Der Fische-Aszendent verstärkt die gute Intuition und die künstlerische Begabung.

ZWILLINGE

22. 5. – 21. 6.

»Zwei Seelen wohnen, ach, in meiner Brust«
Faust, Johann Wolfgang von Goethe

Planet: Merkur Der kleine, schnelle Planet befindet sich immer sehr nah an der Sonne und ist deshalb nur schwer zu beobachten. In der Mythologie ist Merkur (griechisch Hermes) ein geflügelter Bote, der den Menschen die Weisungen des Göttervaters Zeus überbringt. Dieser (Halb-)Gott gilt auch als Beschützer von Handel und Verkehr.

Symbol: ♊ Dieses Zeichen, das an eine römische Zwei erinnert, soll Zwillingskinder darstellen – ein Sinnbild für die Dualität. Zwillinge schlagen sich oft mit Zweifeln (ursprüngliche Wortbedeutung: Zwei Fälle) herum.

Element: Luft Das leichte, bewegliche Element steht für geistige Aktivität, Austausch und Offenheit. Wie die Luft möchten Zwillinge gern überallhin, sich aber nirgends festsetzen.

Stein: Goldtopas Dieser Edelstein wird auch »Stein der Freude« genannt. Er löst trübe Gedanken auf und verstärkt die Beliebtheit seines Trägers. Speziell beim Zwilling vertieft er die Gedanken und lässt aus intellektuellem Wissen Weisheit werden.

Wochentag: Mittwoch Das französische Wort für Mittwoch, »Mercredi«, stellt den Bezug zum Merkur her, dem Planeten der Zwillinge.

Farbe: Gelb Diese Farbe wirkt leicht und freundlich – genau wie die Zwillinge. Auch die Themen Kommunikation und Austausch verbindet man mit »gelb«. Kein Wunder, dass die Post diese Farbe für sich gewählt hat.

Blume: Margerite »Er liebt mich, er liebt mich nicht ...« Im Zweifel (und der Zwilling zweifelt oft) greift der Zwilling gern zu solchen Hilfsmitteln. Diese hübsche Wiesenblume tritt immer in größeren Blütengemeinschaften auf – auch ein Zwilling ist nicht gern allein.

Tier: Gans Die »dumme Gans« ist tatsächlich ziemlich schlau. Der Formationsflug der Wildgänse beweist es: Er spart nämlich viel Energie. Gänse sind außerdem flink und schnattern gern – wie die Zwillinge!

POSITIVE UND SCHWIERIGE EIGENSCHAFTEN AUF EINEN BLICK

\+ kontaktfreudig, offen, vielseitig, flexibel, redegewandt, rational
– sprunghaft, zwiespältig, unruhig, geschwätzig, unverbindlich

Das Zeichen Zwillinge im astrologischen Tierkreis

Nach dem ruhigen, introvertierten Zeichen Stier kommt nun das offene, lebhafte Doppelzeichen Zwillinge. Nomen est omen: Ein Zwilling ist nicht gern allein, er liebt Austausch und Geselligkeit. Und er betrachtet grundsätzlich alles von zwei Seiten. Das macht es ihm oft schwer, sich zu entscheiden oder festzulegen. Hat er eine Wahl getroffen, plagen ihn gleich wieder Zweifel. Manchmal ist er zwischen zwei Polen so hin- und hergerissen, dass er völlig unverbindlich bleibt.

In dieser letzten Frühlingsphase werden die Tage schon recht lang und die Nächte immer kürzer. Menschen, die jetzt geboren werden, sind unternehmungslustig und möchten etwas erleben. Die Natur ist bunt und vielfältig, überall summen und schwärmen Bienen und Hummeln, die Luft ist erfüllt von Vogelstimmen. Diese Lebendigkeit und Geschäftigkeit lässt sich gut auf die Zwillinge übertragen. Sie sind äußerst kommunikativ, beweglich und vielseitig, Stillstand kennen sie nicht. Ihre Interessen sind breit gefächert, ihr Aktionsradius groß. So wissen sie über vieles Bescheid, sind stets auf dem Laufenden, in die Tiefe gehen sie dabei meistens nicht. Sie wollen überall dabei sein und sind ständig unterwegs.

Bei all ihrer geistigen und körperlichen Aktivität kommen Empfindungen oft zu kurz. Mit ihren Gefühlen sind sie nicht so stark verbunden. Aber gerade die könnten ihnen im Zweifel helfen …

Das Kleinkind (0-5 Jahre)

Große Neugier

Ein Zwillinge-Baby erkennt man an den wachen Augen, mit denen es neugierig alle Vorgänge in seinem Blickfeld verfolgt. Solange es etwas zu gucken und zu hören gibt, fühlt es sich wohl und strahlt viel Heiterkeit aus. Allein gelassen, langweilt es sich schnell und zögert nicht, seine Lungen auszuprobieren. Zwillinge-Kinder lieben die Abwechslung, deshalb fremdeln sie auch weniger als andere. Im Gegenteil: Ein neues Gesicht verheißt neue Eindrücke – wieder etwas zu entdecken! Auch ein Umzug ist für dieses Flexibelchen kein Problem, denn seine Anpassungsfähigkeit ist groß. Das Interesse an seiner Umgebung erwacht früh und seine Neugier ist kaum zu stillen. Zuerst möchte es alles anfassen, dann alles wissen. Eltern sollten die sprachfreie Zeit ihres Kindes ausgiebig genießen. Später lässt ihnen nämlich ihr wissbegieriges Kleines keine Ruhe mehr.

Zwillinge haben eine besondere Begabung für das Nachahmen. Logisch, dass sie sehr früh anfangen zu sprechen und ihr Wortschatz rasant wächst. Außerdem verleiht Merkur ihnen ein besonderes Sprachgefühl – zweisprachig aufzuwachsen wäre für diese Kinder ideal!

Sehr agil

Das Aufnehmen ständig neuer spannender Eindrücke bringt natürlich eine gewisse Unruhe mit sich. Wenn der kleine Zwilling nicht genügend Entspannung und Schlaf bekommt, entwickelt er sich leicht zum nervösen Zappelphilipp. Leider ist es gar nicht so einfach, dieses lebendige Kind zur Ruhe zu bringen. Körperliche Bewegung ist hierfür unerlässlich. Ein Zwilling ist sehr mobil und braucht die Möglichkeit, sich auszutoben. Er ist äußerst geschickt und schnell – Eltern sollten ihn stets gut im Blick behalten und notfalls hinterherhechten können.

Je älter das Kleine wird, desto mehr nimmt auch sein Kuschelbedürfnis ab. Wohldosierte Streicheleinheiten reichen ihm bald völlig aus. Festgehalten werden mag es gar nicht. Der größte Liebesbeweis besteht für ihn im Zuhören, Antworten und in gemeinsamen Aktivitäten. Nichtsdestotrotz ist körperliche Nähe besonders in der Einschlafphase wichtig und hilft beim Entspannen.

Redelust
Die vielen Eindrücke, die dieses offene Kind ständig sammelt, verarbeitet es am besten, indem es darüber spricht. Auch ein Grund, warum ein Zwilling nicht gern allein ist. Er braucht stets ein Gegenüber, mit dem er sich austauschen kann. Sich allein zu beschäftigen liegt ihm nicht. Krabbelgruppe und Kindergarten sind deshalb hochwillkommen. Auch über Geschwister freut er sich, je mehr Spielkameraden, desto besser.

Spielen und Basteln
Gemeinsames Spielen ist toll! Am liebsten mit vielseitigen, vielteiligen und kreativen Dingen. Puzzles, Bausätze und Malutensilien sollten immer bereitliegen. Schon früh entwickelt der kleine Zwilling eine manuelle Begabung. Mit seinen geschickten Händchen kann er auch kompliziertere Dinge basteln. Lange ist sein Interesse allerdings nicht bei einer Sache, halbfertige Bilder und Gegenstände sind an der Tagesordnung. Ein Zwilling vertieft sich eben nicht gerne, sondern beginnt lieber schnell wieder etwas Neues. Hier ist die sanfte Unterstützung der Eltern vonnöten, damit er es lernt und einen Sinn darin erkennt, Dinge zu Ende zu bringen.

Sein Märchen: »Das tapfere Schneiderlein« (Brüder Grimm)

Praktische Tipps für die Eltern

- Hängen Sie Ihrem Baby ein buntes, vielteiliges Mobile übers Bett. Seine Bewegungen zu beobachten macht ihm viel Freude.
- Sprechen Sie so viel wie möglich mit Ihrem Kind, auch wenn Sie gerade mit etwas anderem beschäftigt sind. Eignen Sie sich einen kleinen Schatz von Gedichten, Reimen und Fingerspielen an, sodass Sie immer etwas Interessantes in petto haben.
- Auch wenn es noch so anstrengend ist, versuchen Sie alle Fragen Ihres Kindes zu beantworten. Sätze wie: »Das verstehst du noch nicht« treffen es tief und könnten seinen natürlichen Wissensdurst dämpfen.
- Wenn Sie eine längere Fahrt antreten, denken Sie daran, dass Ihr Kind sich schnell langweilt (viele Spiele mitnehmen) und unbedingt Bewegungspausen braucht.
- Ihr Schatz ist äußerst kontaktfreudig und geht unbekümmert auf neue Leute zu. Schärfen Sie ihm Ihre Regeln in Bezug auf Fremde deutlich ein!
- Sie haben ein cleveres Kind, das für logische Argumente sehr zugänglich ist. Wenn Sie Ihre Entscheidungen begründen, wird es ihnen eher folgen, als wenn Sie Dinge anordnen. Allerdings wird es Sie mit zunehmendem Alter mit seiner eigenen Logik zu entwaffnen versuchen.
- Dazu gehört auch, dass es selten um Ausreden verlegen ist, wenn es sich vor etwas drücken möchte. Überlegen Sie sich, wie viel Sie ihm davon durchgehen lassen möchten.
- Ihr Liebling ist vielseitig und kann mehrere Dinge auf einmal tun. Die Konzentration auf eine Sache gehört nicht zu seinen Stärken. Unterstützen Sie ab und zu das Dranbleiben, indem Sie Ablenkungsquellen so weit wie möglich ausschalten.

- Seien Sie nicht enttäuscht, wenn Ihr Sprössling auf das neue Geschwisterchen zunächst verhalten reagiert – schließlich kann es noch nicht reden oder spielen.

Das Schulkind (6-12 Jahre)

Schule

Ein Zwilling kann es meist gar nicht erwarten, in die Schule zu kommen. Endlich besteht Aussicht, dass sein großer Wissensdurst gestillt wird und er Heerscharen von anderen Kindern kennenlernt. Er ist neugierig auf alle Fächer und schließt blitzschnell Kontakte.
Dieses aufgeweckte Kind verfügt über eine rasche Auffassungsgabe, großen Ideenreichtum (auch für Streiche) und hohe geistige Beweglichkeit. Durch seine gute Sprachbegabung kann es seinen Vokabelschatz schnell vergrößern, drückt sich früh differenziert aus und lernt auch Fremdsprachen leicht.
Es ist besonders gut im logischen Denken, und es fällt ihm leicht, sich mit Inhalten kritisch auseinanderzusetzen. Die Liste seiner Begabungen geht noch weiter: Zwillinge sind gute Selbstdarsteller, das heißt, es macht ihnen Spaß, einen Vortrag zu halten, ein Experiment oder Kunststück vorzuführen oder Theater zu spielen. Je mehr Möglichkeiten die Schule dafür bietet, desto besser.
Schwierigkeiten hat der quecksilbrige Junior damit, lange still zu sitzen. Oft sehnt er die Pause herbei, einfach, um sich wieder bewegen zu können. Auch seine geistige Unruhe kann ihm zum Nachteil gereichen. Zum einen neigt er zu vorschnellen und vorlauten Antworten und lässt sich leicht ablenken, zum anderen fehlt ihm die Geduld, sich komplexe, herausfordernde Sachverhalte anzueignen. Wo er keine schnellen Resultate sieht, gibt er häufig vor-

zeitig auf. Seine breit gefächerten Interessen machen es ihm schwer, sich tief und lange mit einem Thema auseinanderzusetzen.
Schulaufgaben erledigt der Zwilling meist im Schnelldurchlauf, und häufig reicht das auch. Stundenlanges Büffeln ist nicht seine Sache, er überfliegt die Dinge und hat sie für die nächste Arbeit auch parat. Nur was ihm wirklich am Herzen liegt, setzt sich auf Dauer fest.

Freizeit
Auch nach der Schule ist sein reger Geist ständig aktiv. Er verschlingt Bücher und Magazine, und ist er erst mal computerreif, kann man ihn schwer vom Internet weglocken. Kaum ein Kind kann so schnell tippen und Dinge aufspüren wie der Zwilling. Aber nicht nur die Wissbegier lässt ihn am PC verharren, natürlich auch die Spiele …
Für einen körperlichen Ausgleich bieten sich vor allem Ballsportarten (Tennis, Badminton, Volley- Hand-, Fuß- und Basketball) an. Dank seiner großen Geschicklichkeit kann er hier gute Leistungen erbringen. Speziell Mädchen begeistern sich für Tanzkurse (z. B. Video Clip Dancing).
Da der quirlige Zwilling sich für vieles interessiert, aber nur weniges vertieft, ist ein häufiger Wechsel seiner Hobbys normal.
Damit er bei all seinen vielen Aktivitäten den Überblick nicht verliert, ist für den kleinen Hans-Dampf-in-allen-Gassen schon früh ein Terminkalender sinnvoll. So kann man seiner kleinen Schwäche, der Unzuverlässigkeit, rechtzeitig entgegenwirken. Natürlich sollten die Eltern darauf achten, dass der Kalender nicht zu voll wird – Terminstress kommt noch früh genug.

Freunde
Durch seine große Offenheit und freundliche Art findet der junge Zwilling leicht Anschluss und ist schnell überall

beliebt. Freundschaften zu schließen fällt ihm leicht. Meist hat er kein Bedürfnis nach einem »besten« Freund, sondern verfährt nach dem Mosaiksystem: Einen fürs Hobby, einen für die Schule, einen für den Sport ... Um sein Beziehungsgeflecht gut koordinieren zu können und um sich jederzeit austauschen zu können, wird sich Zwillinge-Junior sehr früh ein Handy wünschen.

Haustiere
Über ein eigenes Tier freut er sich sehr, vor allem, wenn er öfter mal allein zu Hause ist. So ist ständige Gesellschaft sichergestellt. Wenn es auch noch Töne von sich gibt (z. B. Vogel) – umso besser. Auf jeden Fall sollte es ein pflegeleichtes Tierchen sein, denn eine regelmäßige, konsequente Betreuung kann man von dem kleinen Springinsfeld nicht erwarten.

Sein Lieblingsspielzeug:
Jungen: Nintendo, Quiz
Mädchen: Scrabble, Zeichenblock und Malutensilien

Praktische Tipps für die Eltern

- Bei der Schulwahl sollten Sie Folgendes beachten: Für Ihr Kind sind fortschrittliche Lehrer mit entsprechenden Lehrmethoden (bilingualer Unterricht) besser geeignet als konventioneller Drill. Auch das Gebäude, bzw. die Räumlichkeiten sollten modern und ansprechend sein, damit es sich wohlfühlt. Der visuelle Eindruck ist für Ihren Sprössling nämlich sehr wichtig.
- Damit sich Ihr Nachwuchs nicht – entgegen seiner Natur – zum Stubenhocker entwickelt, sollten Sie gemeinsam ein Zeitlimit für Computer und Fernseher vereinbaren. Ein Zwilling lässt sich gern von Informationen

überfluten. Auch über eine Kindersicherung am PC wäre nachzudenken, der Neugier wegen …
- Kaufen Sie jede Menge Bücher – auch Sachbücher und Hörbücher. Besser noch: Melden Sie ihn in der Stadtbücherei an. Zwillinge entwickeln sich schnell zu kleinen Leseratten, und das kann dann teuer werden …
- Ihr Junior verfügt über eine gute kaufmännische Begabung. Lassen Sie ihn seine alten Spielsachen auf dem Flohmarkt verkaufen. Sie werden sich wundern, was er dabei herausschlägt.
- Ermuntern Sie Ihr Kind, sein sprachliches Talent zu nutzen. Bei freiwilligen Vorträgen oder durch die Mitarbeit bei der Schülerzeitung kann es seine Formulierungskünste schulen.
- Versuchen Sie gemeinsam herauszufinden, welche Faktoren die Konzentrationsfähigkeit Ihres Kindes erhöhen (Tageszeit, Pausen, Umgebung etc.).

Das jugendliche Kind (13-18 Jahre)

Pubertät

Zwillinge sind in diesem Stadium nicht besonders unleidlich. Da sie sehr kommunikativ sind, fallen die üblichen Schmoll- und Schweigephasen erfreulich kurz aus. Anstrengend können dagegen die stundenlangen Diskussionen über alles und jedes sein. Eher geht dabei den Eltern die Puste aus, als den Zwillingen dieses Alters die Argumente. Nervig können auch die endlosen Telefonate sein. In diesen Jahren zahlen sich eine Flatrate und mehrere Telefonnummern aus. Ansonsten wird der heranwachsende Zwilling jede Menge cooler Sprüche ablassen, aber selten heftig über die Stränge schlagen. Sein sachlicher Verstand bewahrt ihn vor den meisten altersüblichen Torheiten.

Umgang mit anderen

Alles, was ihn bewegt und interessiert, kann er gut mit seinen Freunden besprechen. Viele werden sich auch an ihn wenden, denn er ist selbst ein guter Ratgeber, da er über alles Mögliche Bescheid weiß. Da ihm das Zusammensein mit anderen wichtig ist, verhält er sich dementsprechend entgegenkommend und freundlich. Dabei macht er auch schon mal Zusagen, die er nicht einhalten kann, oder sagt Dinge, die er nicht wirklich meint. Außerdem muss er lernen, Informationen für sich zu behalten – es besteht eine Neigung zum Klatschen.

Gefühle

Der jugendliche Zwilling flirtet gern und ungezwungen, das Anbändeln mit dem anderen Geschlecht fällt ihm leicht und macht Spaß. Schwieriger hat er es da schon mit seinen Gefühlen. Die können kommen und gehen, ohne dass er weiß, warum. Auch seine Hauptstütze, der Verstand, hilft ihm dann nicht mehr viel.

Den direkten Zugang zu seinen Empfindungen und emotionalen Bedürfnissen muss sich der junge Zwilling erst noch freischaufeln. So legt er sich denn auch nicht gerne fest, verabredet sich – schmetterlingsgleich – mal hier, mal da. Dank seines großen Charmes wird es ihm selten übel genommen.

Das erste Mal wird er nicht lange hinauszögern, meist aber mehr von Neugier als von Leidenschaft getrieben.

Praktische Tipps für die Eltern

- Wundern Sie sich nicht, wenn Ihr Sprössling immer wieder neue Freunde mit nach Hause bringt. Eine frische Bekanntschaft ist für ihn oft interessanter als der alte Sandkastenkamerad.

- Der fröhliche Zwilling liebt Feiern und Geselligkeit. Ein Partykeller wäre großartig!
- Ermuntern Sie Ihren pubertierenden Junior, ein Tagebuch zu führen. Es tut dem geschäftigen Zwilling gut, sich Momente der Besinnung zu gönnen, um auch mal Eindrücke festzuhalten und seine Gefühle zu sortieren.
- Auch wenn es für Sie emotional schwierig sein mag, geben Sie Ihrem Nachwuchs die Möglichkeit, ein Schuljahr im Ausland zu verbringen. Nichts könnte in dieser Phase seine Neugier besser befriedigen, seiner Kontaktfreude mehr entgegenkommen. Wenn das Geld nicht langt – es gibt dafür eine Reihe unterstützender Stipendien.
- Stellen Sie sicher, dass sein Informationsbedarf genügend abgedeckt ist. Aktuelle Nachrichten interessieren ihn mehr als das Geschichtsbuch. Ein Zeitungs- oder Magazinabo wäre eine Alternative zu Internet und Fernseher.
- Sie haben es mit einem äußerst vielseitigen Teenager zu tun. Schlagen Sie nicht die Hände über dem Kopf zusammen, wenn er beim Telefonieren fernsieht, zusätzlich in seinen Hausaufgaben blättert, nebenbei die Haare frisiert, zwischendurch den Hund füttert und Sie beiläufig bittet, ihn schnell mal wohin zu fahren – er sei ja schon wieder spät dran. Für ihn ist das normal!

Körper und Gesundheit

Zwillinge haben meist einen schlanken, flexiblen Körper mit langen, schmalen Gliedmaßen. Sie sitzen selten völlig still, ein Teil von ihnen ist immer in Bewegung. Ihre innere Unruhe kann gut über sportliche Betätigung abgebaut werden. Dafür gilt: Lieber fünfmal die Woche Rad fahren, als einmal wöchentlich auspowern.

Als Körperteil sind dem Luftzeichen die Atmungsorgane (Lunge, Bronchien) zugeordnet. Das bedeutet: Frische Luft ist für Zwillinge ganz wichtig. Auch im übertragenen Sinn darf ihnen nichts die Luft abschnüren. Bei einem

zu engen Korsett aus Vorschriften, Pflichten und Verantwortung werden sie schnell mal mit Schnupfen, Bronchitis oder anderen Atemwegserkrankungen reagieren. Also: viel draußen sein, aber außerhalb der Sommermonate immer mit einem Tuch oder Schal um den Hals.
Auch die Arme und Hände werden den Zwillingen zugeordnet. Wie schon erwähnt, sind sie ja manuell recht begabt. Durch ihre Neigung zu Hektik können sie sich in diesem Bereich aber auch schnell verletzen.
Das Nervenkostüm der Zwillinge ist nicht das stärkste, Ruhephasen sind deshalb sehr wichtig. Auch eine Tasse Beruhigungstee (z.B. aus Melissenblättern und Baldrianwurzeln) ist manchmal hilfreich – speziell vorm Einschlafen.
Bachblüte: Cerato (Bleiwurz) hilft gegen Zweifel, stärkt die Intuition.

Hinweise für die Eltern von Zwillingen aller Altersstufen

Ein Zwillinge-Kind ist im Großen und Ganzen unkompliziert und flexibel. In jungen Jahren lässt es sich leicht mal »abgeben«, je älter es wird, desto schneller wird es selbständig.
Passend zu diesem Doppelzeichen sind einige Erziehungshinweise etwas widersprüchlich: Einerseits liebt und braucht Ihr aufgeweckter Sprössling viel Anregung. Das heißt, je mehr Sie durch Gespräche, Bücher und Reisen für interessante Eindrücke sorgen, desto besser entwickelt er sich. Andererseits neigt er dazu, auf zu vielen Hochzeiten zu tanzen, und merkt oft nicht von allein, wann er sich nervlich und auch körperlich überfordert. Hier sollten Sie behutsam Grenzen setzen und ihn gegebenenfalls mit Entspannungsmöglichkeiten vertraut machen. So könnten Sie zum Beispiel gemeinsam autogenes Training (wohl die

bekannteste Entspannungstechnik) lernen, oder abends zusammen ein paar Yogabewegungen machen. Vielleicht reicht es auch, hin und wieder ruhige Musik zu spielen – besonders vorm Schlafengehen.

Emotionale Schwierigkeiten sind einem Zwilling nicht so schnell anzumerken. Lassen Sie sich von einer fröhlichen Miene nicht blenden, und schauen Sie genau hin, wenn Sie das Gefühl haben, dass etwas im Busch ist. Ein Zwilling zeigt der Welt gern sein heiteres Gesicht, und manchmal merken Eltern erst spät, dass es da ein zweites gibt – voller Unsicherheit. So spielt er oft Unbekümmertheit vor, ist innerlich aber gespalten bis verzweifelt.

Der Gefühlsbereich ist für den kleinen Denker ein schwer zugängliches bis bedrohliches Terrain, dem er gerne ausweicht. Sein neutraler Intellekt bietet ihm viele Möglichkeiten, sich dem Ergriffen-Werden zu entziehen. Es ist Ihre Aufgabe, Ihr Kind zu ermutigen, seine Empfindungen voll zuzulassen, darüber zu sprechen und sie eventuell aufzuschreiben. Auch emotionale Probleme anderer Familienmitglieder sollten offen besprochen werden, denn Heimlichtuerei ist nicht gut für den jungen Zwilling. Allerdings sollte alles in einem gewissen Rahmen bleiben, dramatische Gefühlsbezeugungen schrecken ihn eher ab. Da er Streitigkeiten nicht gut erträgt, wird er sofort die Vermittlerrolle einnehmen.

Seine zeitweilige Zerrissenheit und sein Bedürfnis nach Anschluss machen ihn leicht von außen beeinflussbar. Als Eltern sollten Sie darauf achten, dass Ihr Kind sich seine eigene Meinung bildet und zu ihr steht.

In seinem Wissensdurst häuft dieses Sternzeichen, gestützt durch unser Schulsystem, jede Menge Informationen an. Es braucht gute Anleitung, diese Kenntnisse in Zusammenhänge zu bringen, sonst entsteht daraus zunächst eine altkluge Haltung, später eine flache Intellektualität. Auch der Bezug zum Selbst muss immer wieder hergestellt werden. Zum Beispiel mit »Warum-Fragen« bringen Sie ihn dazu, sich mit Hintergründen und der eigenen Motivation auseinanderzusetzen.

Zwillinge-Kinder neigen durch ihre breiten Interessen dazu, sich ständig »Unerledigtes« zu erschaffen. Ihre Aufmerksamkeitsspanne ist nicht sehr groß, die Ablenkungsbereitschaft hoch, die Vermeidungsstrategie geschickt. Lehren Sie Ihr Kind, sich auf eine Sache zu konzentrieren. Machen Sie ihm immer wieder klar – besser: Lassen Sie es spüren –, welche Erfüllung im Zuendebringen von Dingen liegt. Sonst fehlen Ihrem Kind konkrete Erfolgserlebnisse.

Zu guter Letzt: Zwillinge lösen sich leicht vom Elternhaus. Nicht weil sie ihre Familie nicht lieb haben, sondern weil eine interessante, weite Welt da draußen auf sie wartet!

Andere Stars und Sternchen:

Albrecht Dürer 21.5.1471
Paul Gauguin 7.6.1848
Paul McCartney 18.6.1942
Johnny Depp 9.6.1963
Kai Pflaume 27.5.1967
Jasmin Tabatabei 8.6.1967
Nicole Kidman 20.6.1967
Heidi Klum 1.6.1973

Die Zwillinge und ihre Aszendenten

Bei keinem Zwilling sind die oben genannten Eigenschaften in Reinkultur ausgebildet. Der Einfluss des Aszendenten spielt eine wichtige Rolle. Lesen Sie dazu S. 261 und dann den Text über das errechnete Zeichen. Aber hier folgen schon einmal die möglichen Kombinationen:

Zwillinge/Widder
Eine überaus muntere Mischung! Das Widder-Feuer facht die Zwillinge-Luft ordentlich an. Dieses Kind kennt weder geistige noch körperliche Ruhe und hält seine Umwelt ständig in Atem. Seine Anpassungsfähigkeit ist etwas zurückgenommen, hinzu kommen Entschlusskraft und Durchsetzungsfähigkeit. Ein starker Wille beseitigt schnell mal aufkommende Zweifel. Will man es bremsen, hält es mit einem feurigen Redeschwall dagegen.

Zwillinge/Stier
Hier mischen sich zwei unterschiedliche Temperamente, dadurch sind einige Zwillinge-Eigenschaften stark abgemildert. Dies Kind geht nicht ganz so offen, lebhaft und neugierig auf die Welt zu. Das erdige Stier-Element beruhigt die unruhige Zwillinge-Natur und lässt es mehr in sich und im Moment verweilen. Seine Geschicklichkeit ist sehr gut ausgeprägt, und es bringt seine Dinge durchaus zu Ende. Durch die gegensätzlichen inneren Impulse ist es allerdings oft hin- und hergerissen. Es braucht gute Rückzugsmöglichkeiten, um sich immer wieder auszubalancieren.

Zwillinge/Zwillinge
Je näher der Aszendent in Richtung Stier geht, desto quirliger ist der Doppelzwilling – ein wahrer Luftikus! Dieses Kind hat tausend Ideen auf einmal, ist ständig in Bewegung

und redet andere in Grund und Boden. Liegt das Lineal mehr zum Krebs hin, sind die Zwillinge-Eigenschaften etwas weniger deutlich. Hohe Sensibilität und viel Phantasie zeichnen diesen Nachwuchs aus.

Zwillinge/Krebs
Der Einfluss dieses Wasserzeichens macht den Zwilling etwas introvertierter, ruhiger und sensibler. So wird er manchmal zwischen Offenheit und Schüchternheit sowie Geschäftigkeit und Rückzug hin- und herpendeln. Seine Stimmungen wechseln schnell, sein Anlehnungsbedürfnis ist groß. Dieses Kind hat feine Antennen und viel Phantasie. Es hängt sehr an seiner Familie und braucht einige Zeit, um seinen eigenen Weg zu finden.

Zwillinge/Löwe
Dieses dynamische Zwillinge-Kind benötigt viel Aufmerksamkeit. Kommt sie nicht von allein, versteht es blendend, sich in Szene zu setzen und sie sich zu holen. Seine kreativen Begabungen sind stark ausgeprägt, »darstellendes Spiel« liegt ihm am meisten. Es verfügt über viel Wärme und verhält sich stets großzügig. Sein Freundeskreis ist ihm überaus wichtig, hier übernimmt es gern die Anführer- und Beschützerrolle.

Zwillinge/Jungfrau
Die Jungfrau-Eigenschaften verstärken die Zwillinge-Merkmale, und so ist dieses Kind besonders aufgeweckt, flexibel, vernünftig und redebegabt. Hinzu kommen Fleiß, Vorsicht und die Fähigkeit, Dinge zum Abschluss zu bringen. Erfolgversprechende Anlagen für Schule und Beruf! Das Zulassen und Zeigen von tief gehenden Gefühlen fällt ihm nicht so leicht.

Zwillinge/Waage
Hier mischen sich zwei Luftzeichen und verleihen charmanten Esprit, geistige Offenheit und diplomatische Gewandtheit. Dieses Kind hat viele Einfälle und interessiert sich schon früh für die großen Fragen des Lebens. Eine gute Ausbildung ist deshalb besonders wichtig. Harmonie bedeutet ihm viel, und es wird alles dafür tun, dass es in seinem Umfeld friedlich zugeht. Sein Schönheitssinn und Geschmack sind gut ausgebildet. Entscheidungen zu treffen fällt ihm entsetzlich schwer, aber wenn es auf seine Intuition hört, liegt es richtig.

Zwillinge/Skorpion
Eine sehr gegensätzliche Zeichenkombination! Dieses Kind ist zeitweilig offen und locker, dann wieder verschlossen und ernst. Unruhe und Vielseitigkeit sind bei ihm etwas zurückgenommen, denn es geht den Dingen gern auf den Grund. Einmal begonnene Tätigkeiten führt es meist zu Ende. Dieser Zwilling ist rhetorisch sehr begabt und kann andere gut überzeugen. Seine Gefühle gehen tief, werden aber nicht immer gezeigt.

Zwillinge/Schütze
Eine quicklebendige Mischung! Dieser kleine Racker hat Sieben-Meilen-Stiefel an und ist schwer zur Ruhe zu bringen. Seine Lust auf Veränderung ist groß – man könnte ihn ohne weiteres mit auf Weltreise nehmen. Viel Offenheit, Optimismus und Begeisterungsfähigkeit sind ihm in die Wiege gelegt – jede Begegnung ist spannend, jede Information anregend. Daraus können aber auch Unschlüssigkeit und Unzuverlässigkeit resultieren.

Zwillinge/Steinbock
Die bodenständige Steinbock-Seite bringt diesen Zwilling immer wieder auf die Erde und damit zur Ruhe. Hinzu

kommen Phasen von guter Konzentration, Geduld und Beharrlichkeit. Seine Leistungsbereitschaft ist hoch – auch weil er auf Anerkennung aus ist. Lob ist in jedem Fall wichtig, sonst versiegen Motivation und Selbstvertrauen. Ängste oder seelische Probleme können sich bei diesem Kind leicht körperlich bemerkbar machen, auch die Ernährung spielt hier eine wichtige Rolle.

Zwillinge/Wassermann
Hier ist das Bedürfnis nach Selbständigkeit und Freiraum sehr groß. Dieses Kind möchte alles auf seine eigene Art und Weise machen, Einschränkungen oder Nichtbeachtung erträgt es schlecht. Es begeistert seine Umwelt mit originellen Ideen und Wortschöpfungen. Sein großes kreatives Potenzial kann allerdings etwas Unterstützung gebrauchen, um sich voll zu entfalten. Denn Bodenhaftung und Durchhaltevermögen gehören nicht zu seinen Stärken. Dieser Zwilling spielt sehr gerne, ihm fällt es nicht leicht, sich ernsthaft und lange auf etwas – oder jemanden – einzulassen.

Zwillinge/Fische
Das sensible Wasserzeichen verleiht diesem Zwilling größere Empfindsamkeit. Deshalb ist er auch nicht so sehr der Außenwelt zugewandt und manchmal sogar schüchtern. Empfindung und Verstand liegen häufig im Widerstreit und ziehen Unausgeglichenheit nach sich. Die Phantasie ist gut ausgeprägt, manchmal liegt ihm die Traumwelt näher als die Realität. Dies Kind ist anlehnungsbedürftig und überaus flexibel. Disziplin und Entschlossenheit müssen erst noch eingeübt werden.

KREBS
22.6.–22.7.

»Ich kann ohne diese Decke nicht leben. Ich kann dem Leben nicht unbewaffnet gegenübertreten.«
Linus, aus *Peanuts* von Charles Schulz

Planet: Mond Astronomisch gesehen ist der Erdtrabant natürlich kein Planet – in der Astrologie nennen wir ihn aber so. Aus Erdensicht verändert er ständig die Form, was an seinen unterschiedlichen Stellungen zur Sonne liegt. Diese Phasen stehen in engem Zusammenhang mit einigen unserer Lebensrhythmen (Gezeiten, weiblicher Zyklus etc). Astrologisch gesehen herrscht der Mond über die Gefühle, worauf auch sein lateinischer Name »luna« (Laune) hinweist.

Symbol: ♋ Das Zeichen wird als die Scheren des Krebses interpretiert. Mit ihnen verteidigt er sein weiches Innenleben. Eine andere Deutung sieht hier zwei gegenläufige Spiralen, die die auf- und absteigende Sonnenbahn symbolisieren. Mit dem Eintritt ins Zeichen Krebs verändert die Sonne auf ihrer Bahn die Richtung: Sonnenwende.

Element: Wasser Das flüssige Element steht im Zusammenhang mit Gefühlen und Sensibilität. Es verleiht dem Menschen Empfindsamkeit und Gemütstiefe. Das Wasser der Krebse ist das eines Baches: verspielt und wechselhaft.

Stein: Mondstein Die sanften Schwingungen dieses geheimnisvoll schimmernden Steins können das Gefühlsleben des Krebses harmonisieren. In vielen Kulturen gilt er als magischer Stein. Arabische Frauen nähen ihn für reichen Kindersegen in ihre Kleider ein.

Wochentag: Montag Abgeleitet vom Mond.

Farbe: Silber Dies ist die Farbe des Mondes und des weiblichen Prinzips.

Blume: Seerose Die Blüten und Blätter dieser schönen Pflanze schwimmen auf stehenden oder langsam fließenden Gewässern. Ihre Wurzeln reichen weit in die Tiefe. Ihre Zartheit spiegelt die sensible Innenwelt des Krebses wider.

Tier: Kaninchen Das Kaninchen ist anhänglich, gutmütig und liebt Streicheleinheiten – genau wie der Krebs.

POSITIVE UND SCHWIERIGE EIGENSCHAFTEN AUF EINEN BLICK

\+ einfühlsam, weich, romantisch, phantasievoll, musikalisch
– überempfindlich, unselbständig, launisch, schüchtern

Das Zeichen Krebs im astrologischen Tierkreis

Wenn die Sonne auf ihrer alljährlichen Bahn in das Zeichen Krebs eintritt, beginnt auf der Nordhalbkugel der Sommer. Sie hat ihren höchsten Stand erreicht und ändert nun langsam ihre Richtung – daher der Begriff Sommersonnenwende. Jetzt beginnt die wärmste Zeit, aber es geht auch schon wieder auf das Winterhalbjahr zu. Von nun an werden die Tage wieder kürzer.
Menschen, die jetzt geboren werden, sind stark von dieser »kosmischen« Kehrtwende geprägt, sie bewegen sich oft in dem berühmt-berüchtigten Krebsgang voran: zwei Schritte vor, einen zurück. Das heißt, sie schlagen einen bestimmten Kurs ein, verwerfen dann aber oft kurzfristig das Ziel und drehen wieder um oder gehen in eine andere Richtung. Dieser Rückwärtsgang symbolisiert auch die Bewegung von außen nach innen: Krebse sind sehr mit ihren Gefühlen beschäftigt, familienbezogen und häuslich.

Das Kleinkind (0-5 Jahre)

Pausbackenengel
Der Prototyp des niedlichen Babys! Das kleine Krebschen ist überaus anrührend, herzig und zart. Mehr als andere Säuglinge wirkt es schutzlos und empfindsam. Dieses gefühlsbetonte Kind reagiert auf kleinste Kleinigkeiten und braucht viel Zeit, um alle Eindrücke zu verarbeiten. Veränderungen können – je nach Tagesform – interessant sein oder Ängste erzeugen. Regelmäßigkeit bei den Mahlzeiten ist ihm in jedem Fall wichtig.

Gefühle

Durch seine große Feinfühligkeit bekommt der Mini-Krebs auch Unausgesprochenes intuitiv mit. Harmonie in seiner Umgebung ist die Voraussetzung dafür, dass er sich wohlfühlt. Ist er traurig, weint er schnell und manchmal herzzerreißend. Seine empfindsame Seele ist schnell verletzt, deshalb baut er sich gern ein paar Schutzmechanismen auf. Schmollen und Rückzug in sein Schneckenhaus gehören dabei zu seinen Favoriten. Seine Verlustangst ist groß, auch kurze Trennungen werden manchmal schmerzhaft erlebt. Die Befindlichkeit des Krebsleins kann sich von einer Minute auf die andere ändern. Für andere sind diese Vorgänge nicht immer nachvollziehbar. An manchen Tagen anschmiegsam und anlehnungsbedürftig – an weniger guten »klammernd« und mimosenhaft.

Familiensinn

Dies weiche, wenig stabile Sternzeichen braucht viel Halt und Schutz von außen. Die Zuwendung und Geborgenheit innerhalb der Familie sind für ihn besonders wichtig. Kein anderes Kind ist so stark und lange auf die Nähe und Wärme – besonders der Mutter – angewiesen wie das Krebs-Kind. Ein behagliches Heim ist für den kleinen Krebs von Anbeginn an der sichere Hafen, in den er sich jederzeit zurückziehen kann.

Die Welt da draußen

Der kleine Krebs mag andere Kinder und spielt für sein Leben gern. Der richtige Zeitpunkt für den Kindergarten muss allerdings sehr sorgfältig gewählt werden. Denn das Loslassen der Mutter fällt schwer, das Eingewöhnen in eine fremde Umgebung ebenfalls. Von Natur aus zurückhaltend, geht er nicht so schnell auf andere zu, sondern braucht seine Zeit, um Vertrauen aufzubauen.

Geschwister
Als Familienmensch freut sich das Krebs-Kind über Zuwachs zu Hause. Sofern es sich nicht zu sehr durch ein Geschwisterchen zurückgesetzt fühlt, wird es sich hingebungsvoll um das Kleine kümmern. Mädchen fangen schnell an, ihrerseits in die Mutterrolle zu schlüpfen und »ihr« Baby liebevoll zu versorgen. Aber beide Geschlechter sind sehr zärtlich, fürsorglich und haben einen ausgeprägten Beschützerinstinkt.
Recht wohl fühlt sich das Krebschen auch durch den Schutz und die Unterstützung von älteren Brüdern oder Schwestern – die Rolle des Nesthäkchens ist ihm auf den Leib geschrieben.

Sein Märchen: »Die drei Federn« (Brüder Grimm)

Praktische Tipps für die Eltern

- Kuscheltiere, Kuschelkissen, Kuscheldecke – all das hilft, beim kleinen Krebs das wichtige Gefühl von Geborgenheit zu erzeugen.
- Auch wenn es vielleicht nicht mehr so modern ist – Ihr Baby steht auf Muttermilch!
- Ein Krebs-Kind reagiert auf kleinste Veränderungen. Umstellungen in seinem Zimmer können es schon verunsichern. Ein ständiger Wechsel von Babysittern tut ihm ebenfalls überhaupt nicht gut.
- Von schmusigen Streicheleinheiten kann es nie genug bekommen. Und damit sind nicht nur die körperlichen gemeint. Auch seine Seele braucht viel davon – seien Sie also großzügig im Verteilen von Lob!
- Egal wie gut oder weniger gut Sie singen können – Schlaflieder sind *der* Hit für Ihren Nachwuchs und wahrscheinlich sogar schöner als Gute-Nacht-Geschichten. Sie

erfüllen gleich mehrere Funktionen: Ihr Kleines genießt die Stimmung, schläft leichter ein, und dazu wird sein musisches Talent frühzeitig stimuliert.

- Haben Sie stets Fingerfarben, Tuschkasten und andere Malutensilien zur Hand. Ihr Kind kann damit nicht nur seine Kreativität, sondern auch seine Stimmungen ausdrücken.
- Äußern Sie Ihre Gefühle klar, und machen Sie deutlich, dass es Ihre eigenen sind. Ihr Kleines ist nämlich so mit Ihnen verschmolzen, dass es zwischen Ihren und den eigenen Gefühlen nicht gut unterscheiden kann.
- Seien Sie nicht alarmiert, wenn es häufiger mal weint. Tränen erleichtern und sind sein Mittel, unangenehme oder schmerzhafte Gefühle wegzuspülen.

Das Schulkind (6-12 Jahre)

Schule

Der kleine Krebs wird nicht unbedingt darauf brennen, endlich in die Schule zu dürfen. Schließlich bedeutet das ja die zeitweise Trennung von Heim und Familie und vermutlich die Ablösung von seiner Kindergartengruppe. Hat er sich aber erst mal in die neue Gemeinschaft eingelebt, macht er sich hier gut. Wie gut, ist allerdings von einigen Faktoren abhängig:

- Die positive Beziehung zu Lehrern und Mitschülern ist das A und O seiner Schulkarriere. Für dieses gefühlsbetonte Zeichen ist nämlich das Menschliche wichtiger als der Erfolg. Ist ihm der jeweilige Pädagoge sympathisch und fühlt es sich im Klassenverband wohl, legt es sich sehr ins Zeug und kann hervorragende Leistungen erbringen. Ist ihm ein Lehrer unangenehm oder wird es von Klassenkameraden gehänselt, hält es sich sehr zurück. Schwierigkeiten in der Schule sind bei ihm insofern eher auf Beziehungsprobleme zurückzuführen als auf mangelnden Intellekt.

- Lob ist ebenfalls ein wichtiger Motor für seine Leistungsbereitschaft. Ehrgeiz und Interesse schwanken stark; oft lernt es, um Bestätigung von anderen (Eltern, Lehrer, Mitschülern) zu erhalten. Ein Krebs-Kind braucht viel Beachtung und Anerkennung, tut sich aber durch seine zurückhaltende Art schwer, sie einzufordern. Häufig weiß es im Unterricht die richtige Antwort, ist aber zu schüchtern oder zu langsam mit seiner Meldung. Durchsetzung und Selbstdarstellung sind bei ihm eher schwach ausgeprägt. Hier ist viel Einfühlungsvermögen von Seiten der Lehrer erforderlich.
- Disziplin gehört nicht zu seinen Stärken. Oft könnte es bessere Leistungen bringen, wenn es frühzeitig und konsequent gelernt hätte. Bei diesem (Schwach-)Punkt ist die einfühlsame Unterstützung der Eltern gefragt.

Freunde und Freizeit

Freunde nehmen einen fast ebenso hohen Stellenwert ein wie die Familie. Zwar dauert es eine Weile, bis sich der kleine Krebs mit jemandem verbündet – dann aber dauerhaft! Eine Freundschaft, die in der Schulzeit (oder noch früher) geschlossen wird, kann bei ihm ein ganzes Leben lang halten. Und er ist ein guter Freund: loyal, verständnisvoll, friedfertig und hilfsbereit. Da er nicht gern allein ist, wird er versuchen, sich ein Netz von Gefährten aufzubauen, so dass er jederzeit auf jemanden zurückgreifen kann. Konflikten weicht der zartbesaitete Krebs gerne aus – sei es, um keine Sympathien zu verlieren, sei es aus Angst vor Verletzung. In einer Gruppe ist er anpassungsfähig und überlässt bereitwillig anderen das Sagen.

Spielen steht in seiner freien Zeit im Vordergrund. Um Sport

zu treiben, für die Schule zu lernen oder sein Taschengeld aufzubessern, braucht er einen kleinen Anstoß. Viel Freude macht ihm auch das Aufziehen von Pflanzen – der fürsorgliche Krebs liebt es nämlich, Dinge wachsen zu sehen.
Ab und zu zieht er sich gern in sein Zimmer zurück und träumt einfach nur so vor sich hin. Dabei macht ihm das größte Durcheinander nichts aus – Ordnung halten zählt nicht zu seinen Tugenden.

Haustiere
Ein Haustier ist beim Krebs-Kind gut aufgehoben. Da es selbst gerne gehätschelt wird, ist ihm ein Tierchen zum Anfassen (Häschen, Katze, Hund) am liebsten. Hier kann es seinerseits Streicheleinheiten verteilen. Die regelmäßige Versorgung des Tieres mag mal ins Stocken geraten, stellt aber gleichzeitig eine gute Übung dar. Denn der treu sorgende Krebs möchte auf jeden Fall, dass es seinem Liebling gut geht.

Sein Lieblingsspielzeug:
Jungen: *Was ist was*: Entdeckerkasten »Das alte Rom«, Tischfußballkicker
Mädchen: Tuschkasten, Puppenstube, Webrahmen

Praktische Tipps für die Eltern

- Sortieren Sie altes Spielzeug nie ungefragt aus – Sie könnten damit ein Drama heraufbeschwören. Ihr Krebslein hängt nämlich sehr an seinen Dingen, vor allem an den damit verbundenen Erinnerungen.
- Die Unordentlichkeit ihres Sprösslings ist nicht notwendigerweise auf Faulheit zurückzuführen. Viele Krebse haben keinen Sinn für Systeme und Strukturen. Leiten Sie ihn an, seine Dinge in Kartons, Dosen, Schachteln

etc. zu sortieren und eventuell zu beschriften. Das Gleiche gilt für die Schulsachen: Zeigen Sie Ihrem Kind, wie es seinen Schreibtisch am besten organisiert oder den Überblick in seinem Ranzen behält. Äußere Ordnung, Klarheit und Routine – wie regelmäßige Zeiten, zu denen er isst und ins Bett geht – sind für den jungen Krebs wichtig, um sich zu orientieren, und geben ihm einen Sicherheitsrahmen.

- Disziplin kann man diesem gefühlvollen Sternzeichen nicht einfach überstülpen. Es wird von inneren Impulsen geleitet und braucht sanfte Unterstützung im Umgang mit Regeln, Zeit und Methoden. Übertragen Sie ihm Aufgaben in Haushalt und Garten, bei denen es diese Dinge lernen und üben kann.
- Für die schulische Begleitung gilt: Lieber sanfte Förderung als strenger Druck. Ihr Sensibelchen lässt sich durch Lob viel besser motivieren als durch Tadel. Und erwarten Sie nicht zu früh zu viel; in manchen Dingen ist Ihr Kind ein Spätentwickler! Versuchen Sie, eine Schule mit einem breiten Angebot an musischen Fächern zu finden – hier blüht Krebs-Junior auf.

Das jugendliche Kind (13-18 Jahre)

Pubertät

Der junge Krebs hat es nicht eilig mit dem Erwachsenwerden, dazu hängt er viel zu sehr an Heim und Familie. So legt er speziell in dieser Übergangsphase gern den typischen Krebsgang an den Tag: »zwei Schritte vor, einen zurück« und oft auch umgekehrt. Rebellische Verhaltensweisen sind bei ihm nur in geringem Maße zu erwarten. Auch ausschweifende Disco- und Partyabende sind eher selten. Dafür verstärken sich nun aber seine Stimmungsschwankungen. Er ist noch empfindsamer und damit noch schneller verletzt. In diesen Phasen spricht er wenig, grübelt viel, ist antriebslos und entscheidungsschwach.

Liebe und andere Gefühle

Jugendliche Krebse sind überaus romantisch. Ihre Erwartungen an die Liebe sind dementsprechend hoch, und die Realität wird schon mal ausgeblendet. Sind sie verliebt, schwärmen Mädchen von ihrem Märchenprinzen, und Jungen werden kurzerhand zu Poeten. Die gefühlsmäßige Übereinstimmung ist das Wichtigste – Sex kann warten. Werden seine Empfindungen nicht respektiert oder erwidert, zieht sich der junge Krebs schnell wieder (in seinen Schutzpanzer) zurück. Ablehnung ist für ihn sehr schwer zu ertragen; Brücken bauen oder um seine/n Angebetete/n zu kämpfen, muss er erst noch lernen. In dieser Lebensphase fühlt sich der dünnhäutige Teenager sehr schnell verunsichert oder zurückgewiesen. Das Hochziehen einer Augenbraue oder ein (für ihn) falscher Tonfall können ihn schon aus dem Gleichgewicht bringen. Dann versteckt er sich in seiner inneren Welt und frisst sein Leid in sich hinein. Hier liegt auch ein möglicher Grund für eventuellen Liebeskummer: Er öffnet sich nicht genug. So tappt sein Gegenüber oft im Dunkeln und die junge Beziehung wird durch Missverständnisse geschüttelt.
Läuft aber alles rund, ist schon der junge Krebs ein wunderbarer Partner: Hingebungsvoll, zärtlich und fürsorglich, versucht er seinem Herzblatt jeden Wunsch von den Augen abzulesen.

Umgang mit anderen

Auch für seine Freunde ist er ein liebevoller, hilfsbereiter und treuer Begleiter. Er hat Verständnis für alles und jeden, kann hervorragend zuhören und trösten. Das harmonische Miteinander ist ihm wichtig, selten bricht er einen Streit vom Zaun. Natürlich können seine Stimmungsschwankungen die anderen nerven, trotzdem wissen sie, dass sie sich auf ihn verlassen können. Ideal sind für ihn etwas ältere Freunde, sofern sie schon über eine gewisse Stabilität verfügen. Hier kann der weichherzige Krebs-Teenie sich auch mal anlehnen. Für allzu pubertäre Eskapaden ist er ja sowieso nicht zu haben.

Hobbys
Überaus aktiv ist er in punkto Freizeitgestaltung nicht; häufig wartet er auf Impulse von seinen Freunden. Viel Zeit verbringt er zu Hause, versorgt seine Tiere, Pflanzen und Geschwister. Oder verkrümelt sich mit einem Buch (Fantasy-Roman) in irgendeine Ecke. Alles Mögliche zu sammeln macht ihm ebenfalls viel Freude. Seine Lieblingsbeschäftigung ist allerdings Musik hören oder – wenn möglich – machen.

Praktische Tipps für die Eltern

- Führen Sie Ihren Sprössling an die verschiedensten Sportarten heran, bei einer wird er dann hoffentlich hängen bleiben. Wassersportarten haben die beste Chance – da ist er zumindest in seinem Element.
- Lassen Sie sich nicht von lockeren Sprüchen oder coolem Auftreten blenden. Ihr Teenager ist immer noch ein zartes, verletzliches Wesen, das sich nur gerade etwas tarnt.
- Aufgaben, wie für die Schule oder das Haustier, geht er lieber spielerisch an als mit Disziplin. Das lässt sich lange ausnutzen – bis es dann doch an der Zeit ist, Durchhaltevermögen zu üben …
- Fördern Sie seine guten kreativen Anlagen! Ob es darum geht, ein Instrument spielen zu lernen, Gedichte zu

schreiben oder Bilder zu malen – mit liebevollem Zuspruch motivieren Sie ihn am besten.

- Ihr Kind kann sich gut an Vorbildern orientieren. Eigenschaften, die ihm fehlen, schaut es sich gerne von anderen ab. Weisen Sie es auf eine geeignete Person aus seinem Umfeld oder den Medien hin. Besser noch – gehen Sie selbst in dem betreffenden Bereich mit gutem Beispiel voran!
- Nehmen Sie sich viel Zeit, Ihrem Heranwachsenden zuzuhören, wenn er Liebeskummer hat. Hier bricht gerade ein Universum zusammen – da sollten Sie nicht nebenbei den Geschirrspüler ausräumen!

Körper und Gesundheit

Körperlich ist das Krebs-Kind nicht so empfindlich wie seelisch; aber gibt es erst mal Anzeichen einer Krankheit, dann wird sie auch so richtig ausgelebt. Schließlich liebt es ja das Bemuttertwerden. Die Schwachstelle dieses Sternzeichens ist der Magen – Sammelpunkt für unverdaute Gefühle, Stress und unterdrückten Ärger. Um des lieben Friedens willen wird ja viel hinuntergeschluckt. Dabei sollte dieses Organ unbedingt gut behandelt werden, denn der Krebs isst für sein Leben gern. Ein Tässchen Kamillentee hin und wieder tut ihm gut. Das Beste für den empfindlichen Magen ist sicherlich ein ausgeglichenes Gefühlsleben. Aber natürlich spielt die richtige Ernährung eine ganz wichtige Rolle. Es sollte immer auf die Menge (nicht zu viel!), die Auswahl der Speisen (viel Gemüse) und deren Zubereitung (nicht so scharf) geachtet werden. Krebs-Kinder lieben Süßes: Desserts, Kuchen, Schokolade sind ihr Schönstes. Leider nicht gerade ideal für eine gesunde Ernährung. Hier bietet sich Obst gut als »Ersatz« an.

Ihr Gewicht ist oft schwankend, denn wie der Mond seine Form ständig verändert, so geht es auch dem Menschen, der von diesem Planeten regiert wird. Regelmäßige sport-

liche Aktivität ist beim Krebs-Kind zwar nicht besonders beliebt, aber dennoch wichtig.
Übrigens muss man sich keinerlei Sorgen über die Namensgleichheit mit der Krankheit Krebs machen. Hier besteht überhaupt kein Zusammenhang!
Bachblüte: Clematis (Waldrebe) hilft, das schlummernde Potenzial zu wecken und Träume in die Tat umzusetzen.

Hinweise für die Eltern von Krebsen aller Altersstufen

Ein Krebs ist wirklich ein Kind zum Liebhaben! In fast allen Altersstufen ist es anschmiegsam und anrührend. Es integriert sich schnell in die Familie und lässt sich leicht lenken – durch freundliche Worte viel eher als durch harsche Töne. Auch liebevolle Umarmungen sind wirksamer als lange Erklärungen.
Ist Ihr Kleines verletzt, wird es still und erzählt nicht gleich, was passiert ist oder in ihm vorgeht. Hier sind Geduld und Einfühlungsvermögen vonnöten, denn es ist wichtig, dass Ihr Kind lernt, sein Gefühle (und Ängste) zu artikulieren. Im Laufe der Zeit werden Sie aber auch dafür Antennen entwickeln, wann Empfindungen nur vor- oder hochgespielt werden, um Unangenehmes zu vermeiden. Und da hat es sicherlich einiges in der Trickkiste.
Neben den üblichen Dingen, denen Kinder gern ausweichen, hat Ihr Schatz Angst vor drohendem Sympathieverlust. Hier gilt es einiges zu lernen: Ermuntern Sie Ihr Kind, klar und deutlich »nein« zu sagen, wenn es etwas nicht möchte. Das ihm vertraute Mittel zur Abgrenzung ist ja der Rückzug. Aber der ist, vor allem später, nicht immer angebracht oder möglich.
Da Ihr Sensibelchen konfliktscheu ist, muss es lernen, sich auf Auseinandersetzungen einzulassen und damit kon-

struktiv umzugehen. Meinungsverschiedenheiten sachlich auszutragen, könnten Sie zum Beispiel im Rollenspiel mit ihm üben. Außerdem sollten Sie Ihren Schatz immer wieder ermutigen, sich durchzusetzen – aber nicht durch Schmollen. Zeigen Sie ihm andere Wege auf.
Kann Ihr Kind sich effektiv abgrenzen, fällt es ihm wahrscheinlich auch leichter, von sich aus auf andere zuzugehen.
Ein weiterer Punkt ist das »Böse-sein-dürfen«. In seinen Bemühungen um Liebe und Anerkennung glaubt vor allem der kleine Krebs, nicht aggressiv oder sonstwie unangenehm sein zu dürfen. Zeigen Sie Ihrem Sprössling, dass Sie ihn auch lieb haben, wenn er mal seine vermeintlich schlechten Seiten zeigt. Lassen Sie ihn spüren, wie gut das tun kann.

Und nun noch ein Schlusstipp: Erinnern Sie sich immer mal wieder daran, dass Ihr Nachwuchs wahrscheinlich kein Senkrechtstarter ist, sondern viel Zeit braucht, um sich von einer Phase zur nächsten zu entwickeln. Er fühlt eben alles intensiv und löst sich nur langsam von gewohnten, lieb gewonnenen Dingen. So wird er sich denn auch nicht so früh von seinem Zuhause verabschieden, sondern so lange wie möglich bei Ihnen bleiben wollen!

Andere Stars und Sternchen:

Hermann Hesse 2.7.1877
Antoine de Saint-Exupéry 29.6.1900
Dalai Lama 6.7.1935
Angela Merkel 17.07.1954
Tom Hanks 9.7.1956
Tom Cruise 3.7.1962

Liv Tyler 1.7.1977
Gisele Bündchen 20.7.1980

Der Krebs und sein Aszendent

Bei keinem Krebs sind die oben genannten Eigenschaften in Reinkultur ausgebildet. Unter anderem spielt der Einfluss des Aszendenten eine sehr wichtige Rolle. Lesen Sie dazu S. 261 und dann den Text über das errechnete Zeichen. Aber hier folgen schon einmal die möglichen Kombinationen:

Krebs/Widder
Bei dieser Kombination treffen die Elemente Feuer und Wasser aufeinander und rangeln um die Vorherrschaft. Das Zusammenkommen von schwungvollem Temperament und sensiblem Gefühl bewirkt eine unruhige Grundstimmung mit starken Stimmungsschwankungen und gelegentlichen Gefühlsausbrüchen. Aber sie verleiht dem sanften Krebs auch mehr Mut, Kraft und Eigeninitiative.

Krebs/Stier
Der Einfluss des ruhigen Erdzeichens macht das Krebs-Kind etwas stabiler und ausgeglichener. Allerdings bereiten ihm Veränderungen noch mehr Schwierigkeiten. Die Themen Geborgenheit, Kuscheln und Essen werden hier ganz groß geschrieben! Obwohl dieses Kind recht introvertiert sein kann, braucht es viel Kontakt. Speziell zu seinen Geschwistern hat es eine sehr enge Beziehung. Seine kreativen Seiten sind besonders gut ausgeprägt. Singen und Musizieren liegen ihm am meisten.

Krebs/Zwillinge
Der Zwillinge-Aszendent verleiht dem Krebs Selbständigkeit und Aufgeschlossenheit. Er erleichtert es ihm, seine

Gefühle auszudrücken und aus seinem Schneckenhaus hervorzukommen. Außerdem macht er offener für Neues und Veränderungen. Allerdings verstärkt sich bei dieser Mischung der Wankelmut; Stimmungen und Ansichten können sich überraschend schnell ändern. Denn hier paart sich Intellekt mit Empfindung, was ein schönes Zusammenspiel, aber manchmal auch innere Kontroversen hervorbringen kann.

Krebs/Krebs
Beim Doppelkrebs treten die typischen Charaktereigenschaften besonders stark in den Vordergrund. Je näher das Lineal am Löwen liegt, desto feinfühliger, phantasievoller und schüchterner ist der kleine Krebs. Dieses Kind braucht viel Harmonie, Schutz und Rückzugsmöglichkeiten. Im anderen Fall (Lineal liegt dichter am Zwilling), zeigt es Aktivität, Mut und Durchsetzungskraft. Aber alles immer noch mit viel Gefühl!

Krebs/Löwe
Durch den Einfluss des Feuerzeichens wird der kleine Krebs dynamischer und selbstbewusster. Dadurch trägt er ganz widersprüchliche Bedürfnisse in sich: Mal möchte er im Mittelpunkt glänzen, mal sich vor Unsicherheit verstecken. Die künstlerische Veranlagung dieses Kindes ist bemerkenswert. Dazu steckt es voller Wärme und Hilfsbereitschaft; Kritik kann es schlecht vertragen.

Krebs/Jungfrau
Die Mischung dieser beiden Zeichen bewirkt eine hohe Anpassungsfähigkeit und große Zurückhaltung. Der junge Krebs stellt seine Gefühle und Bedürfnisse selten in den Vordergrund; dafür zeigt er viel Anteilnahme und Verständnis für sein Umfeld. Er ist ein stiller Beobachter, der viel mitbekommt und hinterfragt. Wenn er sich – z. B. im

Kreise von Freunden und Gleichgesinnten – angenommen fühlt, blüht er auf.

Krebs/Waage
Bei dieser Kombination stehen die Bedürfnisse nach Harmonie und Anerkennung im Vordergrund. Beziehungen zu anderen und deren Meinung haben einen hohen Stellenwert. Bei diesem Kind sind Verantwortungsgefühl und künstlerische Talente stark ausgeprägt und lassen sich später gut in den Beruf einbringen. Aufgrund beträchtlicher innerer Schwankungen legt es sich nicht gerne fest.

Krebs/Skorpion
Das Wasserzeichen Skorpion vertieft die Gefühle des Jungkrebses noch; ihm geht alles besonders tief unter die Haut. Ab und zu neigt er dazu, sich Sorgen zu machen – die Dinge etwas leichter zu nehmen, muss er erst noch lernen.
Sein Interesse an anderen ist groß, sein Einfühlungsvermögen beachtlich. Von sich selber gibt er nicht so viel preis, sondern pflegt seine kleinen Geheimnisse.

Krebs/Schütze
Dieser Aszendent macht dem jungen Krebs im wahrsten Sinne des Wortes Feuer unter dem Hintern und damit den kleinen Stubenhocker teilweise zum Nestflüchter. Er sucht nach Anregungen außerhalb des vorgegebenen Rahmens und möchte allen Dingen gern auf den Grund gehen. Dieser gefühlvolle Wirbelwind braucht seine kleinen Freiheiten ebenso wie Schutz und Geborgenheit.

Krebs/Steinbock
Das erdige Gegenzeichen stattet den jungen Krebs mit Besonnenheit, Ehrgeiz und Verantwortungsgefühl aus. Dadurch fühlt er sich aber auch oft hin- und hergerissen. Mal ist die spielerisch-naive Seite am Ruder, mal die ernst-

haft-strebsame. Obwohl er recht verschlossen – manchmal sogar misstrauisch – sein kann, ist das gute Verhältnis zu anderen für ihn von großer Bedeutung.

Krebs/Wassermann
Dieses interessante Kind muss so gegensätzliche Bedürfnisse wie Freiheit und Sicherheit unter einen Hut bekommen. Einerseits ist es selbständig und rebellisch, andererseits anhänglich und gefällig. Mal verhält es sich recht vernünftig, dann wieder höchst emotional. Aber seine hohe Kreativität lässt es immer wieder Wege finden, mit diesen gegensätzlichen Seiten gut zurechtzukommen. Krebse mit diesem Aszendenten sind gute, hilfsbereite Freunde und in der Regel recht fleißig.

Krebs/Fische
Diese Zeichenmischung bringt überaus empfindsame, phantasievolle und künstlerisch begabte Wesen hervor. Sie können in Gefühlen und Träumen schwelgen; Disziplin, Durchsetzungsfähigkeit und Realitätssinn sind bei ihnen nur schwach ausgeprägt. Diese kleinen Bewegungsmuffel sind sehr anlehnungsbedürftig und verströmen viel Wärme und Liebe.

LÖWE
23. 7. – 23. 8.

»Wir sind alle Würmer, aber ich glaube,
dass ich ein Glühwürmchen bin.«
Winston Churchill

Planet: Sonne Sie ist der Mittelpunkt, um den sich alle anderen Planeten drehen, ist aber selbst – astronomisch gesehen – kein Planet, sondern ein Stern.

Symbol: ♌ Ursprünglich stellte es eine Schlange dar, heute wird es allgemein als Löwenhaupt mit Mähne interpretiert.

Element: Feuer Das kraftvolle Element steht für Hitze, Licht und Lebendigkeit. Es gibt dem Löwen viel Wärme, Schwung und Herzlichkeit. Dazu verleiht es ihm positive Ausstrahlung, Vitalität und eine optimistische Haltung dem Leben gegenüber.

Stein: Diamant Er gilt als der König der Edelsteine, denn er ist von allen der härteste und sehr kostbar. Außerdem soll er die größte Heilkraft besitzen, vor Gefahren schützen und Erfolg bescheren. Für Liebende gilt der Diamant als Zeichen der Treue. Am besten trägt man ihn an einer Kette auf Herzhöhe.

Wochentag: Sonntag Es ist der Tag der Sonne.

Farbe: Gold Gold ist die Farbe der Könige und wird mit Reichtum, Wärme, Ruhm und Glück in Verbindung gebracht.

Blume: Feuerlilie Diese majestätische Pflanze wird als die Königin der Alpenblumen bezeichnet. Ihre leuchtende, orangerote Blüte reflektiert die kraftvolle Ausstrahlung des Löwen.

Tier: Löwe Der Herrscher der Tierwelt beeindruckt durch seine wilde Mähne, sein lautes Brüllen, seine Kraft und hat kaum natürliche Feinde. Das gefährliche Raubtier ist im Grunde recht träge und ruht sich viele Stunden am Tag genüsslich (in der Sonne) aus.

POSITIVE UND SCHWIERIGE EIGENSCHAFTEN AUF EINEN BLICK

+ lebendig, großzügig, tatkräftig, zuversichtlich, warmherzig
– überheblich, dominant, geltungsbedürftig, dramatisch

Das Zeichen Löwe im astrologischen Tierkreis

Nachdem im Zeichen Krebs der Sommer auf unserer Nordhalbkugel begonnen hat, erreicht er im Zeichen Löwe seinen Höhepunkt. Obwohl die Sonne nun schon etwas weniger lange scheint, ist ihre Kraft doch am stärksten – es ist die heißeste Zeit des ganzen Jahres. Die Natur steht in voller Blüte, alles ist prächtig und prall. Diese Fülle, Kraft und Glut scheinen sich auf die Kinder, die jetzt geboren werden, zu übertragen. Sie stecken voll überschäumender Lebensfreude und Warmherzigkeit, möchten sich uneingeschränkt verwirklichen und entfalten. Die eher passive, nach innen gerichtete Krebsphase ist abgeschlossen, der Löwe nimmt sein Leben aktiv und selbstbestimmt in die Hand.

Andererseits liegt er auch ganz gern mal auf der faulen Haut, denn manchmal ist es im Hochsommer viel zu heiß, um sich zu bewegen … Wie der König der Tiere aalt sich der Löwe dann in »seiner« Sonne und gibt höchstens mal ein paar Anweisungen.

Das Kleinkind (0-5 Jahre)

Ihr Auftritt, Majestät!

Bereits in der Wiege verfügt dies herzige Baby über eine besondere Ausstrahlung, die gleich erkennen lässt: Das wird ein Prachtexemplar! Zum einen verzaubert es alle mit seinem sonnigen Gemüt, zum anderen blitzt seine »royale« Abstammung schon sehr früh durch. Der Löwe ist als König der Tiere bekannt und möchte auch so behandelt werden. Die Frage, wer in dieser Familie das Zepter in der Hand hält, lässt sich also leicht beantworten. Aber er ist ein gutmütiger Herrscher, der die Erfüllung seiner Wünsche mit strahlendem Lächeln und fröhlichem Glucksen quittiert. (Eltern können danach süchtig werden.) Und er ist recht leicht zufriedenzustellen: mit reichlichem und rechtzeitigem Essen, viel Abwechslung und jeder Menge Aufmerksamkeit. Gibt es in diesen Bereichen Defizite, verwandelt sich der charismatische Windelträger schnell in eine brüllende Raubkatze, die ihrem Namen alle Ehre macht.

Alles dreht sich um mich!
So wie die Sonne der strahlende Mittelpunkt unseres Planetensystems ist, um den sich alles dreht, beansprucht auch der Mini-Löwe den Platz im Zentrum. Keiner liebt wie er die Aufmerksamkeit und den Applaus. Nichts erfreut ihn mehr, als stolz herumgereicht zu werden und Huldigungen entgegenzunehmen. Später wird er sich einiges einfallen lassen, um ebenso im Mittelpunkt zu stehen und gefeiert zu werden.

Selbständig und umtriebig
Der kleine Löwe ist sehr aufgeweckt und erkundet unerschrocken und unternehmungslustig seine Umgebung. Diesem Energiebündel muss man wenig zeigen, seine Begeisterung ist schnell durch alles Mögliche geweckt – und ab geht die Post! Haben Sie ein Laufgitter, dann verschenken Sie es besser, denn Eingrenzungen verträgt es schlecht. Wenn es seinen starken Willen auf etwas gerichtet hat, ist es so leicht nicht davon abzubringen. Haben sich die Eltern dann endlich durchgesetzt, ist der Mini-Löwe aber auch nicht nachtragend und richtet sein Interesse schnell auf etwas anderes. Seine Stimmung ist fast immer fröhlich, seine Haltung optimistisch. Dadurch traut er sich auch viel zu und will immer alles selber machen.

Kreativität
Schon früh sucht der kleine Löwe nach Mitteln und Wegen, seinen Gefühlen und Erlebnissen Ausdruck zu verleihen. Zum einen ist er sehr mitteilungsfreudig, zum anderen liebt er es auch, sich in Formen, Tönen oder Farbe (Fingerfarben!) auszudrücken. Und das kann er ganz hervorragend! Dieses Sternzeichen verfügt wie kaum ein anderes über eine breite Palette an schöpferischen Talenten. Um sie gut zu entwickeln, braucht es einfach nur vielfältige Gelegenheiten, Möglichkeiten und Lob.

Sein Märchen: »Das singende, springende Löweneckerchen« (Brüder Grimm)

Praktische Tipps für die Eltern

- Der sprichwörtliche Löwenmut macht sich schon früh bemerkbar. Ihr Kleines traut sich einfach alles zu – selbst Dinge, die seine Möglichkeiten völlig übersteigen. Dieser Tendenz, sich ständig zu überfordern gilt es, liebevoll und konsequent entgegenzuwirken.
- Angst vor Unbekanntem oder Veränderungen kennt dieses Kind nicht. Es geht offen auf alles Neue zu, manchmal zu offen …
- Der Besuch des Kindergartens kann sich zwiespältig gestalten. Einerseits mag das Löwe-Kind den Umgang mit anderen, andererseits genießt es hier wahrscheinlich nicht die gleiche Vormachtstellung wie zu Hause. Das kann ihm ganz schön zu schaffen machen.
- Lernen Sie mit Ihrem Sonnenschein Lieder, Gedichte und Geschichten auswendig. Zum einen hat er eine spezielle Begabung, diese Dinge vorzutragen, zum anderen liebt er ja den Auftritt vor Publikum und die damit verbundene Aufmerksamkeit und Bestätigung.

- Eine großartige Geburtstagsparty – bei der er den ganzen Tag im Mittelpunkt steht – ist für ihn das schönste Geschenk!
- Kuscheln und zärtliche Streicheleinheiten braucht er nur in Maßen. Ihm wird es schnell zu eng – und zu langweilig.
- Sooft es geht: raus an die Sonne! Schon der kleine Löwe liebt die Sonnenstrahlen und ihre Wärme auf seiner Haut.
- Ihr Schatz verkleidet sich gerne. Achten Sie also gut auf Ihre Lieblingsstücke, oder stellen Sie ihm gleich einen eigenen Fundus mit Hüten, Schuhen, Schmuck und Tüchern zur Verfügung.

Das Schulkind (6-12 Jahre)

Schule

Die Schule macht dem jungen Löwen überwiegend Spaß, denn er ist aufgeschlossen, leistungsbereit und zeigt gern, was er kann. Seine Hauptbegabungen liegen im sprachlichen, kreativen und sportlichen Bereich. Aber auch vieles andere interessiert ihn, und dank eines gesunden Ehrgeizes kann er es in allen Fächern weit bringen. Mündliche Beteiligung liegt ihm besonders, denn er liebt es ja, sich darzustellen. Hin und wieder überzieht er aber auch und handelt sich durch vorlautes Benehmen Minuspunkte ein. Kritik oder Fehler setzen ihm sehr zu; schon Löwe-Junior glaubt, dass er alles kann. Schwierigkeiten mit Autoritäten hat er normalerweise nicht, solange er die Kompetenz des jeweiligen Lehrers anerkennt.

Wie alle Feuerzeichen ist auch er leicht für Neues zu begeistern, verliert das Interesse aber fast ebenso leicht wieder. Schnelle Resultate sind ihm wichtig, deshalb kann Lange-

weile im Unterricht ein Problem sein. Er begegnet allem sehr lebendig, weniger sachlich oder intellektuell.
Schon früh strebt der Löwe Führungsrollen an, sei es in Arbeitsgemeinschaften oder als Klassensprecher oder Primus. Er verfügt über ein gutes Organisationstalent, auch wenn das Durcheinander auf seinem Schreibtisch anderes vermuten lassen könnte. Er mag das »kreative Chaos« und findet sich darin bestens zurecht.

Hobbys

Die Freizeit dieses Kindes ist immer ausgefüllt, schließlich gibt es ja so viel, was Spaß macht. Sport spielt für den bewegungsfreudigen Löwen sicherlich eine große Rolle, besonders wenn er draußen ausgeübt werden kann. Segeln, Golf, Leichtathletik, Snowboarding und Tennis bieten sich dafür an. An Wettbewerbsportarten ist er nur dann interessiert, wenn er sicher sein kann, dass er meistens gewinnt. Verlierenkönnen gehört nicht zu seinen Stärken. Sehr gut passen zu ihm auch Sportarten, bei denen er seine Ausdrucksfähigkeit trainieren und zeigen kann, z.B. Tanzen, Schlittschuhlaufen oder rhythmische Gymnastik.
Ganz wichtig ist für den kleinen Löwen, dass er seine Kreativität in seiner Freizeit ausleben kann, sei es beim Malen, Musizieren oder Basteln. Oft dauert es eine Weile, bis er herausfindet, welches Talent am stärksten ausgeprägt ist, denn eigentlich kann er alles. Das Entwickeln seiner Begabungen sollte spielerisch vor sich gehen, mit so wenig Druck und Lenkung wie möglich. Er findet seinen Weg und Stil recht gut alleine.
Und neben all diesen Möglichkeiten hat eine andere Beschäftigung auch noch hohen Stellenwert – das Faulenzen.

König und Gefolge

Alleinsein liegt dem »König der Tiere« nicht, er braucht Gesellschaft – vorzugsweise »Untertanen«, die er beschützen und führen kann. Da er über eine Art natürlicher Autorität verfügt, wird sein Führungsanspruch auch selten in Frage gestellt. Treffen aber zwei Löwen im Freundeskreis aufeinander, kann es durchaus zu Machtkämpfen kommen, denn dies Sternzeichen gibt gern den Ton an und lässt nicht über sich bestimmen. Dafür ist sein Verantwortungsgefühl gegenüber anderen groß, und wen er in sein großes Herz geschlossen hat, dem ist er ein loyaler, hilfsbereiter und großzügiger Kamerad. Im Zweifelsfall stellt er allerdings seine persönlichen Interessen über die von anderen. Das macht er aber mit seiner inspirierenden, charmanten Art vollkommen wett und ist überall sehr beliebt. Bei der Auswahl seiner Freunde muss er vorsichtig sein, denn da er ein wenig eitel ist, ist er auch sehr anfällig für Schmeicheleien. Mit Kritik an seiner Person kann er nicht besonders gut umgehen. Fehlender Widerspruch in seiner Umgebung unterstützt wiederum seinen Hang zur Selbstüberschätzung.

Haustiere
Der Löwe mag Tiere; er schätzt sie als einen lebendigen Ausdruck der Schöpfung. Am liebsten hat er seinesgleichen – nämlich Katzen. Aber auch ein Hund bereitet ihm viel Freude. Vielleicht, weil er ihm so gut Befehle erteilen kann …

Sein Lieblingsspielzeug:
Jungen: große Autos
Mädchen: Puppentheater

Praktische Tipps für die Eltern

- Was Ihr Kind einmal angefangen hat, lässt es sich nicht gern aus der Hand nehmen. Eigenständigkeit ist für den Löwen ein wichtiges Mittel zur Selbstverwirklichung.

Auch wenn seine Bemühungen nicht Ihren Erwartungen entsprechen, untergraben Sie sein Selbstvertrauen nicht durch harsche Kritik oder ständige Belehrungen. Hier ist Ihre Kreativität gefragt!

- Schon der junge Löwe übernimmt gern Verantwortung. Sei es für kleinere Geschwister oder bei Aufgaben im Haus. Er muss allerdings lernen, andere damit nicht automatisch zu dominieren, und dass er in seiner »Herrscherrolle« nicht einfach tun und lassen kann, was er will.
- Es kommt vor, dass er seine schulischen Fähigkeiten und Kenntnisse überschätzt und zu wenig lernt. Behalten Sie deshalb seine Zensuren immer gut im Blick.
- Stures Pauken liegt diesem kreativen Kind nicht besonders: Nutzen Sie seine Liebe zum Spiel, und denken Sie sich Lernspiele für ihn aus.
- Wenn Sie Ihren Nachwuchs dazu bringen wollen, etwas zu tun, wozu er keine Lust hat (Küchen- oder Gartenarbeit), dann äußern Sie ihm gegenüber einfach mal Zweifel, ob er es überhaupt kann. Sein Stolz wird ihn ganz schnell dazu bringen, Ihnen das Gegenteil zu beweisen. Voilà!
- Ihr Sprössling ist ein kleiner Meister der Selbstdarstellung und schildert Ihnen seine Erlebnisse und Eindrücke oft auf recht theatralische Art und Weise. Freuen Sie sich an seiner Lebendigkeit, und machen Sie innerlich ein paar kleine Abstriche.
- Macht Ihr Liebling wiederholt durch negative Verhaltensweisen auf sich aufmerksam, kann es sein, dass Sie ihm nicht die »gebührende« Beachtung zukommen lassen. Mehr Zuwendung und Beifall an den richtigen Stellen können ihn schnell wieder ins Lot bringen.
- Würdigen Sie seine Mini-Meisterwerke ausgiebig. Lassen Sie ihn seine Gedichte bei jeder Gelegenheit vortragen, hören Sie seinen Musikstücken immer wieder zu, und hängen Sie seine Bilder an die Wand.

- Verzichten Sie auf lange Erklärungen und Anweisungen wenn Sie Ihrem Sonnenschein etwas beibringen wollen. Das Löwe-Motto heißt: »Learning by doing«!

Das jugendliche Kind (13-18 Jahre)

Pubertät
Der Schritt ins Erwachsenenleben ist für den lebensfrohen Löwen ein weiteres aufregendes Abenteuer; und er wird auf diesem Weg wenig auslassen, was Spaß verspricht. Immer mehr und größere Freiheiten werden angestrebt, Machtkämpfe mit den Eltern sind dabei an der Tagesordnung. Spätestens jetzt erfährt man, wie ein Löwe brüllen kann. Streitigkeiten sind von seiner Seite aus aber schnell vergessen, nachtragend ist er nicht. Schmollen und Schweigen gehören auch nicht zu seinem Standardrepertoire – bei ihm weiß man eigentlich immer, woran man ist.

Verliebtheiten und Sex
Der heranwachsende Löwe verliebt sich früh und leicht – er lässt nichts anbrennen. Das Spiel mit dem Feuer liegt ihm im Blut, und ist sein Herz erst mal entflammt, können seine Gefühlsbezeugungen durchaus dramatischer Natur sein.
Der Löwe-Jüngling spart nicht mit Imponiergehabe und schlüpft gern in seine Lieblingsrolle: die des Helden. Das Löwe-Mädchen wartet nicht passiv, bis jemand sie erwählt, sondern macht sich ihrerseits ans Erobern. Bei der Auswahl ihrer Beuteobjekte kann sie ganz schön wählerisch sein. Beide Geschlechter lieben großzügige Gesten – besonders in den Werbewochen. Sexualität gehört bereits in den ersten Liebesphasen dazu, der Umgang damit ist unkompliziert und spielerisch.

Freizeit

Der Löwe-Teeny lässt keine Feier oder Spaß versprechende Aktivität aus – am liebsten organisiert er sie sogar selbst. Er entwickelt sich schon früh zum kleinen Manager, der die Dinge lieber selbst gestaltet als sich auf andere zu verlassen.

Viel Freude machen ihm Ralleys, bei denen er sowohl seine Schnelligkeit als auch seine Kreativität unter Beweis stellen kann. Der Besuch einer Tanzschule oder von Kursen für Ausdruckstanz (freier Tanz oder Flamenco) sind beim jugendlichen Löwen auch sehr beliebt. Disconächte können lang sein; wenn er sich amüsiert, schaut er nicht gern auf die Uhr.

Auch mit einem anderen Thema geht er recht großzügig um: Geld. Kleinlichkeit kann man ihm nicht nachsagen, und so ist sein Taschengeld oft schon Mitte des Monats verbraucht.

Praktische Tipps für die Eltern

- Lassen Sie sich nicht die Zügel aus der Hand nehmen. Ein Löwe-Teenager ist früh selbständig, dazu überschätzt er sich leicht. Er wird also einiges versuchen, »die Alten« zu entthronen und über sich selbst oder sogar Familienangelegenheiten zu bestimmen. Lassen Sie ihm ruhig hin und wieder eine lange Leine, aber verteidigen Sie Ihr Territorium standhaft, sonst verliert Ihr Nachwuchs den Respekt.
- Ein Löwe weiß Gutes zu schätzen und hat eine großzügige Natur. Hohe Ansprüche, z.B. bei Kleidung, Hobby, Zimmerausstattung und Reisen, sind in dieser Altersstufe ein häufiges Streitthema. Eine einfache und wirksame Lösungsmöglichkeit liegt darin, seine finanzielle Beteiligung am jeweiligen Projekt zur Bedingung zu machen.

- In seiner Freizeit pendelt er zwischen Aktivismus und Faulheit hin und her. Er braucht beides, manchmal auch in Extremen; das ist seine Art, das Leben zu genießen.
- Wird Ihr Sprössling von seinem potenziellen Traumpartner abgewiesen, erlebt er das als katastrophale Niederlage. Sein Stolz und Selbstbewusstsein sind für einige Zeit erheblich angeschlagen. Jetzt braucht er seine Familie! Nehmen Sie sich genügend Zeit für den liebevollen »Wiederaufbau«.

Körper und Gesundheit
Ob noch klein oder schon fast erwachsen, der Löwe ist normalerweise gesund und munter. Bei all seiner Vitalität und Lebensfreude bleibt wenig Raum für Wehwehchen. Erwischt ihn doch mal eine Krankheit, setzt er ihr viel Widerstandskraft und Regenerationsfähigkeit entgegen und schüttelt sie schnell wieder ab. Es scheint, als ob Viren und Bakterien Respekt vor dem »König der Tiere« hätten. Dennoch neigt dieses dynamische Zeichen dazu, seine Kräfte zu überschätzen und sich hin und wieder zu sehr zu verausgaben. Bei Dauerüberbelastung meldet sich häufig (erst später) das Herz-Kreislaufsystem oder der mittlere Rücken. Hier befinden sich seine Schwachstellen. Auch Leistenbrüche sind bei diesem Zeichen nicht selten.
Bachblüte: Vervain (Eisenkraut) hilft gegen Selbstüberforderung.

Hinweise für die Eltern von Löwen aller Altersstufen

Für Ihren kleinen Sonnenschein ist das Leben eine Bühne, auf der er sich uneingeschränkt ausleben möchte. Dafür ist er mit viel körperlicher und emotionaler Energie, schöpferischer Begabung, Charme und Showtalent ausgestattet.

Alle anderen um ihn herum sind sein Publikum, das ihn bewundern und kräftig applaudieren darf. Für Sie als Eltern bedeutet dies in Ihrer Erziehung eine gewisse Gratwanderung, denn einerseits gehören Sie mit zum Publikum, andererseits haben Sie die Aufgabe des Regisseurs.
Soll heißen: Es ist wichtig und richtig, dass Sie Ihren Liebling mit viel Lob und Aufmerksamkeit bedenken. Ein fester Glaube an sich selbst nährt den löwetypischen Optimismus und hilft ihm später auch in schwierigen Zeiten, immer wieder neue Kräfte und Hoffnung zu mobilisieren. Denn ein Löwe möchte immer alles aus eigener Kraft heraus schaffen und sucht selten Hilfe bei anderen.
Auch wenn dieses Sternzeichen viel Selbstvertrauen ausstrahlt, innerlich gibt es auch starke Unsicherheiten, so dass es immer wieder Bestätigung braucht. Insofern kann ein Löwe gar nicht genug Liebe bekommen.
Andererseits dürfen Sie ihn aber auch nicht zu sehr aufs Podest stellen, sonst kann Ihr Schatz egozentrische Züge entwickeln, die ihn später in Partnerschaft und Beruf behindern. Ab und zu muss er liebevoll aus dem Mittelpunkt herausgelotst werden, um auch anderen (Geschwistern) ihren Auftritt samt Applaus zuzugestehen. Nicht immer darf sich alles um ihn drehen. Versuchen Sie ihm auch klarzumachen, wie viel objektiver man die Dinge von außen betrachten kann, als wenn man sich im Zentrum des Geschehens befindet. Subjektivität ist nämlich einer der größten Fallstricke der Löwen.
Eine weitere Aufgabe für Ihren Sprössling besteht darin, negative Kritik ertragen zu lernen und sie konstruktiv zu nutzen. Zeigen Sie ihm sanft seine Grenzen und Fehler auf, ohne dabei seinen Stolz zu verletzen. Und bringen Sie ihm langsam die Kunst der Selbstkritik nahe.
Nun noch ein Wort zum löwetypischen Machtanspruch. Ihr Junior hat große Begabung darin, zu organisieren, zu führen und zu inspirieren. Er verfügt über natürliche Auto-

rität und eine starke, positive Ausstrahlung, der man gerne von vornherein Respekt zollt. Außerdem übernimmt er gern Verantwortung und bringt Dinge zu Ende. Das sind alles gute Führungsqualitäten, mit denen er es später im Leben weit bringen kann. Um sie optimal einsetzen zu können, sollte er von Ihnen den Unterschied zu dominantem Verhalten lernen. Er sollte lernen, ein Gefühl dafür zu entwickeln, wann er Herrscherallüren an den Tag legt, und an welchen Stellen er sich leicht mal überschätzt.
Wenn er sie positiv einsetzt, lassen ihn seine Macher-Fähigkeiten und die übrigen Talente schnell zum Vorbild für Gleichaltrige werden.
Zu guter Letzt gilt es noch einmal zu betonen: Ihr Schatz ist ein schöpferisches Wesen und braucht viele Angebote und Möglichkeiten, um seine Kreativität zu entfalten. Das ist sein Weg, seine breite Palette an Gefühlen auszudrücken, und er kommt dadurch in seine Kraft. Ein Löwe-Kind, das in seiner Mitte ist – ohne ständig im Mittelpunkt stehen zu müssen – strahlt mit der Sonne um die Wette und macht Ihr Leben um ein Vielfaches heller und wärmer.

Andere Stars und Sternchen:

Peter Paul Rubens 28.7.1577
Napoleon Bonaparte 15.8.1769
Iris Berben 12.8.1950
Madonna 16.8.1958
Antonio Banderas 10.8.1960
Jennifer Lopez 24.7.1970
Heike Makatsch 13.8.1971
Ben Affleck 15.8.1972

Der Löwe und sein Aszendent

Bei keinem Löwen sind die oben genannten Eigenschaften in Reinkultur ausgebildet. Unter anderem spielt der Einfluss des Aszendenten eine sehr wichtige Rolle. Lesen Sie dazu S. 261 und dann den Text über das errechnete Zeichen. Aber hier folgen schon einmal die möglichen Kombinationen:

Löwe/Widder
Bei dieser Kombination sind die löwetypischen Eigenschaften besonders stark ausgeprägt. Dieses Energiebündel strotzt vor Tatendrang, Lebensfreude und Willenskraft und lässt den Eltern kaum eine ruhige Minute. Hier kommen zwei Feuerzeichen zusammen und machen den majestätischen Löwen manchmal zu einem kleinen Hitzkopf. Rücksichtnahme gegenüber anderen und das Einlegen von Ruhepausen müssen erst gelernt werden.

Löwe/Stier
Der Einfluss des Erdzeichens macht das Löwe-Kind ruhiger und besonnener; es kann sich gut mit sich selbst beschäftigen und braucht nicht so viel Aufmerksamkeit und Lob. Dafür ist es recht eigensinnig und von einem einmal gefassten Vorhaben schwer wieder abzubringen. Seine Gefühle gehen tief, werden aber nicht immer gezeigt. Familie und Zuhause sind für ihn Kraftquelle und Lebensmittelpunkt. Das Qualitätsbewusstsein ist bei dieser Kombination noch verstärkt – man könnte sogar von einem Hang zum Luxus sprechen.

Löwe/Zwillinge
Dieser kleine Löwe ist lebhaft, wach und wissbegierig. Er teilt sich gerne mit; Kommunikation spielt für ihn eine sehr wichtige Rolle. Da er sehr flexibel ist, kann er sich leicht auf Neues oder Veränderungen einstellen. In einem Punkt liebt

er aber die Konstanz: im Familienleben. Bei diesem heiteren, sorglosen Kind sind die darstellerischen Fähigkeiten besonders stark ausgeprägt; viele Schauspieler weisen diese Kombination auf.

Löwe/Krebs
Durch den Einfluss des sensiblen Wasserzeichens wird der Löwe sanfter, ruhiger und kuscheliger. Seine künstlerischen Talente sind erstaunlich, besonders was Musikalität anbelangt. In seinen Stimmungen kann er recht wechselhaft sein, seine Verhaltensweisen sind unterschiedlich. Mal strahlend und auftrumpfend, dann wieder zurückgenommen und empfindlich. Die fürsorgliche Seite des Aszendenten macht dieses großherzige Kind zum starken Beschützer für kleinere Geschwister und Freunde.

Löwe/Löwe
Beim Doppellöwen sind die typischen Charaktereigenschaften natürlich besonders stark ausgeprägt. Dieses willensstarke Strahlekind imponiert schon als Dreikäsehoch. Es hat einen ziemlichen Dickkopf, viel Eigeninitiative und geht keiner Herausforderung aus dem Weg. Je näher Ihr Lineal in Richtung Jungfrau geht, desto weniger ausgeprägt ist die schwungvolle Dynamik dieses Löwen, dafür ist er feinfühliger und künstlerischer. Dieser Löwe sucht sich immer wieder Rückzugsmöglichkeiten.

Löwe/Jungfrau
Das erdige Jungfrau-Zeichen bremst die dynamischen Löwe-Eigenschaften etwas aus. Dieses Kind neigt zum Zögern, spielt sich weniger in den Vordergrund und zeigt seine Gefühle nicht so offen. Es handelt überlegt, seine Einstellung ist sozial. Die Qualitäten dieser beiden so verschiedenen Zeichen können sich (vor allem für die Schule) gut ergänzen, in seinem Inneren aber auch eine gewisse Zerrissenheit

bewirken. Dieser »gezähmte« Löwe hat zum Teil sehr unterschiedliche Bedürfnisse.

Löwe/Waage

Dieses Löwe-Kind ist äußerst gesellig und blüht in Freundschaften und Gruppen richtig auf. Dadurch ist es nicht so auf sich bezogen, denkt viel für andere mit und ist zu größerer Objektivität fähig. Eine hohe geistige Beweglichkeit, verbunden mit gesundem Ehrgeiz, lassen auf eine gute Karriere hoffen. Hinzu kommt ein sehr künstlerisches Empfinden. Sein Charme ist umwerfend – damit setzt es leicht alle Bedürfnisse und Wünsche durch. Und die können teuer sein, denn ein Löwe/Waage-Kind hat einen gut ausgeprägten Sinn für Luxus.

Löwe/Skorpion

Bei dieser Feuer-Wasser-Kombination sind die Gefühle stark und tief, Willensstärke und Ehrgeiz besonders groß. Dieses Kind weiß ganz genau, was es will, und wird sich hin und wieder zum kleinen Familiendiktator aufschwingen. Andererseits kann es sich aber auch gut in andere einfühlen und viel geben. Die löwetypische Fröhlichkeit weicht zeitweilig einer ernsthaften Gesinnung. Seinen Bezugspersonen gegenüber ist dieses Kind oft ganz schön besitzergreifend – besteht aber gleichzeitig auf seiner eigenen Freiheit. Es hat einen lebhaften Forschergeist und sucht stets nach neuen Zielen und Erfahrungen.

Löwe/Schütze

Diesem Kind ist kein Baum zu hoch, kein Wasser zu tief, keine Höhle zu dunkel. Es will ständig entdecken, erkunden – Abenteuer erleben! Mit seinem Schwung und seiner positiven Haltung reißt es andere mit und überzeugt auch Erziehungspersonen schnell von seinen Vorhaben. Die Interessen dieses wilden Rackers sind breit gefächert – auch psychologisch-philosophische Themen können ihn faszinieren. Das Alleinsein liegt ihm gar nicht, die Trennung von geliebten Menschen schmerzt ihn sehr.

Löwe/Steinbock
Das ernsthafte Erdzeichen schwächt die lebhaften Löwe-Eigenschaften etwas ab und stärkt dafür Willenskraft und Leistungsbereitschaft. Dieses Kind lässt sich nicht gern etwas sagen, sondern möchte so früh wie möglich alles selbst entscheiden. Es ist ein Macher-Typ, der auch ganz gern über andere bestimmt.
Andererseits braucht es den harmonischen Austausch mit anderen, und so wird es viele spannende Auseinandersetzungen mit seinem Umfeld erleben. Dieser kleine Löwe ist sehr verantwortungsbewusst und setzt sich stark für Schwächere und Gerechtigkeit ein.

Löwe/Wassermann
Wassermann ist das Gegenzeichen zu Löwe, und so bringt diese Mischung durchaus konträre Eigenschaften mit sich. Mal hat dies Kind das Bedürfnis, im Mittelpunkt zu stehen, mal nimmt es auch gern die Beobachterrolle ein. An manchen Tagen muss es unbedingt seinen Willen durchsetzen und den Ton angeben, an anderen verhält es sich sehr sozial. Sein Wunsch nach Kontakt – hauptsächlich mit Gleichgesinnten – ist immer groß, ebenso sein Drang nach Selbständigkeit. Dieser kleine Löwe steckt voll kreativer Ideen und hoher Ideale und hat auch die Fähigkeit, sie umzusetzen.

Löwe/Fische
Schillernd wie ein Regenbogen – dieser Löwe ähnelt einem Märchenkönig. Das sanfte Wasserzeichen Fische verleiht ihm viel Feinfühligkeit und Zartheit und mildert dadurch die etwas wilden Löwe-Eigenschaften ab. Dieses Kind

pendelt zwischen Intro- und Extravertiertheit hin und her, schwelgt mal in phantasievollen Traumwelten, um sich dann wieder in ein aufregendes Abenteuer zu stürzen. Es ist mal schmusig und empfindsam, im nächsten Moment unternehmungslustig und resolut. Die beiden unterschiedlichen Zeicheneigenschaften können sich aber gut ergänzen, dazu müsste jede Seite zur rechten Zeit ihren Raum finden.

JUNGFRAU

24. 8. – 23. 9.

»Ein kleiner, genauer Plan kann
eine große Welt beinhalten.«
May Sarton

Planet: Merkur Der kleine, schnelle Planet befindet sich immer sehr nah an der Sonne und ist deshalb nur schwer zu beobachten. In der Mythologie ist Merkur (griechisch Hermes) ein geflügelter Bote, der den Menschen die Weisungen des Göttervaters Zeus überbringt. Dieser (Halb-) Gott gilt auch als Beschützer von Handel und Verkehr.

Symbol: ♍ Der »m«-ähnliche Buchstabe kann als die Unterschrift der Jungfrau Maria interpretiert werden.

Element: Erde Das stoffliche Element steht für Realismus, Zuverlässigkeit und Nützlichkeit. Es verleiht einen gesunden Menschenverstand und viel Sinn für Ordnung. Jungfrauen denken und handeln vorwiegend praktisch.

Stein: Jaspis Der Jaspis, ein oft recht unscheinbarer Stein in erdigen Farbtönen, reinigt und vitalisiert Körper und Geist – ein typisches Jungfrau-Anliegen.

Wochentag: Mittwoch Das französische Wort für Mittwoch, »Mercredi«, stellt den Bezug zum Merkur her, dem Planet der Zwillinge und der Jungfrau.

Farbe: Beige Dieser ruhige Farbton (auch »sandfarben« genannt) erinnert an Sandstrand und Dünenlandschaften. Er steht in Verbindung mit erdhafter Natur und Alltag.

Blume: Lavendel Eine hübsche, anspruchslose Pflanze, die vielseitig verwendbar ist: Sie duftet gut, vertreibt Motten, wirkt beruhigend auf Psyche und Darm und lässt sich auch als Gewürz einsetzen. Damit passt sie gut zur praktisch veranlagten Jungfrau.

Tier: Fuchs Sein ausgezeichnetes Seh-, Riech- und Hörvermögen macht ihn äußerst wachsam und reaktionsschnell. Darüber hinaus verfügt er über eine gute Lernfähigkeit. Diese Eigenschaften (die er mit der Jungfrau gemein hat) brachten ihm den Ruf des »schlauen« Fuchses ein.

POSITIVE UND SCHWIERIGE EIGENSCHAFTEN AUF EINEN BLICK

\+ geschickt, anpassungsfähig, vernünftig, bescheiden, scharfsinnig
– kritisch, unsicher, altklug, kleinlich, übervorsichtig

Das Zeichen Jungfrau im astrologischen Tierkreis

Auf die lebensfrohen Löwe-Wochen folgt mit dem Zeichen Jungfrau nun eine Zeit der emsigen Geschäftigkeit. Im heißen Hochsommer gab es in der Natur weniger zu tun; nun ist die Wachstumsphase beendet, die Temperaturen fallen, und die Menschen machen sich wieder an die Arbeit. Bevor die Herbstregen einsetzen, wird traditionell die Ernte eingebracht, um für den kommenden Winter die Nahrungsversorgung zu sichern. Eine wichtige Aufgabe, die großer Achtsamkeit, guter Planung und fleißiger Hände bedarf. Denn dabei wird die Spreu vom Weizen getrennt, der Ertrag geordnet und weiterverarbeitet, Vorräte werden angelegt.

Menschen, die in dieser Phase geboren werden, sind tüchtig und vorausschauend. Zu ihren Stärken gehört, das Brauchbare vom Unnützen zu unterscheiden und Dinge zu ordnen. Merkur, der »Merker«, stattet sie dafür mit einer guten Beobachtungsgabe, Scharfblick und Kritikfähigkeit aus. Das Element Erde macht sie außerdem realistisch, praktisch und vorsichtig. Unnötige Risiken gehen diese Menschen nicht ein.

In diesem Abschnitt des Tierkreises geht es nicht so sehr um persönliche Selbstentfaltung (wie vorher beim Löwen), sondern darum, sich nützlich zu machen, die Gaben der Natur zu nutzen und einen Beitrag zum Gemeinwohl zu leisten. Diesem Zeichen ist auch der vernünftige Umgang mit den natürlichen Ressourcen unserer Erde und der Umweltschutz zugeordnet.

Das Kleinkind (0-5 Jahre)

Ganz bescheiden

Der Jungfrau-Nachwuchs ist im Großen und Ganzen friedfertig und meistens unkompliziert. Über die normalen Grundbedürfnisse hinaus stellt er wenig Ansprüche. Volle Windeln werden allerdings sofort angemeldet – Sauberkeit ist das höchste Gebot für Jungfrau-Babys Wohlbefinden. Ist dafür gesorgt, fügt es sich recht reibungslos in das Leben zu Hause ein. Bieten ihm die Eltern auch noch einen geregelten Tagesablauf, lässt es sie dafür sogar nachts durchschlafen. Denn Ordnung ist schon dem kleinsten Hosenmatz unter diesem Sternzeichen wichtig.

Große Augen, viele Fragen

Schon als Baby beobachtet Klein-Jungfrau ihre Umgebung mit wachem Blick und lässt sich nichts entgehen. Ihr ist eine hervorragende Beobachtungsgabe angeboren, die recht früh zum Einsatz kommt. Es scheint, als ob sie gleich verstehen möchte, was um sie herum passiert. Früher als andere Kinder beginnt sie zu sprechen und vergrößert dabei schnell ihren Wortschatz. Mit dieser Fähigkeit wird dann auch schon mal die Geduld der Eltern herausgefordert, denn ein Jungfrau-Kind will immer alles – und das ganz genau – wissen. Merkur, der Gott des Verstandes, hat ihr einen flinken, klaren Intellekt in die Wiege gelegt, der sich ganz besonders für praktische Details interessiert. Die Geschichten vom Osterhasen, Storch und Weihnachtsmann haben bei diesem Kind insofern keine lange Überlebenschance.

Leicht mal ängstlich

Dieses verständige Kind ist innerlich sehr sensibel und oft auch ängstlich. Es fühlt sich häufig wehrlos gegenüber all dem, was auf es einstürmt. Laute Geräusche, viel Besuch, ständige Veränderungen bedeuten Stress für sein zartes Nervenkostüm. Oft passt es sich aber lieber an, als dass es protestiert. Und das bedeutet dann noch mehr Stress für dieses sensible Kind. Die kleine Jungfrau spielt ihre Bedürfnisse selten in den Vordergrund. Sie gibt sich auch nicht besonders anschmiegsam oder verschmust, selten wird sie darum bitten, in den Arm genommen zu werden. Sie braucht aber ganz viel Liebe, Lob und Streicheleinheiten, um mit den immer wieder neuen Herausforderungen zurechtzukommen.

Kontakt zu anderen
Zu Hause und unter bekannten Gesichtern ist die kleine Jungfrau recht lebendig, redselig und unbeschwert. Trifft sie auf neue Menschen oder befindet sie sich in einem größeren Kreis, verhält sie sich zurückhaltend und abwartend. Sie begegnet der Welt freundlich, aber doch mit einer gewissen Skepsis. Hat man einmal ihr Vertrauen gewonnen, kann sie aber auch eine große Naivität an den Tag legen.

Ernährung
So »pflegeleicht« die kleine Jungfrau im Allgemeinen ist, beim Essen hört ihre Anpassung auf. Schon im zarten Alter erweist sie sich in diesem Bereich als ziemlich wählerisch. Und das aus gutem Grund: Ihr Magen-Darm-System ist recht empfindlich, einiges macht ihr Verdauungsschwierigkeiten (siehe Körper und Gesundheit). Wenn ein Jungfrau-Baby nachts viel schreit, liegt der Verdacht auf Koliken sehr nahe. Möglicherweise besteht sogar eine Allergie gegen bestimmte Nahrungsmittel. Es ist wichtig, genau herauszufinden, was ihr bekommt. Ebenso spielen regelmäßige Mahlzeiten für ihr Wohlbefinden eine große Rolle.

Ihr Märchen: »Aschenputtel« (Brüder Grimm)

Praktische Tipps für die Eltern

- Genießen Sie jede Entwicklungsphase Ihres Lieblings! Das vernünftige Jungfrau-Kind wird schneller erwachsen, als es den Eltern manchmal lieb ist.
- Ihr Kleines braucht eine Alltagsroutine, an die es sich halten kann. Das gibt ihm Sicherheit und Vertrauen. Deswegen muss nicht unbedingt jeder Tag genau gleich ablaufen, aber feste Zeiten für die Mahlzeiten sind günstig. Außerdem können Sie bestimmte Rituale etablieren, wie z. B. nach dem Essen spazieren zu gehen oder jeden Abend ein Schlaflied zu singen. Auf jede Abweichung sollten Sie Ihren Sprössling rechtzeitig hinweisen.
- Übersichtlichkeit im Kinderzimmer – und auch anderen Räumen – trägt mit dazu bei, dass Ihr Kleines sich wohl und sicher fühlt. Auch hier ist es wichtig, Veränderungen vorher zu besprechen, und wenn möglich, gemeinsam auszuführen.
- Bevor die kleine Jungfrau in den Kindergarten kommt, sollte sie möglichst schon einige Kinder kennen, dann ist der Anfang für sie viel leichter.
- Ermutigen Sie sie von Anfang an, ihre Gefühle und Bedürfnisse auszudrücken. Sie neigt nämlich dazu, diese hinter Vernunft und Ernsthaftigkeit zu verstecken.
- Loben Sie Ihren Liebling bei jeder Gelegenheit. Schon die ganz kleine Jungfrau ist bemüht, alles richtig zu machen. Und ob ihr das gelungen ist, darüber entscheiden ja Sie.
- Das Augenmerk Ihres Kindes ist stark auf Details gerichtet. Dadurch hat es auch viel Freude an Kleinigkeiten. Wundern Sie sich also nicht, wenn bei einem Geschenk die kunstvoll gebundene Schleife der Verpackung mehr Aufmerksamkeit erhält als der Inhalt.
- Die Sinne der kleinen Jungfrau sind gut ausgebildet und nehmen kleinste Details war. Manche Jungfrauen sind

spezialisiert auf eine bestimmte Wahrnehmung und haben z.B. einen exzellenten Geruchssinn, bei anderen sind alle Sinne gleichmäßig gut ausgebildet. Mit einem »Zuviel« an Gerüchen, Geräuschen, Gewürzen etc. kann die Jungfrau daher schlecht umgehen.

- Auch ihr Forschergeist ist gut ausgeprägt. Sie liebt es, Dinge auseinanderzunehmen, um festzustellen, woraus etwas zusammengesetzt ist.
- Schon in jungen Jahren macht sich die Jungfrau gerne nützlich. Eifrig erfüllt sie kleine Aufgaben und übernimmt Verantwortung für Pflanzen, Haustiere o.ä. Diese Bereitschaft sollte man aber nicht übermäßig fördern, sonst kommen Unbeschwertheit und Spontaneität schnell mal zu kurz.

Das Schulkind (6-12 Jahre)

Schule, endlich!

Obwohl das Unbekannte immer etwas Unbehagliches für dieses Sternzeichen hat, freut sich die lernbegierige kleine Jungfrau meist sehr auf den Schulbeginn. Nach einer kurzen Eingewöhnungsphase kommt sie dann auch bestens klar. Ihr Fleiß, Ordnungssinn und ihre methodische Herangehensweise erleichtern ihr vieles. Aber oft ist sie ihren Altersgenossen sowieso schon einen Schritt voraus, weil sie daheim schon manches vorgelernt hat. Trotzdem wird sie sich selten langweilen. Zum einen kann sie durch ihr Vorwissen jede Menge Bestätigung einheimsen, zum andern einige Dinge perfektionieren. Jungfrau-Kinder haben meistens die sauberste und schönste Schrift!

Im Laufe der Jahre kristallisieren sich dann ihre Vorlieben und Stärken heraus. Sicher ist vieles lehrerabhängig, aber normalerweise haben Jungfrauen eine sehr gute Begabung

für die naturwissenschaftlichen Fächer. Ihre Fähigkeiten im analytischen Denken und exakten Arbeiten sind beachtlich. Dabei zielt ihr Wissensdrang nie auf die reine Theorie ab. Dieses praktisch veranlagte Sternzeichen muss immer Nutzen und Anwendbarkeit des Lernstoffes erkennen können. Erst dann macht ihm das Büffeln richtig Spaß. Und das ist trotz aller geistigen Talente oft nötig, denn die kleine Jungfrau ist nicht unbedingt ein intellektueller Überflieger. Sie erarbeitet sich ihr Wissen sorgfältig und damit nachhaltig, verliert sich aber manchmal in Details. Dank ihres wachen Geistes stellt sie viele und kritische Fragen – und hält auch mit eigenem Wissen nicht hinterm Berg. Die meisten Lehrer reagieren darauf sicherlich erfreut, solange sie sich nicht zum kleinen Besserwisser entwickelt. In manchen Fällen kann ihr das den Ruf des Strebers einbringen.
Durch ihren Hang zu Systematik und Genauigkeit kommt ihre kreative Seite oft nicht so richtig zur Entfaltung. Hier kann sie viel Unterstützung und Ermunterung gebrauchen. Sehr geschickt ist dies Erdzeichen aber im Umgang mit konkreten Dingen, die einen praktischen Nutzen haben. Werken, Basteln, Handarbeiten etc. liegen der kleinen Jungfrau sehr. Besonders bei den Detailarbeiten ist sie sehr geschickt und geduldig.

Interessen
Diese kleine Leseratte verschlingt Bücher jeden Inhalts; Hörbücher sind ebenfalls gut für sie geeignet. Auch das Internet wird gern von ihr genutzt – vorwiegend als Informationsquelle. Ihre Schulaufgaben erledigt sie ordentlich und gewissenhaft. Ansonsten bereitet ihr die Aufzucht und Pflege von Pflanzen viel Freude. Schon als Kind verfügt sie über den berühmten »grünen Daumen«. Ein eigenes Beet oder ein Balkonkasten, in dem sie nicht nur Blumen, sondern auch Kräuter und Gemüse ziehen kann, lässt ihr Herz höher schlagen.

Musik könnte ein weiteres Hobby für sie sein, und da sie ein gutes Ohr hat, nicht nur zum Zuhören, sondern auch zum Selbermachen. Eine typische Eigenart des Jungfrau-Kindes ist das Sammeln von Gegenständen. Zum einen hebt es gern Dinge auf, die es noch mal gebrauchen könnte, zum anderen erfreut es sich an seinen »Schätzen«.

Haustier

Haustiere sind für die kleine Jungfrau das allergrößte Glück. Kaum ein anderes Sternzeichen betreut sein(e) Tierchen so gewissenhaft und liebevoll. Hier kann es seinen Hang, alles Schutzbedürftige zu pflegen, und sein Bedürfnis, sich nützlich zu machen und gebraucht zu werden, wunderbar ausleben. Am liebsten hat es kleine Tiere, z.B. Vögel, Kaninchen, Meerschweinchen.

Ihr Lieblingsspielzeug:
Jungen: Mikroskop
Mädchen: Window-Color-Malset

Praktische Tipps für die Eltern

- Bei Jungfrau-Kindern stellt sich oft die Frage, ob sie kurz vor ihrem 6. Geburtstag eingeschult werden sollten. Denn der Schulbeginn liegt ja in Deutschland ein paar Wochen vor ihrem Ehrentag. Wenn sonst nichts dagegen spricht, kommt eine frühe Einschulung der lerneifrigen Jungfrau sehr zugute.
- Achten Sie darauf, dass Ihr Kind genügend spielt, Spaß hat und Sport treibt und nicht hauptsächlich seinen intellektuellen Interessen nachgeht. Jungfrauen können sich unter Umständen zum verkopften Stubenhocker entwickeln.
- Typischerweise ist dieses Sternzeichen Neuem gegen-

über zurückhaltend. Ermuntern Sie Ihren Schatz immer wieder, seine natürliche Neugier zuzulassen und Unbekanntes auszuprobieren.

- Durch ihre gute Beobachtungsgabe, ihre Detailliebe und den Hang zum Perfektionismus kann sich die Jungfrau schnell in Kleinigkeiten verlieren und sieht den Wald vor lauter Bäumen nicht mehr. Dadurch kommt ihr der große Überblick abhanden, und sie gerät in Zeitprobleme. Wehren Sie den Anfängen! Üben Sie mit ihr, Abstand zu den Dingen zu finden und sich auch mal mit »unfertigen« Arbeiten zufriedenzugeben. Sie wird damit immer noch über dem Durchschnitt liegen!
- Ihr Kind hat früh eigene Vorstellungen über Kleidung, Mobiliar, Ernährung und anderes. Ersparen Sie sich ermüdende Diskussionen: Ihr Sprössling hat möglicherweise die besseren Argumente und weiß ziemlich gut, was er braucht.
- Jungfrau-Junior liebt die Ordnung. Nicht immer und in allen Bereichen, aber in den ihm wichtigen. Sehr wahrscheinlich gehört sein Arbeitsplatz dazu; hier freut er sich über jede Menge Ordnungssysteme: Register, Hängemappen, Sichthüllen und dergleichen.

Das jugendliche Kind (13-18 Jahre)

Pubertät

Diese Phase hat für Jungfrauen ihre Tücken. Ihr vernünftiges Naturell weiß nicht so recht mit den nun auftauchenden Gefühlswallungen umzugehen. Mal werden sie wegrationalisiert, und die Jungfrau stürzt sich in schulische Aufgaben. Mal wird jede innere Regung im geheimen Kämmerlein gründlich analysiert. Die Fähigkeit, ihre Gefühle auszuleben und sich mit Freunden oder ihrer Familie

auszutauschen, ist ihr nicht in die Wiege gelegt worden. Da braucht sie Ermutigung und Unterstützung.
Starke Rebellion oder Kraftproben sind nicht von ihr zu erwarten, wohl aber nervende Nörgeleien sowie beleidigte Schweigephasen.
Ein anderes kompliziertes Thema sind die natürlichen körperlichen Veränderungen, die von einem Jungfrau-Teenager überkritisch beäugt werden und die dazu beitragen können, ihr relativ schwach ausgeprägtes Selbstwertgefühl noch weiter abzusenken. So können schon auftauchende Pickel bei diesem Sternzeichen ein Grund für länger anhaltende Katastrophenstimmung sein.

Sexuelle und andere Kontakte
Ihre zurückhaltende Art macht es der Jungfrau in diesem Alter nicht gerade leicht, auf das andere Geschlecht zuzugehen. Zumal sie sich momentan ja sowieso nicht attraktiv findet ... So dauert es normalerweise eine Weile, ehe es zu partnerschaftlichen und sexuellen Kontakten kommt. Dabei wird sie stets verantwortungsbewusst mit sich und anderen umgehen – Kondome sind immer mit an Bord. Das Thema der sexuellen Enthaltsamkeit war bei der Namensgebung der Jungfrau übrigens nicht gemeint.
Wenn sie dann eine Verbindung eingegangen ist, tut sie viel für Partner und Beziehung.
Ihren Freunden ist sie ein zuverlässiger, loyaler Kumpel, der stets mit Rat und Tat zur Verfügung steht. Ihr Urteilsvermögen in Bezug auf die Wahl ihrer Freunde ist gut; sie ist zwar von liebenswerter Naivität, wird sich aber nie völlig vergreifen. So hat sie meist wenige, aber gute Freunde.
Jungfrauen sind höchst gesprächsbereit und können stundenlang detailgenau erzählen – ihre tiefsten Gefühle und Gedanken teilen sie aber nur mit jemandem, der sich ihr Vertrauen verdient hat – wenn überhaupt. Andersherum kann sie auch gut zuhören und liebt es, anderen zu helfen.

Als unangenehm wird manchmal ihre kritische Art empfunden, mit der sie auch Freunde messerscharf sezieren kann.
In Gruppen hält sie sich meist im Hintergrund und versucht sich anzupassen und etwas Nützliches beizutragen.

Praktische Tipps für die Eltern

- In dieser Phase reagiert Ihr Kind sehr empfindlich auf Kritik. Austeilen kann es zwar gut, aber Einstecken hieße zuzugeben, dass mit ihm etwas nicht stimmt. Höchst problematisch – wo es sich selbst schon so in Frage stellt. Wenn nötig, versuchen Sie, es auf anderen Wegen (Alternativen aufzeigen!) zu Verhaltensänderungen zu bewegen. Und sparen Sie nie mit Lob.
- Ermuntern Sie Ihren Teeny immer wieder zu Sport und Spontaneität. Ihm geht so viel im Kopf herum, dass er zeitweilig wie darin eingesperrt ist. Ungeplante und körperliche Aktivitäten wirken sich lockernd und befreiend auf die daraus resultierende innere Angespanntheit aus. Eine andere Möglichkeit sind natürlich Entspannungsübungen. Vielleicht können Sie Ihren Nachwuchs zu autogenem Training, Yoga oder dergleichen motivieren.
- Bieten Sie sich ständig für Gespräche an. Ihr Sprössling wird und kann viel mit sich allein ausmachen, sehnt sich aber doch nach Verständnis und Unterstützung.
- Ihre Gefühlsäußerungen dosiert die heranwachsende Jungfrau sparsam. Hierzu darf sie gern immer mal wieder ermuntert werden. Auch Theaterspielen ist für sie eine schöne Gelegenheit, mit Emotionen spielerisch umzugehen, gerade weil es nicht ihre eigenen sind.
- Mit heftigen Gefühlen anderer kann sie nicht besonders gut umgehen. Insofern werden Sie bei ihr eher durch

vernünftige Argumente als durch Emotionalität Gehör finden.

Körper und Gesundheit

Das Zusammenspiel zwischen Innenleben und Körper scheint bei der Jungfrau besonders sensibel zu sein. Das heißt, dass seelisches Unwohlsein sich bei ihr sehr schnell gesundheitlich bemerkbar macht. Speziell die Verdauung – diesem Zeichen ist der Dünndarm zugeordnet – reagiert sehr prompt auf Ängste oder andere negative Befindlichkeiten. Verstopfungen oder Durchfall sind bei ihr daher recht häufig. Aber auch »falsches« Essen kann ihr schon im Magen Probleme bereiten. Da die Jungfrau auf die Signale ihres Körpers achtet, spürt sie schon als kleines Kind, was ihr gut bekommt und was nicht. Nach außen hin mag sie dadurch wählerisch bis mäkelig erscheinen. Für sie ist eine gesunde, natürliche Ernährung sehr wichtig; mit Fastfood oder viel Fleisch kommt sie nicht gut zurecht. Sehr häufig sind bei ihr auch allergische Reaktionen auf bestimmte Nahrungsmittel oder Zusätze.

Auch das Nervensystem ist bei diesem Zeichen recht empfindlich. Ätherische Öle (Lavendel) oder Beruhigungstee (Passionsblume) könnten zur Beruhigung beitragen.

Bachblüte: Centaury (Tausendgüldenkraut) stärkt die Selbstbehauptung und Abgrenzung.

Hinweise für die Eltern von Jungfrauen aller Altersstufen

Andere Eltern werden Sie wahrscheinlich beneiden – Ihr Jungfrau-Kind ist schon früh vernünftig und schlägt seltener als andere über die Stränge. Es ist friedfertig, passt sich leicht an und bemüht sich häufig, es seiner Umgebung recht zu machen. Es wird gern seine Hilfe im Haushalt an-

bieten und später die Betreuung von kleineren Geschwistern gewissenhaft übernehmen.
Nun läge es nahe zu denken, dass der Umgang mit diesem eher braven Nachwuchs ein Kinderspiel wäre. Das ist es aber nicht, denn ein Jungfrau-Kind kann ziemlich schwierig werden, wenn es ihm an Bestätigung und Sicherheit fehlt. Dann nörgelt es in einer Tour, reagiert auf alles nervös und verfügt über wenig Antrieb. Trotz all ihrer Vernünftigkeit ist die Jungfrau nämlich ein höchst empfindsames Wesen, das sehr viel Zuspruch von seinen Eltern benötigt. Tief in ihrem Inneren hält sie sich nämlich (fälschlicherweise!) für »nicht gut genug« – worauf auch immer sie das beziehen mag. Das liegt teilweise wohl an der scharfen Wahrnehmung dieses Sternzeichens, die es immer wieder Fehler oder Verbesserungswürdiges an sich selbst entdecken lässt. Schimpfen und Strafen von Seiten der Eltern können sich wirklich in Grenzen halten, meist genügt schon ein kleiner Hinweis, denn sie möchte gern immer alles richtig machen. Da ihr das natürlich nicht gelingt, ist es wichtig, dass sie lernt, ihre Schattenseiten und Fehler zu akzeptieren – und damit auch die der anderen. Das ist allerdings ein langer Prozess.
Egal in welchem Alter und mit welchen Schwächen behaftet – ein Jungfrau-Kind sollte immer in seinem Selbstbewusstsein bestärkt werden. Darüber hinaus braucht es Ermutigung zu Tätigkeiten, die es sich in seiner bescheidenen, vorsichtigen Art zunächst nicht zutraut. Und davon gibt es viele. Hierbei handelt es sich meist um eine völlig falsche Selbsteinschätzung. Jungfrauen können viele Dinge besser als andere – wissen oder glauben es aber nicht. Je älter sie werden, desto mehr überlegen sie, bevor sie handeln, identifizieren dabei alle möglichen Schwierigkeiten und lassen ihr Vorhaben häufig fallen. »Learning by doing« sollten Sie Ihrem Sprössling immer wieder zurufen, um ihn zu mehr spontanem Handeln zu ermutigen.

Die jungfrautypische kritische Haltung bezieht sich in erster Linie auf sie selbst. Da sie ihr Herz nicht auf der Zunge trägt, wird man dessen nicht unbedingt gewahr. Sehr deutlich bekommt man aber ihre Beanstandungen in Bezug auf ihre Umgebung mit. Auch wenn es ihr in jüngeren Jahren meist nicht bewusst ist – sie hat ein instinktives Bedürfnis, sich und ihre Umwelt zum Positiven zu verändern. Tief in ihr ist der Glaube an eine reinere Welt verankert, und dazu möchte sie ihren Teil beitragen. Oft äußert sich das darin, dass sie stundenlang aufräumt.

Mit ihrer Ordnungsliebe versucht sie auch, Dinge für sich übersichtlicher zu gestalten und über einen kleinen Lebensbereich Kontrolle zu haben. Denn vieles im Leben – speziell Neues und Unbekanntes – erscheint ihr unberechenbar und damit verunsichernd. Ein Jungfrau-Kind macht sich auch schnell Sorgen, wenn zu Hause etwas anders ist oder Zeiten nicht eingehalten werden. Es braucht ein stabiles Gerüst, an dem es sich orientieren und festhalten kann: Geregelte Tagesabläufe, wiederkehrende Rituale und vorausschauende Planung tragen dazu bei, dass es sich sicher und geborgen fühlen kann.

Aber das Allerwichtigste für das Jungfrau-Kind ist natürlich Ihre uneingeschränkte Liebe.

Andere Stars und Sternchen:

J. W. v. Goethe 28. 8. 1749
Agatha Christie 15. 9. 1890
Sean Connery 25. 8. 1930
Richard Gere 31. 8. 1949
Salma Hayek 2. 9. 1966
Ralf Bauer 12. 9. 1966
Cameron Diaz 30. 8. 1972

Die Jungfrau und ihr Aszendent

Bei keiner Jungfrau sind die oben genannten Eigenschaften in Reinkultur ausgebildet. Unter anderem spielt der Einfluss des Aszendenten eine sehr wichtige Rolle. Lesen Sie dazu S. 261 und dann den Text über das errechnete Zeichen. Aber hier folgen schon einmal die möglichen Kombinationen:

Jungfrau /Widder
Die feurigen Widder-Eigenschaften verändern den ruhigen Jungfrau-Charakter stark. Dieses Kind scheut sich nicht so sehr, auf Neues zuzugehen, Fehler zu machen oder mal ein Risiko einzugehen. Es kann sich sowohl anpassen als auch durchsetzen; es ist konfliktfähig, kreativ und neugierig. Zu verschiedenen Zeiten und in unterschiedlichen Lebensbereichen wird es aber auch gegensätzliche Verhaltensweisen zeigen: Mal ist es vorsichtig und zurückhaltend, dann wieder forsch und voller Eigeninitiative. Dieser Wechsel kann sowohl für das Kind selbst als auch für seine Umgebung etwas verwirrend sein.

Jungfrau/Stier
Hier verbinden sich zwei Erdzeichen, die vieles gemeinsam haben. Dadurch verstärken sich das Sicherheitsbedürfnis und der Wunsch nach Geborgenheit. Außerdem wird die kleine Jungfrau noch geschickter, friedlicher und vernünftiger. Auch die Lust am Essen und die Freude an materiellen und praktischen Dingen erfahren eine Steigerung. Hat dieses Kind Gefallen an bestimmten Sachen gefunden, kann es eine wahre Sammelsucht entwickeln. Darüber hinaus verleihen die Stier-Qualitäten diesem Kind mehr Selbstvertrauen, innere Ausgeglichenheit und eine musische Begabung.

Jungfrau/Zwillinge
Diese kleine Jungfrau ist äußerst aufgeweckt, geschickt und flexibel. Das luftige Zwillinge-Zeichen sorgt für mehr Lockerheit, Kontaktfreude und Spritzigkeit. Ihr Lerneifer ist noch stärker ausgeprägt – das Thema Schule erhält ein noch größeres Gewicht. Aber auch der Familiensinn ist unter dieser Zeichenmischung groß; oft gibt es ein sehr enges Verhältnis zu den Geschwistern. Ruhephasen und Entspannung sind in jeder Altersstufe wichtig, durch seine Nervosität wird ein Kind mit dieser Zeichenkombination sonst leicht fahrig.

Jungfrau/Krebs
Die Mischung dieser beiden Zeichen verstärkt die Anpassungsfähigkeit, Zurückhaltung und Fürsorglichkeit von Jungfrau-Junior. Dieses Kind hat ein ganz spezielles Talent für die Aufzucht und Pflege von Pflanzen und Tieren. Durch den Einfluss des gefühlvollen Wasserzeichens kann es seine Empfindungen besser wahrnehmen und zum Ausdruck bringen. Der Wunsch nach Angenommensein ist hier besonders stark.

Jungfrau/Löwe
Der dynamische Löwe-Aszendent verleiht der Jungfrau mehr Willenskraft, Energie und Selbstbewusstsein. Dieses Kind kann seine Gefühle besser zum Ausdruck bringen, für seine Bedürfnisse einstehen und stellt sein Licht nicht so häufig unter den Scheffel. Auch ist es weniger zurückhaltend, vorsichtig und ordentlich. Die Geschicklichkeit des Jungfrau-Zeichens kann sich durch die Verbindung mit der Löwe-Kreativität zu einem großen künstlerischen Talent entwickeln.

Jungfrau/Jungfrau
Bei der Doppeljungfrau sind die benannten Charaktereigenschaften stark ausgeprägt. Aber entscheidend ist hier, ob das Lineal mehr in Richtung Löwe oder Waage zeigt. Im ersten Fall hat das Kind seinen ganz eigenen Kopf und will ihn häufiger mal durchsetzen. Ihm sind etwas mehr Mut und Entschlossenheit in die Wiege gelegt.
Zeigt das Lineal mehr in Richtung Waage, ist es ein sehr feinfühliges, hilfsbereites und introvertiertes Kind mit guten künstlerischen Begabungen. Diese kleine Jungfrau hat viel Phantasie und braucht immer wieder Rückzugsmöglichkeiten.

Jungfrau/Waage
Die luftigen Waage-Eigenschaften beflügeln den Wissensdurst der Jungfrau und verstärken ihre Hilfsbereitschaft. Dieses zartfühlende, charmante Kind hat eine besonders große soziale Kompetenz: Es ist taktvoll, kann sich gut in andere hineindenken und -fühlen und ist stets bereit zu geben. Hinzu kommen künstlerisches Empfinden, guter Geschmack und ein Talent, das Angenehme mit dem Nützlichen zu verbinden. Andererseits hat es Schwierigkeiten mit Konflikten und kann seine eigenen Belange nicht gut durchsetzen.

Jungfrau/Skorpion
Der Skorpion-Aszendent unterstreicht die gute Beobachtungsgabe und die Gewissenhaftigkeit der kleinen Jungfrau. Dieses Kind will seine Dinge hundertprozentig machen und lässt halbe Sachen auch bei anderen nicht gelten. Es hat einen detektivischen Forschergeist und versucht stets, allem auf den Grund zu gehen. Im Umgang mit anderen ist es mal besitzergreifend, mal selbständig. Seine Clique und einzelne Freunde sind ihm wichtig – für sie würde es jederzeit durchs Feuer gehen.

Jungfrau/Schütze

Dank der lebhaften Schütze-Qualitäten hat dieses Kind einen höheren Bewegungsdrang, mehr Offenherzigkeit und einen Schuss Abenteuerlust. Die Liebe zur Natur ist bei ihm sehr stark ausgeprägt, ebenso der Sinn für Ehrlichkeit. Selbst Notlügen sind ihm fremd. Seine Interessen sind breit gefächert; sein Ehrgeiz, etwas aus sich zu machen, schon früh aktiviert. Die Schütze-Jungfrau versteht es, sich Ziele zu stecken und sie auch zu erreichen.

Jungfrau/Steinbock

Die Kombination der beiden Erdzeichen sorgt für Strebsamkeit und Diszipliniertheit. Diese kleine Jungfrau wird sehr schnell erwachsen und beschäftigt sich schon früh mit den großen Fragen des Lebens. Ihre Bereitschaft, Leistung zu bringen und Verantwortung zu tragen ist hoch – bei ihr könnte die spielerische Seite mehr Ermunterung gebrauchen. Auslandsaufenthalte sind für sie ein guter Weg, ihrem Drang nach Horizonterweiterung Rechnung zu tragen.

Jungfrau/Wassermann

Das Luftzeichen Wassermann stattet die kleine Jungfrau mit großer Kontaktfreudigkeit, kreativen Ideen und ziemlich festen Vorstellungen aus. Dieses scharfsinnige Kind verfügt über einen sehr wachen, offenen Geist und möchte sich intensiv mit seinesgleichen austauschen. Obwohl es recht selbständig ist, liegt ihm das Alleinsein nicht, und Trennungen machen ihm sehr zu schaffen. Seine Gefühle auszudrücken fällt ihm nicht leicht, schon früh neigt es dazu, seine tiefen inneren Regungen zu rationalisieren.

Jungfrau/Fische

Das verträumte Wasserzeichen Fische ist der Gegenpol zur vernünftigen Jungfrau. Dieses Kind kann einerseits tief in Phantasiewelten eintauchen, andererseits einen Moment später auf sehr praktische Art der Mutter beim Putzen helfen. Der Aszendent verleiht ihm eine gute Intuition, künstlerische Fähigkeiten und ein großes Bedürfnis nach Streicheleinheiten. Er unterstreicht die Flexibilität und Sensibilität des Jungfrau-Kindes. Seine Anpassungsfähigkeit ist sehr hoch, dadurch steigt auch die Beeinflussbarkeit. Es muss lernen, Konflikten nicht aus dem Weg zu gehen.

WAAGE
24. 9. – 23. 10.

»Für einen ist es nicht so lustig wie für zwei,
die zusammenhalten können.«
Pu der Bär, A. A. Milne

Planet: Venus Sie wird auch Morgen- bzw. Abendstern genannt und ist unser leuchtendster Planet. In der Mythologie ist die Venus (griechisch Aphrodite) die Göttin der Liebe und Schönheit. Sie stattet die Waagen mit künstlerischen und verführerischen Qualitäten aus.

Zeichen: ♎ Das Zeichen symbolisiert einerseits eine Waage, kann aber auch als untergehende Sonne interpretiert werden, denn mit dem Eintritt der Sonne ins Zeichen Waage beginnt der Herbst.

Element: Luft Das gasförmige Element steht für geistige Aktivität und Austausch. Es verleiht den Menschen eine schnelle Auffassungsgabe, großen Ideenreichtum und eine hohe Kontaktfähigkeit. Waagen lesen, planen und kommunizieren gern.

Stein: Rosenquarz Die feinen Schwingungen dieses »Liebessteins« harmonisieren den Menschen und stärken das Zusammengehörigkeitsgefühl. Außerdem hat er eine belebende Wirkung auf die Phantasie und den Sinn für das Schöne. Deshalb wird er auch »Stein des Künstlers« genannt.

Wochentag: Freitag Sein Name ist abgeleitet von der Göttin Freya, der germanischen Entsprechung der Venus.

Farbe: Rosa Die zarte Farbe steht für Romantik und Sanftheit, kann aber auch süßlich und leicht kitschig wirken.

Blume: Kamelie Diese schöne Zierpflanze (auch japanische Rose genannt) ist ein Symbol für Liebe und Freundschaft – zwei sehr wichtige Lebensbereiche für die Waage.

Tier: Schmetterling Dieses oft sehr farbenfrohe und schöne Tier gilt seit dem Altertum u. a. als Symbol für Anmut und Liebe. Sein Tanz auf den Blüten erweckt ein Gefühl von Freude und Leichtigkeit.

POSITIVE UND SCHWIERIGE EIGENSCHAFTEN AUF EINEN BLICK

+ freundlich, taktvoll, fair, kontaktfreudig, schönheitsliebend
– wankelmütig, konfliktscheu, bequem, beeinflussbar, eitel

Das Zeichen Waage im astrologischen Tierkreis

Wenn das Zeichen Waage beginnt, haben wir auf der nördlichen Halbkugel die herbstliche Tag- und Nachtgleiche. Das bedeutet, die Tages- und Nachtstunden sind gleich lang – sie »halten sich die Waage«. Die Sonne hat nun die erste Hälfte des Tierkreises durchschritten und begibt sich in die zweite. Jetzt beginnt der Herbst – mit seinen farbenfrohen Blättern, wechselndem Wetter und fröhlichen Festen. Die Erntearbeit ist getan, nun darf gemeinsam gefeiert und genossen werden. Überall gibt es Dorf- und Volksfeste – das bekannteste darunter ist wohl das Münchner Oktoberfest.
In früheren Zeiten wurden u. a. zum Herbstbeginn die jährlichen Gerichtstage (germanischer Thing) abgehalten. Für Menschen, die in dieser Jahreszeit geboren werden, sind die Themen Ausgleich, Fairness und Beziehung zu anderen (die zweite Hälfte) sehr wichtig. Auch wenn das Zeichen es nahelegt – Waagen befinden sich durchaus nicht immer im Gleichgewicht. Allerdings versuchen sie stets, sich selbst in Balance zu bringen und auch in der Außenwelt zwischen Gegensätzen zu vermitteln. Ihr Anliegen ist es, Gerechtigkeit und Harmonie herzustellen. Das gelingt ihnen sehr gut, denn sie sind diplomatisch und objektiv und können immer beide Seiten einer Medaille sehen. Ihr Streben nach Ausgewogenheit beinhaltet auch, dass sie stets ein Gegenüber als Ergänzung brauchen; das Alleinsein liegt ihnen gar nicht. Somit ist die Waage das Beziehungszeichen schlechthin.

Das Kleinkind (0-5 Jahre)

Einfach bezaubernd
Ein Waage-Baby macht nicht durch Brüllen auf sich aufmerksam, sondern durch sein hinreißendes Lächeln. Man kann es gar nicht lange aus den Augen lassen, man muss einfach ständig hinsehen! Nicht nur die Eltern verfallen früh seinem venusischem Charme; hier hat die Göttin der Schönheit und Liebe Pate gestanden. Mit seiner gewinnenden Ausstrahlung fängt es schnell die Herzen der gesamten Verwandtschaft ein, denn es ist ein rundum liebenswertes, unkompliziertes und äußerst hübsches Kind. Das harmonische Waage-Prinzip drückt sich innerlich durch Friedfertigkeit und äußerlich durch ebenmäßige Gesichtszüge und Körperproportionen aus.

Beziehungsorientiert
Die kleine Waage sucht sofort Kontakt, kann Verhaltensweisen gut nachahmen und wird insofern früh anfangen zu sprechen. Sie ist an allem interessiert, achtet aber darauf, nicht mit zu vielen Fragen zu nerven. Die ungetrübte Beziehung zu ihren Eltern ist ihr heilig. Sie braucht das Gefühl des Angenommenseins unbedingt und wird alles dafür tun – auch andere Bedürfnisse zurückstellen. Dieser Wunsch nach Sympathie und Nähe hindert sie oft daran, ihren eigenen Willen anzumelden, geschweige denn durchzusetzen. Oft weiß die kleine Waage aber auch gar nicht, was sie will. Sie ist so damit beschäftigt, sich in ihre Umgebung »einzufühlen«, dass sie ihre eigenen Gefühle nicht richtig wahrnimmt. Ihre Antennen sind stets mehr nach außen als nach innen gerichtet.
Schon deshalb ist eine harmonische Atmosphäre zu Hause wichtig für sie – auch zwischen den Eltern. Spannungen, Streit oder gar chaotische Situationen erträgt sie schlecht.

Sie ist kein ausgesprochenes Kuschelkind, sondern spricht auch sehr auf geistig-kommunikative Zuwendung an. Wenn sie – in entspannter Atmosphäre – Geschichten vorgelesen bekommt, ist sie glücklich.
Ganz wichtig ist der kleinen Waage der Kontakt zu Gleichaltrigen. Meist kann sie es kaum erwarten, endlich in die Krabbelgruppe oder den Kindergarten zu kommen. Sie hat schon früh ein großes Interesse an anderen, beobachtet gerne und versucht, ihr Verhalten auf das der anderen abzustimmen. Sie möchte schließlich gut ankommen und möglichst viele Spielkameraden haben. Das heißt aber nicht, dass sie sich im Hintergrund hält. Waagen sind aktive Kinder und können – wenn sie sich akzeptiert fühlen – durchaus den Ton angeben.

Sinn für das Schöne
Schon als kleines Kind liebt die Waage eine ansprechende, ästhetische Umgebung. Ordnung und Sauberkeit sind ihr wichtig; fein aufeinander abgestimmte Farben und hübsche Blickfänger mag sie gern. Auch für musikalische Harmonien hat sie einiges übrig. Meditative oder klassische Musik entspannt sie, gemeinsames Singen und Tanzen bereiten ihr viel Freude.

Ihr Märchen: »Schneewittchen« (Brüder Grimm)

Praktische Tipps für die Eltern

- Melden Sie Ihr Kind so früh wie möglich im Kindergarten an. Wenn Sie die Wahl haben, entscheiden Sie sich für einen mit besonderer kreativer Förderung.
- Ermutigen Sie Ihren Nachwuchs, seinen Ärger auszudrücken. Waagen neigen schon früh dazu, sich »angenehm« zu machen und ihre Aggressionen zurückzuhalten. Wenn

Ihr Waage-Kind aber merkt, dass Sie es auch dann lieb haben, wenn es mal Unmut äußert, kann es angemessener mit seinen »negativen« Gefühlen umgehen und sich auch besser durchsetzen.

- Ist Ihr Waage-Kind irgendwie aus der Balance geraten – was häufiger geschieht, als man denkt – können Sie es durch sinnliches Verwöhnen gut wieder ins Gleichgewicht bringen. Kochen Sie sein Lieblingsgericht, geben Sie ihm eine entspannende Massage, legen Sie harmonisierende Musik auf, kaufen Sie ihm hochwertige weiche Bodys und anschmiegsame Hosen und Jäckchen.
- Berücksichtigen Sie seine Kleidungswünsche. Der kleinen Waage ist es nicht egal, was sie anhat: Sehr früh schon kristallisieren sich Vorlieben heraus. Bestimmte Sachen mag sie einfach lieber als andere. Die einen, weil das Material weicher ist, die anderen weil ihr die Farben besser gefallen. Wenn Ihr Kind mal ohne ersichtlichen Grund missgelaunt ist, hat es vielleicht einen kratzigen Pulli an …
- Geben Sie Ihrem Sprössling früh Gelegenheit, seinen Geschmack zu entfalten und seine künstlerischen Seiten auszuprobieren. Lassen Sie es die Farben für sein Zimmer auswählen (Wandfarbe, Vorhänge, Mobiliar etc). Haben Sie immer Stifte und Zeichenpapier im Haus. Tanzen Sie zusammen.
- Schon die kleine Waage setzt ihren beträchtlichen Charme ein, um ihre Ziele zu erreichen oder Bestrafungen auszuweichen. So schwer es auch manchmal fällt – eine konsequente Haltung sowie klare Ansagen, was Sie von ihr erwarten, sind wichtig. Sonst gewöhnt sie sich daran, sich durchzumogeln und den einfachen Weg zu wählen.
- Ein Waage-Kind ist nicht gern allein und langweilt sich auch schnell. Es benötigt viel Aufmerksamkeit und Ansprache. Nach der ersten Phase der körperlichen und emotionalen Zuwendung braucht es bald geistig-intel-

lektuelle Anregung. Altersgerechte Puzzles, Fingerspiele und Reime sowie das gemeinsame Angucken von Bilderbüchern bereiten Ihrem kleinen Schatz viel Freude.

Das Schulkind (6-12 Jahre)

Schule
Die kleine Waage freut sich auf die Schule und kommt dort meist sehr gut zurecht! Das Zusammensein mit anderen und das Aufnehmen neuer Informationen machen ihr Spaß. Wie alle luftigen Zeichen verfügt sie über einen offenen, wachen Geist und ein breites Allgemeininteresse. Ihre Fähigkeit zum präzisen, logischen Denken sowie eine künstlerische Begabung helfen ihr in den naturwissenschaftlichen und musischen Fächern. Auch Sprachen liegen ihr, denn Kommunikation ist für dies kontaktfreudige Zeichen ganz wichtig!

Schwierigkeiten können entstehen, wenn sie sich langweilt oder abgelenkt ist (was schnell passieren kann) oder sie Probleme mit Mitschülern oder – schlimmer noch – mit Lehrern hat. Da die Beziehungsebene für sie so wichtig ist, entscheidet oft mehr der jeweilige Draht zu einem Pädagogen als ihr persönliches Interesse darüber, ob sie sich für ein Fach engagiert oder nicht. Ihre Fairness und ihr Geschick im Umgang mit anderen machen sie sehr geeignet als Mediatorin.

Eine eher konventionelle Schulform mit festen Strukturen ist für sie günstig. Ihr Ehrgeiz ist nämlich nicht besonders groß, und wenn sie nicht lernen muss, tut sie es oft auch nicht – außer für ihren Lieblingslehrer! Die kleine Waage neigt zur Bequemlichkeit und versucht hier und da, sich durchzumogeln.

Zu Hause braucht dieses Kind ein harmonisches Umfeld,

um optimal lernen zu können – und ab und zu einen kleinen Schubs.

Freundschaften

Eine Waage blüht auf im Umgang mit anderen; eigentlich kann sie gar nicht genug Freundschaften und Kontakte haben. Zwar ergreift sie nicht immer selbst die Initiative, oft wartet sie, dass der andere den ersten Schritt tut. Ihre offene und freundliche Haltung macht dies allerdings für ihre Umgebung sehr einfach.

Auch im engeren Zusammensein ist sie stets kompromissbereit, loyal und tolerant. Sie tut viel dafür, anderen zu gefallen – sei es durch Äußerlichkeiten oder Hilfsbereitschaft. Oft zu viel, denn ihre eigenen Bedürfnisse – abgesehen von denen nach Kontakt und Gemeinschaft – bleiben dabei häufig auf der Strecke. Für ihre eigenen Belange setzt sie sich nicht durch bzw. die Harmonie aufs Spiel. Konflikten weicht sie gern aus, Streitigkeiten zwischen anderen kann sie aber wunderbar schlichten.

Interessen

Die Freizeit eines Waage-Kindes ist meist sehr ausgefüllt mit Verabredungen und anderen Aktivitäten, denn es ist unternehmungslustig und gesellig. Allerdings braucht es auch mal einen Rückzug, denn die ständige Anpassung an andere kostet viel Energie. Ist die kleine Waage allein, greift sie gern zu Büchern oder räumt ihr Zimmer um. Mädchen lieben es, das gesamte Haus neu zu gestalten, sich zu schminken und Kleidungsstücke anzuprobieren. Die Jungs sind keine wilden Abenteurer, machen sich wenig dreckig und geraten selten in Raufereien.

Jede Waage hat eine Begabung für Zeichnen und Malen – ihr Sinn für Farben und Formen ist überdurchschnittlich gut ausgeprägt. Als Sportarten kommen für sie Mannschaftssportarten wie Basketball sowie alle eleganten, nicht so schweißtreibenden Bewegungsformen in Frage: z.B. Reiten, Golf, Fechten, Ballett.

Haustiere
Ein Tierchen macht der kleinen Waage viel Freude, vor allem, wenn es recht eigenständig und nicht zu pflegeintensiv ist. Wenn das Kind allein dafür verantwortlich ist, sollte der kleine Hausfreund nur wenig Arbeit und Dreck machen. Ein Familienhund oder eine hübsche Katze wären ideal.

Sein Lieblingsspielzeug:
Jungen: Ritterburg
Mädchen: Malen nach Zahlen (Serie Romantik)

Praktische Tipps für die Eltern

Spätestens in der Schule beginnt die junge Waage, sich ständig mit anderen zu vergleichen, um sich selbst einzuschätzen. Das eigene Aussehen, die Leistungen, die Anzahl der Freunde, alles wird stets abgeglichen. Es scheint, dass die Waage das Gegenüber braucht, um sich selbst zu erkennen. Machen Sie sie darauf aufmerksam, dass die meisten Menschen die Neigung haben, sich nach »oben« zu vergleichen und dadurch schlechter abschneiden.
In dem Bedürfnis, von allen gemocht zu werden und die Harmonie nicht zu gefährden, geht sie Konflikten gern aus dem Weg. Damit fühlt sie sich aber nicht unbedingt wohl, es ist nur das kleinere Übel. Üben Sie mit ihr Streitsituationen, und bereinigen Sie echte Auseinandersetzungen schnell.
Durch seine Neigung zur Anpassung übersieht und vernachlässigt das Waage-Kind oft die eigenen Wünsche und Bedürfnisse. Ermuntern Sie Ihren Liebling immer wieder, sich diesen zuzuwenden. Fragen Sie bei allen möglichen

Gelegenheiten »Was willst du?« Und lassen Sie sich nicht mit einem »Was willst *du* denn?« abspeisen!
In einer Schule mit kleinen Klassen hat es Ihr Nachwuchs leichter, seine Anliegen vorzubringen. Außerdem kann sich hier das so wichtige Verhältnis zum Lehrer enger gestalten.
Waagen neigen zur Bequemlichkeit und brauchen oft einen Anstoß, um in die Gänge zu kommen. Anreize wirken dafür meist besser als Ermahnungen. Häufig reicht schon ein: »Komm, wir fangen zusammen an!«
Nach außen präsentiert sich die junge Waage meist ausbalanciert, von ihren inneren Schräglagen bekommt die Umwelt nicht viel mit. Sie müssen schon sehr genau hinsehen, um zu erfahren, was wirklich in Ihrem Sprössling vor sich geht.

Das jugendliche Kind (13-18 Jahre)

Pubertät

Waage-Eltern können aufatmen: Durch diese Phase, in der viele andere Teenager zum nervigen Stinkstiefel mutieren, tänzelt die junge Waage recht geschickt hindurch. Ihre Scheu vor Auseinandersetzungen und Disharmonie sorgt dafür, dass diese Jahre für alle Beteiligten relativ friedlich ablaufen. Die Waage-Waffen im Kampf um Ausgehzeiten und andere Freiheiten sind ein charmantes Lächeln, ein wenig Schmeichelei und gut durchdachte Argumente. Aggressives oder sehr rebellisches Verhalten ist bei ihr selten. Kommen doch mal Trotz und Lautstärke ins Spiel, steht sie vermutlich mit dem Rücken zur Wand.
Für sie geht das Erwachsenwerden zügig vor sich, denn sie hat wenig Probleme damit, Verantwortung zu übernehmen, und spürt früh ein ernsthaftes Interesse am anderen Geschlecht.

Natürlich plagen sie die alterstypischen Probleme, aber vieles gleicht sie in sich selbst aus, ohne dass ihre Umwelt zu viel davon mitbekommt. Mädchen verbringen in dieser Phase unglaublich viel Zeit vor dem Spiegel und beäugen ihre körperlichen Veränderungen höchst aufmerksam und kritisch. In ihrer Neigung, sich mit anderen zu vergleichen, setzen sie die Maßstäbe natürlich oft viel zu hoch an (Models!). Jungen versuchen ab und zu, mit markigen Sprüchen oder untypisch wilden Verhaltensweisen ihre innere Sanftheit zu überspielen, um so dem gängigen Männlichkeitsbild zu entsprechen.

Freunde und Partner

Waagen haben meist einen großen Freundeskreis – kein Wunder, denn sie sind aufgeschlossen, verträglich und sozial. Auch ihre guten Umgangsformen und ihre charmante Art machen sie überall beliebt. Ihre Hilfsbereitschaft ist groß, ihre Rolle als Friedensstifter geschätzt, darüber hinaus sind sie gute Zuhörer und können sich hervorragend in andere hineindenken.

Noch größer als der Wunsch nach Freundschaft ist das Bedürfnis nach Beziehung. Und so verwundert es wenig, dass die junge Waage sehr früh anfängt zu flirten und zu suchen. Wenn dann die ersten Gefühlsregungen auftauchen, entwickelt dieser sonst eher verstandesbetonte Teenie schnell eine höchst romantische Seite. Damit neigt er manchmal dazu, am anderen nur die positiven Eigenschaften wahrzunehmen. Mit der Sexualität hat die Waage es nicht übermäßig eilig – Kommunikation und gefühlsmäßige Übereinstimmung sind ihr wichtiger.

Eine Waage bezieht einen großen Teil ihres Selbstwertgefühls daraus, wie sie bei anderen ankommt, besonders in der Zweierbeziehung. Fehlt es hier an Bestätigung, gerät sie stark ins Wanken. Richtiger Liebeskummer kann sie ziemlich aus der Bahn werfen. Läuft aber alles gut, ist schon die jugendliche Waage ein verlässlicher, rücksichtsvoller und kompromissbereiter Partner.

Freizeit

Die jugendliche Waage blickt aufgeschlossen in die Welt hinaus und zeigt Interesse an vielem. Themen wie Psychologie, Kunst, Architektur stehen dabei oft im Vordergrund. Selten wird sie aber von sich aus die Initiative für ein Hobby ergreifen; sie braucht den Anstoß von außen bzw. orientiert sich an ihrem Freundeskreis. Verfügt sie über ein aktives Umfeld, ist sie überall gern mit dabei. Tanzen ist für sie eine besonders schöne und geeignete Freizeitbeschäftigung.

Viel Zeit verbringen beide Geschlechter mit Shoppen; zum einen, weil sie viel Wert auf Äußeres legen, zum anderen wegen der Entscheidungsschwierigkeiten … Und zu Hause geht der Spaß weiter: Die jungen Damen unter diesem Sternzeichen probieren stundenlang Make-up-Variationen, studieren haufenweise Mode- und Jugendmagazine und brauchen endlos lange für die Auswahl der richtigen Garderobe. Die jungen Herren frequentieren diverse Hautärzte wegen ihrer Pickel und blockieren das Badezimmer bis zum Familienkrach, um ihre Frisur zu stylen.

Praktische Tipps für die Eltern

- Nehmen Sie Ihrem Nachwuchs keine Entscheidungen ab! Auch wenn Sie vor Ungeduld platzen, geben Sie ihm die Zeit, alle Vor- und Nachteile abzuwägen. Er macht sich sonst zu leicht abhängig von anderen und deren Meinung. Loben Sie die kleine Waage eher dafür, dass sie so viele Aspekte einer Sache erkennt … Wundern Sie sich aber nicht, wenn Ihr Kind nach längerem Überlegen dann doch den roten *und* den blauen Pulli haben möchte. Das ist eben die besondere Art der Waage, eine Entscheidung zu treffen.

- Die junge Waage hört lieber auf ihren Kopf als ihren Bauch, was sie häufig in Zweifel stürzt und eine Tendenz zur Unausgewogenheit mit sich bringt. Hier können Sie ausgleichend einwirken, indem Sie Ihren Teenager häufiger nach seinen Gefühlen fragen. Auch für Entscheidungsfindungen könnte ihm ein »Wie fühlt sich diese Möglichkeit für dich an?« statt »Was denkst du über dies oder das?« helfen.
- Auch wenn Sie stolz auf Ihren adretten, attraktiven Nachwuchs sind, unterstützen Sie die Eitelkeit ihres Kindes nicht noch zusätzlich. Besonders Mädchen entwickeln sich sonst schnell zum Püppchen.
- Eine Waage kann schlecht »nein« sagen. Sprechen Sie mit ihr über Situationen, in denen es notwendig ist, und geben Sie ihr Gelegenheit zum Üben.
- Ermuntern Sie Ihr Kind, Konflikte auszutragen. Zeigen Sie ihm, dass ein konstruktiver Streit die Harmonie nachhaltiger sichert als übergroße Anpassung.
- Führen Sie Ihren Sprössling spielerisch an die Kunst heran. Ob Malerei, Poesie oder Musik – Ihr Kind hat ja von Haus aus einen guten Sinn dafür.

Körper und Gesundheit

Das Waage-Kind hat meist einen wohlproportionierten Körper, der höchstens durch die Liebe zum Süßen, verbunden mit Bewegungsträgheit mal aus den Fugen geraten könnte. Dank des eigenen ästhetischen Anspruchs kriegt zumindest der Waage-Teenager sein Gewicht aber normalerweise schnell wieder in den Griff.

Diesem Zeichen zugeordnet sind das Nieren-Blasen-System und die Haut. In diesem Bereich können sich leicht Störungen einstellen, vor allem wenn die Waage aus der inneren Balance gerät. Beziehungsprobleme gehen ihr im wahrsten

Sinne des Wortes schnell an die Nieren; Kontaktschwierigkeiten machen sich durch Hautprobleme bemerkbar. Waagen müssen besonders viel trinken, um Niere und Blase zu entlasten und nicht über die Haut zu entgiften. Auch ein Becher Brennesseltee zwischendurch unterstützt die Ausscheidung. Ganz wichtig ist das Warmhalten der Füße und Lendenregion. Nach dem Schwimmen die Badesachen zu wechseln ist für kleine Waagen Pflicht!
Bachblüte: Scleranthus (Einjähriger Knäuel) hilft gegen Entscheidungsschwäche.

Hinweise für die Eltern von Waagen aller Altersstufen

Ihr Waage-Kind wird Ihnen viel Freude bereiten und die Erziehung oft wie ein Kinderspiel erscheinen lassen. Mit seinem liebenswürdigen, entgegenkommenden Naturell versucht es, Ihnen so viel wie möglich recht zu machen. Gern übernimmt es kleine Pflichten, malt Bilder oder bastelt kleine Geschenke. Es entspricht seinem Wesen, sich auf andere einzustellen, den Gleichklang zu suchen und viel zu geben. Daher sollte es auch immer ermuntert werden, die eigenen Bedürfnisse anzumelden. In dem Bestreben, Harmonie zu erhalten oder herzustellen und von allen gemocht zu werden, ordnet die junge Waage die eigenen Belange denen anderer meist unter. Auch der Faktor Bequemlichkeit spielt hierbei eine Rolle. Oft geht sie so den Weg des geringsten Widerstands. Zwar verfügt sie über nicht gerade wenig Willensstärke, setzt diese aber höchst selten für eigene Zwecke ein. Streit, Rücksichtslosigkeit und Aggression in ihrem Umfeld bringen die Waage umgehend aus der Balance. Und das nicht nur, wenn etwas gegen sie gerichtet wird. Elternkrach oder Konflikte zwischen anderen Geschwistern gehen ihr fast genauso tief unter die Haut.

Um sich selbst wieder wohlzufühlen und um Gerechtigkeit herzustellen, wird sie sofort anfangen zu vermitteln. Je jünger das Kind und je ernsthafter die Schwierigkeiten, desto größer die Überforderung. Eine Situation, der man dieses Kind nie aussetzen sollte, ist im Falle einer Trennung die Frage: »Zu wem willst du?« Abgesehen von den emotionalen Problemen, die mit diesem Thema verbunden sind, würden an dieser Stelle alle ihre Schwachpunkte zusammenkommen: Unfrieden und Ungleichgewicht erleben, jemand ablehnen müssen, eine lebenswichtige Entscheidung treffen müssen …
Eine Entscheidung zu treffen bedeutet für die Waage, ein Ungleichgewicht herzustellen, und das behagt ihr ganz und gar nicht. Außerdem produziert ihr waches Köpfchen ganz schnell sehr viele Gründe, warum sie doch anders hätte wählen sollen. Sie möchte sich nicht auf das Risiko einer »Fehlentscheidung« einlassen. Dazu fehlen ihr der Mut und die Spontaneität – Eigenschaften, die sie später im Leben entwickeln sollte und die sie gern schon mal üben darf. Bis dahin verwöhnt sie ihre Umwelt mit Anmut und Friedfertigkeit.

Andere Stars und Sternchen:

Giuseppe Verdi 10.10.1813
Oscar Wilde 16.10.1854
Mahatma Gandhi 2.10.1869
John Lennon 9.10.1940
Catherine Zeta-Jones 25.09.1969
Matt Damon 8.10.1970
Xavier Naidoo 2.10.1971
Kate Winslet 5.10.1975

Die Waage und ihr Aszendent

Bei keiner Waage sind die oben genannten Eigenschaften in Reinkultur ausgebildet. Unter anderem spielt der Einfluss des Aszendenten eine sehr wichtige Rolle. Lesen Sie dazu S. 261 und dann den Text über das errechnete Zeichen. Aber hier folgen schon einmal die möglichen Kombinationen:

Waage/Widder
Waage ist das Gegenzeichen zum Widder, insofern ergibt sich hier eine spannende Mischung mit oft gegensätzlichem Verhalten. Dieses Kind benimmt sich mal kompromissfreudig und taktvoll, in anderen Situationen eigenwillig und direkt. Es setzt sich vehement für Gerechtigkeit und die Lösung von Konflikten ein. Diese kleine Waage geht schnell und offen auf andere zu und möchte unter ihren Freunden gern den Ton angeben.

Waage/Stier
Der doppelte Venus-Einfluss – das Zeichen Stier wird auch von der Venus regiert – verleiht dieser kleinen Waage besonders viel Charme, Liebenswürdigkeit und eine hohe musische Begabung. Er verstärkt aber auch ihre Bequemlichkeit, häufig muss sie zur Aktivität ermuntert werden. Sie ist eine große Genießerin und pflegt und schmückt sich gerne. Die richtige Ernährung – gesund und hübsch angerichtet – trägt erheblich zu ihrem Wohlbefinden bei.

Waage/Zwillinge
Hier verbinden sich zwei Luftzeichen und machen diese kleine Waage äußerst kommunikativ, unternehmungslustig und wissbegierig. Ihre Ausstrahlung ist meist heiter und positiv, innerlich hat sie aber oft mit Zweifeln zu kämpfen und legt sich nicht gerne fest. Der Einfluss des vielseitigen Aszendenten verstärkt nämlich ihre Entscheidungsschwie-

rigkeiten noch. Dieses Kind sollte häufig ermuntert werden, seinen regen Verstand ein bisschen herunterzufahren und auch seinen Gefühlen Raum zu geben.

Waage/Krebs

Das sensible Wasserzeichen macht die kleine Waage kuscheliger und empfindsamer. Sie wirkt weniger ausgeglichen, die Stimmung kann schnell mal umschlagen. Ein stabiles, harmonisches familiäres Umfeld ist für sie deshalb besonders wichtig. Ihre künstlerischen Talente sind groß, Musikalität liegt ihr im Blut. Diesem Kind fällt es besonders schwer, für seine persönlichen Belange zu kämpfen. Es hat viel Verständnis für andere und eine starke fürsorgliche Seite – braucht aber auch selbst sehr viel Zuwendung.

Waage/Löwe

Dieses Waage-Kind ist sehr gesellig und kommunikativ. Viel Charme, eine herzliche Ausstrahlung und geistige Offenheit sorgen dafür, dass es überall beliebt ist. Eine besonders enge Beziehung hat es zu seinen Geschwistern. Sein künstlerisches Empfinden ist stark ausgeprägt, und es verfügt über eine gute handwerkliche Geschicklichkeit. Die feurigen Löwe-Qualitäten machen die kleine Waage durchsetzungsfähiger, dynamischer und spontaner.

Waage/Jungfrau

Das erdige Jungfrau-Zeichen stabilisiert die manchmal schwankende Waage und bringt sie mehr mit ihren eigenen Bedürfnissen in Kontakt. Das heißt, sie spürt ganz genau, wann sie etwas braucht, und reagiert dementsprechend. Ein Kind mit dieser Kombination begegnet anderen nicht ganz so offen, sondern braucht seine Zeit, um Vertrauen zu entwickeln. Es verfügt über einen sehr analytischen Verstand, gute praktische Fähigkeiten und versteht es, das Angenehme mit dem Nützlichen zu verbinden.

Waage/Waage
Bei einer Doppelwaage sind die typischen Charaktereigenschaften natürlich besonders stark ausgeprägt. Dieses Kind ist äußerst liebenswürdig, charmant und hübsch. Je näher das Lineal in Richtung Skorpion geht, desto hilfsbereiter und kreativer, aber auch unentschlossener und vertrauensseliger ist diese kleine Waage. Das Neinsagen und Sich-Abgrenzen liegt ihr gar nicht. Ihre Suche nach Harmonie kann manchmal schon fast zur Sucht werden.
Zeigt das Lineal mehr in Richtung Jungfrau, kommen etwas gegensätzliche Qualitäten dazu. Dieses Kind kann sich gut behaupten, ist willensstark und tatkräftig.

Waage/Skorpion
Keine ganz einfache Kombination: Die intensive, kompromisslose Skorpion-Seite funkt dem Harmoniebedürfnis der umgänglichen Waage-Seite immer wieder dazwischen. Die Tiefgründigkeit und Ernsthaftigkeit des Aszendenten mindern ihre Leichtigkeit und Offenheit. Das Bedürfnis nach Kontakt und Gemeinschaft ist groß, lässt sich aber nicht immer so leicht umsetzen. Zeitweilig kann dieses Kind sogar verschlossen wirken, dabei interessiert es nichts mehr als sein jeweiliges Gegenüber oder der Freundeskreis. Es kann sich gut in andere einfühlen und viel geben.

Waage/Schütze
Das feurige Element des Aszendenten bringt die kleine Waage ordentlich in Schwung, Körper und Geist kennen bei diesem Kind keinen Stillstand. Seine Interessen sind breit gefächert, es diskutiert auch schon früh über philosophische Themen. Seine aufgeschlossene, lockere Haltung und seine Menschenliebe garantieren einen riesigen Freundeskreis. Diese junge Waage blickt gern über den Tellerrand und freut sich über jede Auslandsreise. Auch hier schließt sie schnell und unbekümmert Bekanntschaften.

Waage/Steinbock

Das ernsthafte Erdzeichen verleiht der kleinen Waage mehr Tiefgang, Willenskraft und Leistungsbereitschaft. Dieses Kind ordnet und plant gerne – oft auch für andere. Zusätzlich zu seinem Gerechtigkeitssinn ist es auch sehr verantwortungsbewusst und setzt sich gern für Schwächere ein. Anerkennung von anderen – besonders von Autoritäten – ist ihm wichtig. Dafür ist es bereit, viel zu tun, vernachlässigt dadurch aber oft seine anderen Bedürfnisse.

Waage/Wassermann

Die Mischung dieser beiden Luftzeichen bringt viel geistige Offenheit, ein gutes Kommunikationstalent, aber auch eine gewisse Unruhe mit sich. Dieses Kind möchte ständig im Austausch mit anderen sein – vor allem mit Gleichgesinnten. Seine Einstellung ist sehr sozial, seine Hilfsbereitschaft groß; für sich selbst etwas durchzusetzen fällt ihm schwer. Diese kleine Waage steckt voll kreativer Ideen und hoher Ideale, leider mangelt es ihr manchmal an Tatkraft, sie auch umzusetzen.

Waage/Fische

Das weiche Wasserelement des Fische-Aszendenten verleiht der Waage viel Sensibilität und Flexibilität. Es verstärkt ihre friedliebende und künstlerische Seite, ihr soziales Empfinden und ihr Bedürfnis zu helfen, aber auch ihre Unentschlossenheit. Sie ist besonders abhängig von der sie umgebenden Atmosphäre und kann sich schlecht abgrenzen. Von Zeit zu Zeit erlebt sie Phasen der Antriebslosigkeit und muss von außen motiviert werden.

SKORPION
24. 10. – 22. 11.

»Nein, nicht versuchen. Tu es, oder tu es nicht.
Es gibt kein Versuchen.«
Yoda aus »Krieg der Sterne«

Planet: Pluto Der äußerste Planet unseres Sonnensystems ist zugleich der kleinste. Von wissenschaftlicher Seite deshalb 2006 zum Zwergplaneten degradiert, spielt er in der Astrologie trotzdem weiterhin eine große Rolle. In der Mythologie ist Pluto (griechisch Hades) der Gott der Unterwelt, ausgestattet mit der Macht über den Tod. Er besitzt außerdem alle Schätze unter der Erde und ist damit der reichste aller Götter.

Symbol: ♏ Das Zeichen stellt einen Skorpion mit seinen Zangen und aufgerichtetem Schwanz dar. An dessen Ende sitzt sein todbringender Stachel.

Element: Wasser Das nasse, reinigende Element steht für Transformation und Gemütstiefe. Es ist sowohl geschmeidig als auch gewaltig. Dem Menschen verleiht es Feingefühl und Eindringlichkeit. Das Wasser des Skorpions ist das eines Sees: an der Oberfläche glatt, darunter unergründlich und tief.

Stein: Edelopal Der schwarze Edelopal schimmert in vielen Farben – wie die Persönlichkeit eines Skorpions. Seine Energie ist sehr stark, seine Wirkung je nach Schattierung unterschiedlich, in jedem Fall unterstützt er das Loslassen.

Wochentag: Dienstag Das französische Wort »Mardi« (Dienstag) leitet sich von Mars ab. Bevor Pluto entdeckt wurde, war Mars der Planet, der dem Skorpion zugeordnet wurde.

Farbe: Violett Diese intensive Farbe entspricht der dunklen Jahreszeit und steht für Magie und Geheimnisvolles.

Blume: Orchidee In früheren Jahrhunderten wurde diese kostbare, filigrane Pflanze für Liebeszauber und Fruchtbarkeit verwendet. Ansonsten symbolisiert sie Reichtum und Macht. Sie kommt ohne Erde aus und lebt von der Feuchtigkeit der Luft.

Tier: Schlange In der Mythologie ist dieses interessante Tier ein Sinnbild für Unsterblichkeit, in der Bibel für Verführung, bei den Griechen für Heilkunst (Äskulapstab). Schlangen streifen in regelmäßigen Abständen ihre »alte« Haut ab, da sie ihr Leben lang wachsen, ihre Hülle aber nicht.

POSITIVE UND SCHWIERIGE EIGENSCHAFTEN AUF EINEN BLICK

+ tiefgründig, feinfühlig, entschlossen, idealistisch, scharfsinnig
– nachtragend, rechthaberisch, kompromisslos, intolerant

Das Zeichen Skorpion im astrologischen Tierkreis

Mit dem Zeichen Skorpion beginnt in unseren nördlichen Breiten die dunkle Zeit des Jahres. Die Sonne zieht sich langsam zurück, die Nächte sind nun länger als die Tage. In der Natur sterben viele Pflanzen ab und verfaulen; das noch vor kurzem bunte Laub verliert seine Farbe und wird nach und nach zu Kompost. Vieles vergeht, um die Voraussetzung für Neues zu schaffen. Dieser Phase des Jahres werden die sogenannten Stirb-und-werde-Prozesse zugeordnet. Das Thema der Vergänglichkeit spiegelt sich in den kirchlichen Festen dieser Zeit wider: An Allerseelen, Allerheiligen, Volkstrauertag und Totensonntag wird der Verstorbenen gedacht. Der Mensch ist mit seiner Endlichkeit konfrontiert, ist aufgerufen zum Loslassen.

Auch das Symbol des Skorpions verweist mit seinem giftigen Stachel auf den Tod. So verwundert es nicht, dass man den Skorpion-Geborenen schwierige und dunkle Seiten nachsagt. Dabei haben diejenigen, die jetzt das Licht der Welt erblicken, einfach den Mut und die Kraft, sich mit den unangenehmen und geheimnisvollen Seiten des Lebens zu beschäftigen und sich konsequent von Überholtem zu trennen. Letzteres aber nur, wenn es nicht anders geht, denn sie sind auch sehr verbindlich und halten lange an Dingen, Menschen und Ansichten fest. Auf ihr Wort kann man sich hundertprozentig verlassen. Durch ihr ernsthaftes und tiefgründiges Wesen geben sic sich nicht mit Halbheiten oder Oberflächlichkeiten zufrieden. Sie schauen gern hinter die Kulissen und machen dabei auch vor den eigenen inneren Untiefen nicht halt. Diese intensiven, innerlich starken Menschen gehen gern aufs Ganze. Sie lieben es, an ihre Grenzen zu kommen und diese zu überwinden – sei es physisch oder psychisch. Manchmal geben sie sich nach außen hin hart, dabei versuchen sie nur, ihr höchst empfindsames Inneres zu schützen.

Das Kleinkind (0-5 Jahre)

Ein so kleines Bündel Mensch und doch so eine starke Ausstrahlung! Das wird jeder denken, der in den Kinderwagen eines Skorpions blickt. Bei aller Niedlichkeit vermittelt dieses Kindchen früh den Eindruck von Charisma, und sein kraftvoller Blick scheint bis in die Seele zu dringen.

Zarte Seele

Als Wasserzeichen ist ein Skorpion stark von Gefühlen geprägt, und denen verleiht er – wenn es sein muss – recht lautstark Ausdruck. Dabei ist er überhaupt kein weinerliches Kind, sondern kann einiges aushalten. Worauf er aber nicht verzichten kann, ist beständige, bedingungslose Liebe. Wie kaum ein anderes Zeichen braucht die kleine, verletzliche Skorpion-Seele einen positiven, liebevollen Eindruck von der Welt, sonst entwickelt sie schon mal destruktive Züge.

Starker Wille

Trotz aller Sensibilität – wirklich pflegeleicht und gehorsam ist das kleine Skorpiönchen nicht. Es entwickelt früh einen sehr eigenen Willen und lässt von einem Vorhaben nur ab, wenn es die Nachteile versteht. Ein »Nein« ohne Begründung könnte seinen Trotz anstacheln oder hilflose Wut auf den Plan rufen.

Dieses Kind hat eine besondere Antenne für Machtverhältnisse. Zum einen findet es schon früh heraus, welcher Elternteil das Sagen hat, und wird sich seine Erlaubnis beim »schwächeren« holen. Zum anderen behagt ihm die Rolle

des Ohnmächtigen gar nicht. Ein Skorpion-Kind möchte in Entscheidungen einbezogen werden und lieber aus eigenen Fehlern lernen, als sich Verboten fügen.
Die Trotzphase fällt bei diesem Kind insofern nicht gerade einfach aus. Um sein Köpfchen durchzusetzen, benutzt es aber beileibe nicht nur Lautstärke. Ein typischer Mini-Skorpion verfügt da noch über ganz andere Mittel: Luftanhalten, Nahrungsverweigerung, Zerstörung von Gegenständen oder verbale Erpressungsversuche sind einige Beispiele aus seiner reichhaltigen Psycho-Trickkiste.

Andere Kinder
Solche Verhaltensweisen legt er aber hauptsächlich gegenüber Erziehungspersonen oder Autoritäten an den Tag. Zu anderen Kindern, die nicht über ihn bestimmen können und ihm nichts tun, ist er meist freundlich-zurückhaltend. Hin und wieder blitzt seine Direktheit durch, und er kann einem Gleichaltrigen ohne Umschweife sagen, dass er ihn dick oder doof findet.

Stille Neugier
Kaum kann er sich etwas bewegen, erforscht der kleine Skorpion konsequent und intensiv seine Umgebung. Alles Geheimnisvolle und Verbotene übt einen ganz besonderen Reiz auf ihn aus. Grundsätzlich ist nichts vor ihm sicher, denn ängstlich ist er überhaupt nicht. Später wird schon mal der Plüsch-Hase aufgeschnitten – schließlich will man doch wissen, was drinsteckt. Ein Skorpion interessiert sich stets für das »Innenleben«. Seine Neugier ist groß, wird jedoch nicht nur über Fragen gestillt. Ein Skorpion-Kind beobachtet viel – und das äußerst genau.

Sein Märchen: »Der Teufel mit den drei goldenen Haaren« (Brüder Grimm)

- Der kleine Skorpion verfügt über feine Antennen und bekommt auch Unausgesprochenes deutlich mit. Machen Sie ihm lieber nichts vor, wenn es Ihnen zum Beispiel mal nicht gut geht. Geben Sie Ihrem Kind immer klare Antworten. Wenn Sie ausweichen, bohrt es in jedem Falle nach. Mit Ehrlichkeit kann schon das kleine Kind besser umgehen als mit Heimlichkeiten oder Ausflüchten.
- Lassen Sie sich nicht von seinem »starken« Auftritt: »Das kann ich selbst« oder »Das brauche ich nicht mehr« blenden. Ihr Kind braucht genauso viel Unterstützung, Streicheleinheiten und Zuwendung wie jedes andere – von Letzteren vielleicht sogar mehr.
- Retten Sie Ihre persönlichen Lieblingsstücke! Der Forschungsdrang Ihres kleinen Schatzes endet nicht beim Sezieren von Kuscheltieren. Auch das Innenleben von Kunstgegenständen oder Rasierapparaten ist für ihn hochinteressant.
- Ihr Kleines hat ein hohes Sicherheitsbedürfnis. Veränderungen kann es deshalb nur in homöopathischen Dosen ertragen; feste Rituale dagegen liebt es sehr.
- Skorpione haben ein tiefgründiges Gefühlsleben. Je kleiner sie sind, desto eher lassen sie ihr Umfeld an den teilweise dramatischen inneren Bewegungen teilhaben. Je älter sie werden, desto mehr verschließen sie sich. Bringen Sie Ihren Schatz frühzeitig dazu, seine Empfindungen kreativ auszudrücken. Bunte Fingerfarben oder ein Kinder-Keyboard sind dafür gut geeignet.
- Es gibt Zeiten, da kann Ihr kleiner Liebling sich wunderbar allein beschäftigen, zu anderen fordert er Ihre volle Aufmerksamkeit. Volle Aufmerksamkeit heißt zum Beispiel auch: nicht nebenbei kochen! Ihr Sprössling wäre durchaus in der Lage, Ihnen das Gas abzudrehen …
- Lassen Sie Ihr Kleines niemals ohne Absprache nachts

allein. In einem leeren Haus aufzuwachen würde seine Verlustangst immens schüren.

Schule

Skorpione haben einen wachen Verstand, sind ehrgeizig und leistungswillig. Damit diese Eigenschaften auch zum Zuge kommen, müssen aber bestimmte Voraussetzungen erfüllt sein. Zum einen muss die Chemie mit dem jeweiligen Lehrer stimmen. Einem Pädagogen, den sie nicht mögen oder akzeptieren, kaufen sie nichts ab. Zum anderen muss das Thema für sie interessant sein oder zumindest interessant dargeboten werden. Ein typischer Skorpion spezialisiert sich gern. Er strebt nicht nach einem breiten Allgemeinwissen, sondern profunden Kenntnissen in bestimmten Bereichen – er geht halt gern in die Tiefe. Wenn er von einem Thema gepackt ist, kann er alles um sich herum vergessen und widmet sich der Sache voller Leidenschaft. Aber manchmal reizt ihn gar nicht die Sache, sondern das Lösen oder Erfüllen einer Aufgabe an sich. So kann er stundenlang über etwas brüten oder eine Ausarbeitung immer weiter perfektionieren. Und dafür ist er gut ausgestattet: mit einem durchdringenden Verstand, hervorragendem Gedächtnis, viel Biss und der Fähigkeit zum genauen Arbeiten. Bis er sich eine Meinung zu etwas bildet, kann es dauern, dafür vertritt er sie dann auch sehr konsequent und behält sie lange. Ist er einmal von etwas überzeugt, steht er dafür jederzeit ein. Seine Schulaufgaben erledigt er meist gewissenhaft und pünktlich; mit Disziplin hat er wenig Schwierigkeiten.

Neigungen

Ein junger Skorpion interessiert sich für alles Rätselhafte und Geheimnisvolle und ruht nicht eher, bis er ein Thema ergründet oder ein Frage gelöst hat. Krimis verschlingt er, Sendungen oder Bücher über Tabuthemen und ungelöste

Rätsel der Menschheit ziehen ihn an. Eltern haben wenig Möglichkeiten, etwas vor ihm verborgen zu halten – er ist der geborene Hobby-Detektiv, seinem guten Spürsinn entgeht nichts.
Einiges Interesse zeigt Skorpion-Junior auch an der Natur, speziell an den Vorgängen des Werdens und Vergehens. Ein eigener Balkonkasten oder ein paar Töpfchen, bei denen er den Prozess vom Aussäen des Samens, über das Blühen der Pflanze bis zu ihrem Absterben begleiten kann, sind für ihn ideal.

Umgang mit anderen
Freundschaften, die ein Skorpion im Kindesalter schließt, halten oft ein Leben lang. Dafür lässt er sich beim Eingehen von Freundschaften auch viel Zeit, manchmal setzt er seine zukünftigen Kumpane sogar kleinen Prüfungen aus. Hat jemand sein Vertrauen gewonnen, steht er ihm loyal und verlässlich zu Seite. Geheimnisse sind bei ihm gut aufgehoben, denn er kann sehr verschwiegen sein.
Da er sich nicht gern unterordnet, neigt er zu dominantem Verhalten oder versucht, andere zu steuern. Speziell in Gruppen lässt er sich entweder nichts sagen, oder er übernimmt gleich die Anführerrolle. Auch sein Hang zur Rechthaberei macht ihn manchmal zu einem etwas unbequemen Zeitgenossen. Aber es ist gar nicht sein Ziel, »Everybody's Darling« zu sein, dazu ist er zu ernsthaft und ehrlich.

Haustiere
Die gängigen Haustiere – Hund, Katze, Kaninchen – sind dem kleinen Skorpion oft etwas langweilig. Echsen und Amphibien können ihn da schon eher begeistern. Die Entwicklung einer Kaulquappe zum Frosch, zum Beispiel, verfolgt er fasziniert.

Sein Lieblingsspielzeug:
Jungen: Experimentierkasten
Mädchen: Kindertarot-Karten

Praktische Tipps für die Eltern

- Ermuntern Sie Ihr Kind öfter, das Leben leicht zu nehmen. Albern Sie viel herum, und machen Sie gemeinsam lustige Spiele.
- Seien Sie konsequent! Nehmen Sie nie (!) ein »Nein« zurück, sonst haben Sie verloren. Ihr Kind wird gnadenlos jedes neue Verbot in Frage stellen, so ernst können Sie es ja nicht gemeint haben. Außerdem haben Sie Schwäche gezeigt; darunter könnte der Respekt, den Ihr Kind natürlicherweise vor Ihnen hat, leiden. Für einen Skorpion ist nämlich ein Wort ein Wort – basta!
- »Druck erzeugt Gegendruck«, dieser Satz gilt für ein Skorpion-Kind ganz besonders. Machtkämpfe sind an der Tagesordnung, wenn Sie Ihrem Kind etwas aufzwingen wollen. Erklären Sie ihm Ihre Wünsche und Sichtweisen, und lassen Sie es seine eigenen Erfahrungen machen.
- Ihr Sprössling reagiert höchst sensibel auf die Stimmung in seiner Umgebung. Offener Streit zwischen den Eltern verursacht ebenso viel Verlustängste wie unterschwellige Disharmonie. Am besten, Sie klären Ihre Probleme zügig und nie vor dem Kind.
- Öffnen Sie dem Forschergeist Ihres Kindes alle Türen. Schenken Sie ihm ein Mikroskop, lassen Sie ihn Pflanzen aufschneiden, das Internet durchstöbern, den alten Toaster auseinandernehmen …
- Achten Sie darauf, dass Ihr Nachwuchs sich nicht übernimmt. Ein Skorpion geht gern an seine Grenzen und merkt erst recht spät, dass er sich eigentlich überfordert hat.

- Wählen Sie eine normale Schule mit konventionellen Lehrmethoden. Ihr Skorpion-Kind fühlt sich am sichersten und entwickelt sich am besten in einem klaren, festen Rahmen und wenn es genau weiß, was von ihm erwartet wird.

Das jugendliche Kind (13-18 Jahre)

Pubertät
Die hormonellen Veränderungen, die innere Unsicherheit und der Drang nach Selbständigkeit kehren bei diesem Teenager eher widerspenstige Seiten heraus. Sein Verlangen, Dinge zu erforschen und die eigenen Grenzen auszuloten, lässt ihn so allerhand ausprobieren. Verbote schrecken ihn wenig, eher reizen sie ihn noch. Sollte er bemerken, dass er kontrolliert wird, reagiert er feindselig und bockig. Machtkämpfe nehmen in dieser Zeit erheblich zu. Wenn er mit Argumenten nicht weiterkommt, kann er auch tagelang eisern schweigen.
Seine Ängste zeigt er in dieser Zeit nur im äußersten Notfall; keinesfalls möchte er als schwach gelten. Selbstbeherrschung wird zum obersten Gebot; und so überspielt er alles mit Coolness. Gar nicht so leicht für Eltern und Freunde, hinter diese Fassade zu blicken.
Viele Skorpione wollen in dieser Phase andere schockieren, sei es über unangenehme Fragen und Aussagen, anstößige Kleidung oder allgemein provozierendes Verhalten. Tattoos und Piercings oder »Kriegsbemalung« sind für ihn normal.

Gefühle und Sex
Schon die ersten Empfindungen für das andere Geschlecht gehen tief und werden sehr ernst genommen. Ihre Inten-

sität kann dem jungen Skorpion auch schon mal Furcht einflößen, und er versucht, sie zu kontrollieren. Spielerisches Flirten und lockere Verliebtheiten liegen diesem Sternzeichen nicht. In seiner kompromisslosen Art geht er sofort aufs Ganze und kann auch schnell eifersüchtig und besitzergreifend werden. Seine leidenschaftlichen Gefühle wollen ausgelebt werden; Sex ist für ihn sowohl ein neues, wichtiges Experimentierfeld als auch die konsequente Folge seines intensiven Wunsches nach Verbindung mit dem anderen. Ihm geht es dabei weniger um das körperliche Vergnügen, sondern mehr in Richtung einer seelisch-mystischen Erfahrung.
Meist haben jugendliche Skorpione schon früh eine anziehende erotische Ausstrahlung, die sie ziemlich unwiderstehlich macht. Natürlich schützt sie das nicht vor enttäuschenden Erfahrungen; im Falle von Liebeskummer ist für längere Zeit mit Weltuntergangsstimmung zu rechnen. Fühlt der junge Skorpion sich in einer Beziehung wohl und sicher, ist er ein gefühlvoller, beschützender, verlässlicher Partner.

Freizeit
Auch in der Ausübung von Hobbys ist ein Skorpion konsequent. Sport betreibt er entweder gar nicht oder sehr intensiv. Beide Geschlechter mögen gern Extremes: z.B. Marathonlauf, Triathlon, Canyoning; Jungs tendieren auch zu rauen Sportarten, wie Rugby, Kickboxen oder Paintball. Vieles, was seinen Altersgenossen Spaß bereitet – Shoppen, Klönen etc. – langweilt ihn. Gespräche müssen Tiefgang haben und drehen sich gern um seine Lieblingsthemen: Psychologie, Parapsychologie, Magie oder Tabus (Sex, Geld, Geheimnisse, Tod etc.). Außerdem löst er immer noch gern knifflige Rätsel.

Manche Skorpione engagieren sich für politische oder soziale Themen; hier können sie ihre hohen Ideale und Prinzipien umsetzen. Dabei erweisen sie sich als kompromisslose Kämpfer, denn sie kennen keine Mitteltöne. Entweder – oder, schwarz oder weiß, das ist ihre Einstellung. Musik ist für den Skorpion-Teenie wichtig, sei es aus Freude daran, oder um sich damit abzukapseln. Auch hier bevorzugt er keine leichte Kost. Normalerweise hat er auch eine gute Begabung, selber »in die Tasten zu hauen«.

Praktische Tipps für die Eltern

- Spätestens in diesem Alter wird deutlich, dass Ihr Sprössling sehr ausgeprägte und feste Vorstellungen von vielen Dingen hat. Diskutieren Sie mit ihm, aber versuchen Sie nicht, ihm seine Ansichten auszureden – ein mühevolles Unterfangen. Gute Argumente dagegen fruchten immer, auch wenn er es nicht sofort zugegeben wird …
- Ermuntern Sie Ihren Teenie immer mal wieder zu mehr Lockerheit und Spontaneität; durch seine ernsthafte und überlegte Art entgehen ihm sonst manche Chancen.
- Gerade in dieser Übergangsphase braucht der Skorpion viel Stabilität von außen. Neben der inneren Unterstützung durch viel Verständnis und Gespräche geben regelmäßige Tagesabläufe und liebevolle Rituale einen guten Halt.
- Kritik kann Ihr Schatz nur schwer entgegennehmen; er möchte doch eigentlich alles richtig, am liebsten perfekt, machen. Verpacken Sie Ihre Beanstandungen also möglichst diplomatisch – eine Verhaltensweise, die sich Ihr Junior gern bei Ihnen abschauen kann.
- Mit einem guten Essen können Sie ihn wunderbar verwöhnen, mit seinem Lieblingsgericht in einer kleinen Krise wieder aufbauen.

- Nehmen Sie sich viel Zeit für Gespräche. Obwohl in ihm so unendlich viel vorgeht, öffnet sich ihr Teenager meist nicht von sich aus; insofern braucht es etwas Geschick, ihn zum Reden zu bringen. Eine gute Einleitung ist eine Frage nach seinen Träumen und ein kleiner Beitrag dazu von Ihrer Seite. Skorpione sind immer daran interessiert, sich mit ihrem Unbewussten zu beschäftigen.

Körper und Gesundheit
Der kleine Skorpion hat grundsätzlich eine robuste Gesundheit. Von den üblichen Kinderkrankheiten erholt er sich dank einer guten Regenerationsfähigkeit schnell; lange im Bettchen zu liegen gefällt ihm sowieso nicht. Als anfällige Organe sind diesem Sternzeichen die Zeugungs- und Ausscheidungsorgane zugeordnet. Eventuellen Problemen in diesem Bereich könnte man durch eine gesunde, nicht zu stark gewürzte Ernährung sowie viel Trinken vorbeugen.
Ein Skorpion hat ein reiches Innenleben; wenn er seine Gefühle und inneren Energien nicht ausleben kann, richtet er sie schon mal – unbewusst, z. B. in Form von Verletzungen – gegen sich selbst.
Bachblüte: Chicory (Wegwarte) hilft gegen Verlustangst und fördert die Fähigkeit, Geborgenheit in sich selbst zu finden.

Hinweise für die Eltern von Skorpionen aller Altersstufen

Die Erziehung des kleinen Skorpions ist keine ganz einfache Aufgabe, denn Ihr Kind hat eine sehr starke Persönlichkeit und sucht – unbewusst – immer mal wieder Grenzsituationen, um das Leben in seiner Ganzheit zu erfahren und sich seiner kraftvollen Seiten zu vergewissern. Dabei kann es sowohl kleine Krisen als auch große Leistungen

produzieren. Und so ist es Ihr Job, sich verständnisvoll auf Ihren Liebling einzulassen, aber gleichzeitig auch klare Regeln aufzustellen und diese konsequent beizubehalten.
Ein vielleicht schwieriger, aber in jedem Fall sehr lohnender Weg bestünde darin, dass Sie immer mit gutem Beispiel vorangehen. Ihr Junior hat einen ausgeprägten Hang zu »Leitbildern« und sucht das edle Vorbild, an dem er sich ausrichten kann. Insofern achtet er sehr genau darauf, ob Worte und Handlungen übereinstimmen, und schätzt den am meisten, der am authentischsten ist. Das heißt nicht, dass Sie – als Elternteil oder Mensch – keine Schwächen haben dürfen; im Gegenteil: Zeigen Sie Ihrem Kind, wie man aufrecht zu seinen Fehlern stehen kann.
Es ist wichtig für Ihr Kind zu lernen, seine eigenen Schwachpunkte und die der anderen zu akzeptieren. In ihm steckt nämlich ein kleiner Perfektionist, der sich und die Welt so haben möchte, wie es seinen Idealen entspricht. Ein rührend-hoffnungloses Unterfangen, aber es wird einige Zeit brauchen, bevor er merkt, dass er Abstriche von seinen hehren Idealen machen muss. Bis dahin versucht er eher, die Realität an sie anzupassen. Zeigen Sie ihm immer wieder, dass umgekehrt ein Schuh daraus wird. Nämlich wie viel Kraft und Sympathien ihn das kosten kann und dass das Leben leichter ist, wenn er sich mehr in Akzeptanz übt.
Auch seine konsequente »Alles-oder-nichts-Haltung« darf gern etwas Auflockerung erfahren. Öffnen Sie ihm immer mal wieder den Blick für den goldenen Mittelweg. Die Welt ist ja nicht nur schwarz oder weiß – es gibt auch interessante Graustufen. Intelligent, wie Ihr Nachwuchs ist, wird er sich dieser Tatsache nicht verschließen können.
Ein Skorpion-Kind ist ein faszinierendes Wesen mit einer sehr großen Bandbreite an Gefühlen, die es aber nicht immer zeigt. Es gibt sich im Gegenteil viel Mühe, meist beherrscht zu wirken und vor allem wenig Schwächen zu zeigen. Denn zeitweilig kann es sogar selber Angst vor sei-

nen tiefen Empfindungen haben, speziell wenn es sich um sogenannte negative Gefühle wie Neid, Hass, Aggressivität o.ä. handelt. Er braucht immer wieder das Gefühl, auch nach Zornesausbrüchen oder verletzenden Bemerkungen geliebt zu werden.
Eine abschließende Bemerkung: Skorpionen wird nachgesagt, dass sie nachtragend seien.
Und das stimmt, schließlich haben sie ein gutes Gedächtnis und vergessen – vor allem emotionale Eindrücke – nie. Das heißt aber, dass sie auch die guten Dinge stets behalten. Insofern wird sich Ihr Sprössling an all Ihre Liebe, Güte, Unterstützung und Ihr Verständnis ein Leben lang erinnern!

Andere Stars und Sternchen:

Martin Luther 10.11.1483
Friedrich Schiller 10.11.1759
Demi Moore 11.11.1962
Katharina Böhm 20.11.1964
Julia Roberts 28.10.1967
Ethan Hawke 6.11.1970
Winona Ryder 29.10.1971
Leonardo di Caprio 11.11.1974

Der Skorpion und sein Aszendent

Bei keinem Skorpion sind die oben genannten Eigenschaften in Reinkultur ausgebildet. Unter anderem spielt der Einfluss des Aszendenten eine sehr wichtige Rolle. Lesen Sie dazu S. 261 und dann den Text über das errechnete Zeichen. Aber hier folgen schon einmal die möglichen Kombinationen:

Skorpion/Widder
Bei der Verbindung dieser unterschiedlichen Zeichen treffen forsches Temperament und tiefe Empfindsamkeit aufeinander. Da kann es hin und wieder zu intensiven Gefühlsausbrüchen kommen – gefolgt von introvertierten Phasen. Dieses eigensinnige Skorpion-Kind verfügt über sehr viel Mut, Energie und Einfühlungsvermögen.

Skorpion/Stier
Das erdige Gegenzeichen verbindet den kleinen Skorpion stark mit seinem Körper. Essen, Kuscheln und andere sinnliche Freuden rücken mehr in den Vordergrund. Allerdings können aus seelischen Problemen auch schnell körperliche Symptome werden. Plötzliche Veränderungen bereiten diesem Skorpion-Kind große Schwierigkeiten; gern hält es lange an Menschen, Dingen und Ansichten fest. Obwohl es recht introvertiert ist, braucht es dennoch viel Kontakt. Richtig öffnet es sich aber erst, wenn viel Vertrauen da ist. Seine Ausdauer ist besonders groß, und was es sich einmal in den Kopf gesetzt hat, zieht es unbeirrbar durch.

Skorpion/Zwillinge
Der luftige Aszendent verleiht dem kleinen Skorpion mehr Aufgeschlossenheit und Leichtigkeit. Er hilft ihm, seine Deckung aufzugeben und mehr über seine Gefühle und Bedürfnisse zu sprechen. Außerdem bringt er mehr Flexibilität und öffnet für Neues und Veränderungen. So pendelt dieses Kind häufig zwischen Lockerheit und Ernsthaftigkeit hin und her. Was ihm heute unendlich wichtig ist, kann morgen vergessen sein. Dieses Skorpiönchen ist rhetorisch sehr begabt und überzeugt andere im Handumdrehen von seinen Ansichten.

Skorpion/Krebs

Das sensible Wasserzeichen Krebs vertieft die Gefühle des jungen Skorpions noch mehr. Ihm geht alles extrem unter die Haut, und sein Einfühlungsvermögen ist sehr groß. Dieses verspielte Kind braucht seine kleinen Rückzugsmöglichkeiten genauso wie hin und wieder großes Gefühlsdrama. Viel Phantasie und eine kreative Begabung sind ihm auch in die Wiege gelegt.

Skorpion/Löwe

Dieser Mini-Skorpion kann seine intensiven Gefühle lebhaft ausdrücken und seinen starken Willen energisch durchsetzen. Er weiß ganz genau, was er will, und spielt schon mal den kleinen Imperator. Andererseits kann er sich sehr gut in andere einfühlen und großzügig geben. Die skorpiontypische Ernsthaftigkeit wird durch die lebenslustige Löwe-Seite mehr aufgelockert. Familie ist ihm sehr wichtig; manchmal verhält er sich ihr gegenüber etwas vereinnahmend.

Skorpion/Jungfrau

Die Jungfrau-Eigenschaften verstärken die Skorpion-Seiten. Das heißt, dieses Kind ist mit sehr guter Beobachtungsgabe, großem Forschungsdrang und viel Gewissenhaftigkeit ausgestattet. Es hat einen offenen, analytischen Verstand, stellt viele Fragen und kommuniziert gerne. Oft fühlt es sich stark zu den Naturwissenschaften hingezogen. Zu seinen Geschwistern hat es eine besonders enge Beziehung.

Skorpion/Waage

Hier mischen sich zwei recht unterschiedliche Zeichen und machen das Kind oft wechselhaft. Kommt die konsequente, kompromisslose Skorpion-Seite zum Zug, leidet die harmoniebedürftige, friedliche Waage-Seite – und umgekehrt. Mal will dieses Kind partout seinen eigenen Kopf durchsetzen, dann verhält es sich wieder entgegenkommend und rücksichtsvoll. Ansonsten verfügt es über künstlerisches Talent, viel Geschmack und kann gut mit Geld umgehen.

Skorpion/Skorpion
Beim Doppelskorpion sind die oben genannten Eigenschaften stark ausgeprägt. Liegt das Lineal in der Nähe des Schütze-Zeichens, ist dieses Kind besonders empfindsam und manchmal schwer zu durchschauen. Im anderen Fall – Lineal liegt dichter an der Waage – sind ihm viel Initialkraft, Mut und Durchsetzungskraft zu eigen.

Skorpion/Schütze
Die feurigen Eigenschaften des Aszendenten machen den jungen Skorpion lebhaft bis draufgängerisch. Er sucht nach Anregungen und Abenteuern außerhalb vorgegebener Rahmen und braucht viele Freiheiten. Gerechtigkeit und Ehrlichkeit sind ihm besonders wichtig; weltanschauliche, soziale und mystische Themen beschäftigen ihn stark. Dieses Kind hat viele Interessen und Freunde. Die typische Ernsthaftigkeit des Skorpions ist bei ihm etwas zurückgenommen; es strahlt viel Fröhlichkeit und Optimismus aus.

Skorpion/Steinbock
Hier verbinden sich zwei Zeichen, die einander recht ähnlich sind. Das macht den jungen Skorpion noch tiefgründiger, ernsthafter und zuverlässiger. Er ist zu sehr großen Leistungen fähig und setzt sich schon in jungen Jahren hohe Ziele. Kaum einer hat wie er die Ausdauer und Zähigkeit, sie auch zu erreichen. Die Anerkennung von anderen ist für ihn eine große Motivation. Darüber sollte er aber nicht den Spaß im Leben vernachlässigen. Manche dieser Kinder haben großes Interesse an fremden Kulturen und reisen gern.

Skorpion/Wassermann
Dieses interessante Kind hat viele kreative Ideen, die es für unterschiedliche Zwecke einsetzt. Mal heckt es lustige Streiche aus oder löst knifflige Probleme, mal möchte es die Welt verbessern. Aufgrund seiner hohen Ideale kann es manchmal etwas missionarisch wirken. Alles Besondere und Fremdartige ist für diesen kleinen Skorpion höchst interessant; auch macht er sich schon früh auf die Suche nach dem Sinn des Lebens.

Skorpion/Fische
Gefühl pur! Diese Zeichenmischung bringt überaus sensible, phantasievolle Wesen hervor, die sowohl weich und schwankend als auch fest und stark sind. Sie brauchen viel Liebe und Beständigkeit, denn ihre Verlustangst ist groß. Schon früh zeigen sie psychologisches Einfühlungsvermögen, manche haben sogar einen siebten Sinn.

SCHÜTZE
23. 11. – 21. 12.

»Hör zu. Es gibt da ein verdammt gutes Universum
nebenan; lass uns dorthin gehen.«
E. E. Cummings

Planet: Jupiter Der größte und gewichtigste Planet unseres Sonnensystems wird auch Glücksplanet genannt. In der Mythologie ist Jupiter (griechisch Zeus) der oberste Gott, der Herrscher der Welt. Jupiter wird auch Jovis genannt. Davon leitet sich das Wort »jovial« ab. Schützen sind joviale – heitere, gesellige – Menschen.

Symbol ♐ Es stellt einen Pfeil mit Bogensehne dar, der gen Himmel zielt. Damit wird sowohl die Überwindung des Irdischen, die Suche nach Sinn und Erkenntnis, als auch das Streben in die Ferne dargestellt.

Element: Feuer Das aktive Element verweist auf Aktivität, Begeisterungsfähigkeit und Spontaneität. Schützen haben zündende Ideen und stecken damit andere an. Gefühlsmäßig sind sie schnell »entflammbar«.

Stein: Lapislazuli Dieser Stein wurde in vielen Kulturen als heiliger Stein verehrt, als Bote des Himmels, der den Menschen Weisheit bringt. Er fördert die Intuition und die geistige Klarheit.

Wochentag: Donnerstag Der Name stammt vom germanischen Gott Donar (auch Thor genannt), dem Donnerer. Er entspricht dem römischen Jupiter.

Farbe: Purpur Diese Farbe war früher Kaisern, Königen und Kardinälen vorbehalten. Noch heute wird sie mit der geistig-religiösen Sphäre in Verbindung gebracht. Sie gilt als glückbringend und steht für Ideale und Wahrheit.

Damit ist sie eng mit den Schützen-Themen verbunden.

Blume: Löwenzahn Auch mit der »Pusteblume« teilt der Schütze viele Eigenschaften: Sie ist robust und kann überall Wurzeln schlagen; ihre Samen werden vom Wind weit in die Welt hinaus geweht. Sämtliche Teile dieser Pflanze werden als Heilmittel verwendet.

Tier: Elefant Dieses gutmütige Herdentier mit dem hervorragenden Gedächtnis gilt als weise; in manchen Teilen der Welt wird es als Gottheit oder Glücksbringer verehrt. Trotz seiner immensen Kraft und furchteinflößenden Größe ist es äußerst friedfertig.

POSITIVE UND SCHWIERIGE EIGENSCHAFTEN AUF EINEN BLICK

+ optimistisch, aufgeschlossen, fröhlich, fair, unternehmungslustig
– unzuverlässig, maßlos, besserwisserisch, selbstgerecht, unruhig

Das Zeichen Schütze im astrologischen Tierkreis

In dem Jahresabschnitt, in den die Schützen hineingeboren werden, überwiegt in unseren Breiten die Dunkelheit. Die Nächte dauern fast doppelt so lang wie die Tage; alles sehnt sich nach Licht. In diese Zeit fällt auch die vorweihnachtliche Adventszeit. Advent heißt Ankunft – es wird die Ankunft des neuen Lichtes zur Wintersonnenwende erwartet. Ab dann werden die Tage nämlich wieder länger. Früher war die Wintersonnenwende ein Fest von großer symbolischer Bedeutung, weshalb um diesen Zeitpunkt herum auch die Geburt Christi, des Heils- und Lichtbringers, gefeiert wird.

Vorfreude und Hoffnung kennzeichnen diese Wochen; jede Kerze des Adventskranzes bringt das Licht ein Stückchen näher. Vielleicht ist dies der Grund dafür, dass Menschen, die jetzt das Licht der Welt erblicken, optimistisch, fröhlich und zukunftsorientiert sind. Sie können in allem etwas Positives erkennen und begegnen auch unangenehmen Situationen mit Humor. Die ungemütlichen Herbststürme, Kälteeinbrüche und die winterlich erstarrte Natur könnten ein Grund für das schützetypische Fernweh sein. Dieses Sternzeichen ist nämlich das reiselustigste von allen. Schützen sind Entdeckernaturen, sie lieben alles Fremde und Exotische, ganz besonders die bunte Vielfalt von Flora und Fauna.

Viel Freude!
Noch in den Windeln, aber schon blitzt ihm der Schalk aus den Augen? Das kann nur ein Schütze-Baby sein! Dieses Kind strahlt Fröhlichkeit und Lebenslust aus, auch wenn es sich noch nicht verbal ausdrücken kann. Schnell hat es eine begeisterte Fangemeinde um seine Kinderkarre versammelt. Seinem einnehmenden, unkomplizierten Wesen kann man sich kaum entziehen; es steckt andere mit seiner Fröhlichkeit an und fasziniert mit seinem bestrickenden Charme.

Wenig Ruhe
Wenn es um das Anmelden seiner Bedürfnisse geht, kann der kleine »Schützling« aber durchaus laut und heftig werden. Er gehört ja schließlich zu den Feuerzeichen, und die sind nun mal besonders direkt und lebendig. Das lange Liegen und Warten, bis ihn jemand hochhebt, langweilt ihn schnell; er fängt früh an zu krabbeln und will unbedingt seine Umgebung auf eigene Faust zu erkunden. Angst kennt dieses Kind nicht, alles ist interessant; und so gibt es nichts, wovor es haltmacht. Hat Klein-Schütze erst mal seinen Willen entdeckt, nützen auch Verbote nicht viel – in ihm steckt eben eine Entdeckernatur!

Voller Energie
Der Bewegungsdrang des quirligen Schützen ist kaum zu bremsen. Wenn er nicht gerade hüpft, springt oder rennt, schlägt er vielleicht Purzelbäume oder macht Handstand. Logisch, dass so ein Kind gerne draußen ist, wo es sich austoben kann; sein Zimmer wird für seinen Aktionsradius schnell zu klein. Es liebt die Natur, frische Luft und – Weite. Jeden Ausflug oder Urlaub macht es begeistert mit; sein Interesse an Neuem und seine Flexibilität machen es zu einem idealen »Reisekind«.

Diesen kleinen Wirbelwind müde zu bekommen und ins Bett zu bringen, ist gar nicht so einfach. Manchmal hilft es, ihn ins Auto zu packen und eine kleine Runde zu drehen.

Höchst kontaktfreudig
Woanders zu übernachten macht ihm überhaupt nichts aus – im Gegenteil. Endlich mal eine Änderung in der Routine, neue Eindrücke und andere Menschen! Der kleine Schütze geht sehr offenherzig, neugierig und direkt auf andere zu. Die Phase des Fremdelns ist bei ihm wenig ausgeprägt. Er liebt Geselligkeit und mag Trubel; hohe Lautstärke stört ihn nicht. Ins Bett geschickt zu werden, wenn Besuch kommt – das geht gar nicht. Er will unbedingt dabei sein und schläft dann irgendwann erschöpft, aber selig ein.
Wenn es mitten im Geschehen sein kann, ist ein Schütze-Kind ganz in seinem Element; im Mittelpunkt muss es deshalb aber nicht unbedingt stehen. Allein gelassen langweilt es sich schnell und kann seinen Unmut recht geräuschvoll äußern.

Sein Märchen: »Der kleine Häwelmann« (Theodor Storm)

Praktische Tipps für die Eltern

- Es versteht sich schon fast von selbst, dass Ihr Sprössling darauf brennt, Kindergarten und Vorschule zu besuchen. Es gibt nichts, was dagegen spricht.
- Lassen Sie Ihren kleinen Racker nicht aus den Augen. Er muss alles erkunden, kennt keine Angst und bringt sich schnell mal in riskante Situationen. Wenn doch etwas passieren sollte, geht es meist glimpflich ab. Jupiter, der Glücksplanet und oberste Gott, hält schützend beide Hände über »seine« Kinder.

- Verschenken Sie das Laufgitter, falls Sie eins gekauft haben. Ihr Kleines liebt es überhaupt nicht, eingeschränkt zu werden. Sie – oder jemand anders – müssen eben aufpassen ...
- Verzichten Sie auf teure oder besonders ausgefallene Kleidung für Ihren ungestümen Wildfang. Je praktischer und lockerer, desto besser!
- Ihr Liebling mag großes, buntes Spielzeug. Kleinteilige, farblose Dinge reizen ihn nicht.
- Kaufen Sie eine Dauerkarte für den Zoo. Schützen sind äußerst tierlieb!
- Machen Sie den nächsten Abenteuerspielplatz ausfindig. Die »normalen« sind – auch für Schützen-Mädchen – schnell langweilig.
- Ihr Schätzchen geht in seiner gutmütigen, offenherzigen Art sehr unbekümmert auf andere zu. Machen Sie ihm verständlich, dass das in manchen Fällen nicht angebracht ist.
- Schützen sind nicht besonders gehorsam, aber einsichtig. Erklären Sie Ihrem Sprössling, warum Sie etwas verbieten, dann stehen die Chancen besser, dass Sie Gehör finden. Sätze wie »Dazu bist du noch zu klein« stacheln sein Interesse eher an.
- Die Zubettgehprozedur Ihres Kindes kann langwierig und schwierig sein. Es könnte doch noch etwas verpassen ... Wenn eine lustige – aber nicht zu spannende (!) – Einschlafgeschichte in Aussicht steht, nähert es sich seinem Bettchen schon lieber.
- Bringen Sie Ihrem kleinen Fratz frühzeitig bei, beim Essen maßzuhalten. Wenn ihm etwas schmeckt – und er ist ein unkomplizierter Esser – dann weiß er nicht, wann er aufhören muss.

Schule

Zum Thema Schule haben viele ABC-Schützen ein gespaltenes Verhältnis. Das liegt zum Teil am konventionellen Schulsystem. Eigentlich lernen diese Kinder begeistert neue Dinge und sind gern mit Gleichaltrigen zusammen. Sie verfügen über eine helles Köpfchen und einen schier grenzenlosen Wissensdrang.

Andererseits fühlen sie sich im Klassenzimmer oft wie eingesperrt, können nicht lange still sitzen, mögen die immer gleiche Routine nicht und langweilen sich schnell. Außerdem haben sie Probleme mit Autoritäten und starren Regeln. So liegt es sehr an der Art der Schule und den Lehrern, wie und ob der kleine lernwillige Schütze bei der Stange bleibt. Schließlich hat er sehr gute Voraussetzungen: Er ist geistig offen, neugierig und begreift schnell; vieles scheint ihm einfach zuzufliegen. Letzteres beinhaltet möglicherweise auch ein Problem: Hat er einmal festgestellt, dass er sich nicht großartig zu bemühen braucht, neigt er später zur Selbstüberschätzung, paukt zu wenig und bereitet nicht vor oder nach. Außerdem langweilt er sich schnell, wenn seine Mitschüler langsamer sind als er. Kleine Klassen sind deshalb von Vorteil für ihn.

Sein feuriges Temperament macht ihn ziemlich unruhig und ungeduldig. Auch gibt er sich nicht gern mit Details und Einzelfakten ab. Ein Schütze sucht den großen Überblick, will das Gesamtbild erkennen. Sein Verstand arbeitet eher kreativ als logisch. Er kann wunderbar kombinieren, Probleme lösen und Visionen entwickeln; darüber hinaus verfügt er über eine gute Intuition. Nicht gerade die Schwerpunkte des Standardschulunterrichts …

Deshalb braucht dieses aufgeweckte Kind einen abwechslungsreichen Unterricht mit ständig neuen Anregungen und schöpferischen Aktivitäten ebenso wie Lehrer, die we-

nig Druck auf es ausüben und seine hohe Begeisterungsfähigkeit immer wieder entfachen. Dann macht ihm die Schule richtig Spaß, und es wird viel und begeistert lernen!
Sein ausgeprägter Gerechtigkeitssinn und seine umgängliche Art machen es zu einem sehr geeigneten Mediator in der Schule. Ab dem Alter von 10 Jahren kann es sich dafür bewerben. Auch das Amt des Klassen- oder Schulsprechers liegt ihm.

Freizeit
Der junge Schütze hat unglaublich viele Interessen. Die Herausforderung besteht darin, sie zu bündeln und einige davon auch zu vertiefen. Sonst kratzt er überall nur an der Oberfläche. Auch fängt er oft sehr enthusiastisch mit einem Hobby an, verfolgt es aber nach einer Weile nicht weiter. Für Bücher, besonders mit Geschichten über fremde Länder und Kulturen sowie Abenteuerromane, kann er sich dagegen immer begeistern.
Sehr gerne streift er in der Natur herum oder spielt draußen, z.B. Cowboy und Indianer. Eigentlich ist er der geborene Pfadfinder. Das gilt ebenso für Schütze-Mädchen.

Sport
Schulsport reicht einem Kind mit diesem bewegungsfreudigen Sternzeichen nicht. Es braucht viel Ausgleich für das lange Stillsitzen am Vormittag. Aktivitäten in der freien Natur sind für ihn am schönsten: Reiten, Schwimmen, Surfen, Radeln liegen ihm am meisten; im Winter wird er zum Snowboardfan. Die klassische Schütze-Sportart ist natürlich das Bogenschießen. Diese Mischung aus Sport und meditativer Konzentrationsübung hat einen überaus positiven Effekt auf seine innere und motorische Rastlosigkeit. Aber auch spielerische Sportarten wie Ballspiele (Fußball, Handball, Basketball) machen ihm viel Spaß.

Freundschaften

Das umgängliche und gesellige Schütze-Kind ist überall beliebt und hat viele Freunde. Das ist auch wichtig, denn es ist nicht gern allein. Am liebsten sind ihm diejenigen, mit denen es den meisten Spaß hat, Streiche aushecken kann und die sein Bedürfnis nach Abwechslung teilen. Der Schütze selbst ist ein freundlicher Kumpeltyp, mit dem man Pferde stehlen kann. Dank seines starken Gerechtigkeitssinns wird er sich immer für Schwächere einsetzen. Auch im Eifer des Gefechts bei Sport und Spiel verhält er sich anderen gegenüber stets fair.

Seine Direktheit kann zartbesaitete Kinder allerdings auch schon mal abschrecken; die Diplomatie hat der Schütze nicht erfunden – dafür aber sicherlich die Wahrheitsliebe.

Haustiere

Kaum ein anderes Sternzeichen ist so tierlieb wie der Schütze. Verständlich, dass er so bald wie möglich ein Haustier möchte, und dann noch eins, und eigentlich am liebsten eine ganze Menagerie! Bekommt er keins, wird er wahrscheinlich Frösche und Regenwürmer anschleppen. Wählerisch ist er nicht, er kann sich für alle Geschöpfe begeistern. Bei der Betreuung und Pflege ist er nicht der Verlässlichste, und das tut ihm hinterher auch immer ganz schrecklich leid: »Passiert nie wieder! Nein, diesmal wirklich nicht!«

Sein Lieblingsspielzeug

Jungen: Pfeil und Bogen

Mädchen: Trampolin

Praktische Tipps für die Eltern

- Finden Sie für Ihren begabten Sprössling eine Schule mit progressiven, offenen Unterrichtskonzepten, wo fächerübergreifend und zwangfrei gelernt wird.
- Zweisprachiger Unterricht – meist mit Englisch – ist für das Schütze-Kind sehr geeignet. Das öffnet ihm schon ein Stückchen das Tor zur großen weiten Welt, die es später sicher gerne bereisen wird.
- Konzentration und Disziplin sind Fremdwörter für den kleinen Springinsfeld. Er möchte gern alles auf einmal machen und verzettelt sich dabei leicht. Außerdem hat er wenig Ausdauer – stundenlanges Pauken ist nicht sein Ding. Vielleicht üben Sie mit ihm Vokabeln beim Joggen oder Badmintonspielen?
- Ihr kleiner Liebling braucht viel Platz für sich und seine sieben(undsiebzig) Sachen. Schützen sind zwar an sich keine Sammlertypen; bei ihnen häufen sich die Dinge aber trotzdem an, weil sie nie wissen, wann Schluss ist. Bringen Sie ihm ein – nicht zu starres – Ordnungssystem bei, sonst findet er bald nichts mehr. Regelmäßiges Verschenken oder Verkaufen von Spielzeug und Kleidung gehört natürlich auch dazu.
- Ein Schütze benötigt viel Freiraum. Strenge Regeln wird er immer unterlaufen, weil sie nicht seinem Naturell entsprechen. Erklären Sie immer den Sinn Ihrer Vorschriften.
- Unternehmen Sie häufig gemeinsame Radtouren oder Wanderungen; Familienleben findet für den bewegungsfreudigen Schützen gern außerhalb des Zuhauses statt. Wenn Sie für seinen Geburtstag eine Rallye organisieren, machen Sie ihm das schönste Geschenk! Stubenarrest ist für ihn die gefürchtetste Strafe.
- Investieren Sie nicht zu viel Geld in neue Hobbyausrüstungen für Ihren Wirbelwind. Wenn er Snowboarden lernen möchte, tut es auch erst mal ein gebrauchtes Brett.

Das jugendliche Kind (13-18 Jahre)

Pubertät

Der junge Schütze kann es kaum abwarten, endlich erwachsen zu werden, mehr Freiheiten zu haben und sich ins aufregende Leben zu stürzen. Das heißt nicht, dass er auch frühzeitig die dafür nötige Reife besitzt – eher im Gegenteil. Die typischen Schütze-Schwächen heißen Übertreibung, Leichtsinn und Selbstüberschätzung; und die kommen in dieser Sturm- und Drangphase besonders deutlich zum Vorschein. Sein Mut wird schnell zum Übermut; da wird schon mal zu viel getrunken, zu schnell gefahren usw. Aber irgendwie geht immer alles gut – Jupiter sei Dank!
Kämpfe mit den Eltern können recht hitzig werden, sind aber auch schnell wieder vergessen. Ein Schütze-Teenager schmollt und grollt nicht lange.

Interessen

In diesem Alter ist der unternehmungslustige Schütze viel unterwegs, sei es zum Spielen, Jobben oder Feiern. Er ist gerne da, wo etwas los ist, allein zu Haus hält ihn nichts. Neben seiner Jagd nach immer neuen Erlebnissen findet er aber meist auch Zeit, seine idealistische Seite auszuleben. Dieses Sternzeichen glaubt fest an das Gute, hat hohe moralische Werte und möchte seinen Teil zu einer besseren Welt beitragen. So engagiert sich der jugendliche Schütze vielleicht in einem Umweltverband oder Tierschutzverein. Je nach Erziehung übernimmt er möglicherweise auch eine Aufgabe in seiner Gemeinde, denn er fühlt sich stark zur Auseinandersetzung mit Glaubensfragen hingezogen. Philosophie und Reisen sind weitere Themen, die ihn jetzt sehr beschäftigen. Horizonterweiterung heißt sein Motto.

Umgang mit anderen
In seiner Clique ist der Schütze sicherlich der Star. Mutig, selbstbewusst, amüsant, einfallsreich – das hat starken Vorbildcharakter für andere. Dazu ist er stets lebenslustig, lacht gerne und findet immer einen Grund zu Feiern. Natürlich läuft niemals eine Party ohne ihn!
In seiner offenen Art kann er über alles – auch Probleme – gut sprechen. Man wendet sich gerne an ihn, denn er hat immer ein offenes Ohr und gute Ratschläge. Manchmal kann er dabei missionarisch oder besserwisserisch auftreten – er übertreibt eben gern. Ein anderes Manko ist seine sporadische Unzuverlässigkeit. Schnell sagt er mal Dinge zu, die er dann doch nicht einhalten kann. Besonders mit der Zeit steht er auf Kriegsfuß; Pünktlichkeit gehört nicht zu seinen Tugenden. Das macht er aber mit seinem lässig-charmanten Auftreten leicht wieder wett.
Durch Reisen oder das Internet sucht er die Bekanntschaft Gleichaltriger im Ausland. Auch hier können sich schnell Freundschaften entwickeln, die über Mails oder Telefon gepflegt werden.

Partnerschaft
Die körperlichen Veränderungen in dieser Phase nimmt der Schütze-Teenager relativ gelassen hin. Mädchen empfinden ihre wachsenden Brüste vielleicht zunächst als störend bei sportlichen Aktivitäten und dem Herumtollen mit den Jungen. Sind die ersten Verliebtheitsgefühle da, wird der Busen aber bald stolz präsentiert. Sexualität ist für beide Geschlechter spannend, aber nicht übermäßig wichtig, und ihr Umgang damit ziemlich unkompliziert.
Durch seine optimistische und feurige Natur ist der jugendliche Schütze schnell für jemanden entflammt. Ebenso schnell können die Gefühle auch wieder erkalten oder für jemand anderen entbrennen. Das Spiel mit dem Feuer macht ihm auf jeden Fall Spaß; hat es ihn aber einmal

ernsthaft gepackt, kann er sich auch ganz auf seinen Partner einlassen. Liebeskummer setzt dem Schütze-Teenager ganz schön zu. Aufgrund seiner fröhlichen Natur neigt er jedoch dazu, seine Traurigkeit zu überspielen und der Welt ein heiteres Gesicht zu zeigen. Schließlich ist man das ja von ihm gewohnt.

Praktische Tipps für die Eltern

- Auch wenn Ihr freiheitsliebender Junior sehr selbstbewusst und selbständig auftritt, dazu geschickt mit Ihnen diskutiert – er braucht ein paar klare, feste Grenzen, die nicht verhandelbar sind!
- Ermöglichen Sie Ihrem Nachwuchs einen längeren Auslandsaufenthalt im Ausland, z. B. einen Schüleraustausch. Wenn die Schule nichts in der Richtung anbietet, suchen Sie sich eine gute Organisation.
- Im Umgang mit Geld sind junge Schützen locker und großzügig – manchmal zu sehr. Selten werden sie mit ihrem Taschengeld auskommen. Inspirieren Sie Ihren Sprössling zu einem kleinen Job neben der Schule. Nachhilfe, zum Beispiel, könnte ihm sogar Spaß machen! Mädchen eignen sich aufgrund ihrer freundlichen, offenen und direkten Art auch gut als Babysitter.
- In diesem Lebensabschnitt neigt der Schütze besonders dazu, sich und seine Kräfte zu überschätzen. Versuchen Sie, ihm ab und zu etwas Realitätssinn einzuflößen und darauf zu achten, dass er genügend Schlaf bekommt.
- Halten Sie ihn dazu an, einmal begonnene Dinge auch zu Ende zu bringen. Dadurch hat er mehr Erfolgserlebnisse und gewinnt an Beständigkeit.
- Bringen Sie Ihrem Liebling Methoden bei, sich zu organisieren. Ein Schütze hat wenig Bezug zu Strukturen. Ordner, Karteikarten, Zeitpläne o. ä. können da helfen.

- Haben Sie immer Verhütungsmittel im Haus. Auch auf diesem Gebiet ist Ihr Teenie etwas unorganisiert.
- Der heranwachsende Schütze hat seine Sorgen und Probleme wie jedes andere Kind auch, geht aber vielleicht anders damit um. Ihm sind Zuversicht, Humor und positives Denken in die Wiege gelegt worden, und das ist auf jeden Fall sehr hilfreich. Andererseits wird er dadurch leicht auf die Rolle des immer lustigen Strahlekindes festgelegt und neigt dazu, seine Kümmernisse zu unterdrücken, um dieser Rolle gerecht zu werden. Hier sind Sie aufgerufen, ihn zu ermuntern, sich auch mit seinen negativen Gedanken und bedrückenden Gefühlen auseinanderzusetzen und diese zu zeigen.

Körper und Gesundheit

Schützen sind sportliche Bewegungstypen und daher normalerweise schlank. Da sie sich aber gern von Süßem verführen lassen und überhaupt in Sachen Ernährung wenig Disziplin an den Tag legen, bringen sie auch schnell mal ein paar Pfunde mehr auf die Waage. Die setzen sich gern an Hüften und Oberschenkeln fest, denn diese Region ist dem Schütze-Zeichen zugeordnet. Auch für Erkrankungen (Ischias) oder Verletzungen sind diese Körperteile anfällig. Denn der wagemutige Schütze ist manchmal etwas leichtsinnig und überschätzt seine Kräfte oder Kletterfähigkeiten … Ansonsten ist er sehr vital; aber natürlich gehen die üblichen Kinderkrankheiten auch an ihm nicht vorbei. Er lässt sich davon allerdings nicht so schnell unterkriegen: Sein Optimismus und die Furcht, etwas zu verpassen, bringen ihn sehr schnell wieder auf die Beine.

Bachblüte: Agrimony (Odermennig) sorgt für Ausgeglichenheit, innere Ruhe, aber auch das Zulassen von Ängsten.

Hinweise für die Eltern von Schützen aller Altersstufen

Viel Ruhe haben Sie als Eltern eines Schütze-Kindes nicht; mit seinem Bewegungsdrang, der schnellen Begeisterungsfähigkeit und großen Abenteuerlust wird Ihr kleiner Springinsfeld Sie ganz schön in Atem halten. Wie sein Symbol, der Pfeil, ist er ständig unterwegs, sei es körperlich oder auf der Gedanken- oder Gefühlsebene.

Für Ihr Kind ist die Welt ein Ort voller aufregender Möglichkeiten, die nur darauf warten, von ihm entdeckt zu werden. Häufig werden Sie ihm Einhalt gebieten müssen, denn in seiner feurigen, optimistischen Art schießt er gern über das Ziel hinaus und wagt sich an Dinge, die für ihn noch eine Nummer zu groß sind. Er neigt halt dazu, alles zu übertreiben.

Zu ihm passt das Olympia-Motto »Höher-schneller-weiter« – denn irgendwie ist er stets auf der Suche nach Steigerungen. Lassen Sie ihm dafür seinen Raum, aber versuchen Sie ihm auch beizubringen, die Realitäten und Banalitäten des Alltags zu akzeptieren sowie das Hier und Jetzt zu genießen.

Neben Ihren Aufgaben, Grenzen aufzuzeigen, etwas Struktur in das Leben Ihres Sprösslings zu bringen und ihn von manchen Höhenflügen herunterzuholen, werden Sie bestimmt viel zu lachen haben. Schütze-Junior ist nämlich meist lustig und häufig zu kleinen Streichen aufgelegt.

Darüber hinaus ist Ihr Kind sehr intuitiv! Oft weiß es innerlich, was richtig ist, ohne die Angelegenheit lange durchdacht zu haben. Das ist eine Gabe, keine Faulheit. Versuchen Sie nicht, ihn davon abzubringen, lassen Sie sich ruhig davon inspirieren!

Auch wenn Sie ein noch so enges Verhältnis zu Ihrem Kind haben; ein Schütze wird schnell flügge und wird früh danach trachten, das Elternhaus zu verlassen. Und vielleicht heißt es dann schon: ab in die große weite Welt!

Andere Stars und Sternchen:

Ludwig van Beethoven 16.12.1770
Walt Disney 5.12.1901
Tina Turner 26.11.1939
Til Schweiger 19.12.1963
Brad Pitt 18.12.1963
Kiefer Sutherland 21.12.1966
Christina Aguilera 18.12.1980

Der Schütze und sein Aszendent

Bei keinem Schützen sind die oben genannten Eigenschaften in Reinkultur ausgebildet. Unter anderem spielt der Einfluss des Aszendenten eine sehr wichtige Rolle. Lesen Sie dazu S. 261 und dann den Text über das errechnete Zeichen. Aber hier folgen schon einmal die möglichen Kombinationen:

Schütze/Widder
Durch die Vereinigung dieser beiden Feuerzeichen verdoppeln sich Begeisterungsfähigkeit, Bewegungsfreude, Mut und Abenteuerlust. Ein sehr impulsives Kind, das nur so übersprudelt vor Lebenskraft und Ideen! Es liebt das Risiko und den Neubeginn; Dinge zu Ende zu führen fällt ihm schwer. Auch Ungeduld und vorschnelles Reden und Handeln gehören zu den Schwachpunkten dieses kleinen Draufgängers. Eine lange Leine ist für ihn ebenso wichtig wie feste Regeln und Grenzen.

Schütze/Stier
Dies Aszendentenzeichen erdet den quirligen kleinen Schützen und macht ihn ruhiger und realistischer. Auch

seine Neigung zu Übertreibungen ist stark abgemildert, und er bleibt länger an einer Sache dran. Möglich ist aber auch, dass er seine Energien aufstaut und in sporadischen Wutanfällen entlädt. Dieses Kind ist recht eigensinnig und sperrt sich manchmal gegen Veränderungen. Seine Gefühle gehen tief, werden aber nicht immer nach außen gezeigt.

Schütze/Zwillinge
Dieses Kind ist sehr aufgeschlossen und kontaktfreudig. Es braucht die Gesellschaft von anderen, das Alleinsein fällt ihm schwer. Vieles geht ihm durch sein kleines waches Köpfchen, und das will ständig mitgeteilt werden. Sein Wissensdurst ist riesig, die Fragen versiegen nie – dabei geht es allerdings weniger in die Tiefe als in die Breite. Oft kämpfen logisches Denken und intuitive Wahrnehmung um die Vorherrschaft, dann wird es noch kribbeliger, als es sowieso schon ist. Ansonsten ist sein Naturell heiter und unbekümmert; selten lässt es sich durch irgendetwas entmutigen.

Schütze/Krebs
Der Einfluss des Wasserzeichens macht das Schütze-Kind empfindsamer, ruhiger und kuscheliger; Enthusiasmus und Tatkraft sind dafür etwas zurückgenommen. Die Suche nach Abenteuern und das Bedürfnis nach Geborgenheit können sich im Wege stehen. Insofern sind seine Stimmungen oft recht wechselhaft; es gibt extrovertierte und introvertierte Phasen. Sein körperliches Wohlbefinden wird stark von seiner Gefühlslage beeinflusst. Die fürsorgliche Seite des Aszendenten bewirkt, dass es sich rührend um kleinere Geschwister und Haustiere kümmert.

Schütze/Löwe
Hier kommen zwei Feuerzeichen zusammen und verleihen dem Kind viel Dynamik, Vitalität und Lebensfreude. Die-

ses ausgelassene kleine Energiebündel hält die Eltern ständig in Atem und braucht viel Aufmerksamkeit. Es ordnet sich nicht gern unter, sondern möchte den Ton angeben. Schon früh zeigt es die Fähigkeit, andere mitzureißen und anzuführen. Dieser fröhliche kleine Racker verfügt über viel Kreativität und hat eine schauspielerische Begabung. Seine Großzügigkeit ist beeindruckend, das Taschengeld nie genug!

Schütze/Jungfrau
Eine interessante Mischung, denn die Jungfrau-Eigenschaften sind völlig anders. Sie können die Schütze-Veranlagung sehr gut ergänzen oder auch eine gewisse Zwiespältigkeit bewirken. Die Handlungen dieses Kindes sind überlegter, genauer und disziplinierter; meist führt es einmal Angefangenes auch zu Ende. Seine Unternehmungslust begrenzt sich auf ein überschaubares Umfeld, denn Sicherheit und Geborgenheit sind ihm auch wichtig. Dieser umsichtige Schützling hat eine unsichtbare Sicherheitsleine an seinem Pfeil.

Schütze/Waage
Dieses Kind ist äußerst gesellig und braucht den ständigen Kontakt zu anderen. Seine Fröhlichkeit, die charmante Ausstrahlung und soziale Einstellung machen es überall beliebt. Der Waage-Aszendent verstärkt die geistige Beweglichkeit sowie den Gerechtigkeitssinn und fügt Geschicklichkeit und Schönheitssinn hinzu. Unbequemen Dingen und schwierigen Entscheidungen geht dieses geschickte Kind elegant aus dem Weg.

Schütze/Skorpion
Durch den Skorpion-Einfluss erhält der kleine Schütze viel Tiefgang, einen ordentlichen Schuss Ehrgeiz und gutes Durchhaltevermögen. Er weiß genau, was er will, und

wird stets versuchen, seine Bedürfnisse und Vorstellungen durchzusetzen. Dieses Kind hat eine fröhliche und eine ernsthafte Seite, mal steht mehr die eine, mal die andere im Vordergrund. Es ist früh selbständig und braucht viel Freiraum.

Schütze/Schütze

Beim Doppelschützen sind die typischen Charaktereigenschaften natürlich besonders stark ausgeprägt. Dieses Kind hat das Herz eines Abenteurers und geht keiner Herausforderung oder Auseinandersetzung aus dem Wege. Es fällt ihm schwer, Geduld aufzubringen oder Dinge zu Ende zu führen. Das gilt besonders, je mehr das Lineal zum Skorpion zeigt. Dieser kleine Brausekopf hat einen starken Willen, viel Über-Mut und ist besonders sportlich.

Weist das Lineal mehr in Richtung Steinbock, mildert sich das hitzige Temperament zugunsten von sensiblem Einfühlungsvermögen ab. Dieser Schütze hat viel Sinn für Mystisches und Unerklärliches und braucht ab und zu Rückzugsmöglichkeiten.

Schütze/Steinbock

Das ernsthafte Erdzeichen schränkt die ungestüme, lockere Schütze-Seite etwas ein und schenkt dafür Ausdauer, Zuverlässigkeit und Fleiß. Dieser kleine Schütze bringt alle Voraussetzungen dafür mit, seine hohen Ideale und guten Ideen auch konsequent umzusetzen. Er ist früh selbständig, möchte alles gern selbst bestimmen und wird schnell zum verantwortungsvollen Anführer seiner Clique.

Schütze/Wassermann

Das luftige Wassermann-Zeichen facht den feurigen Geist des Schützen noch an und macht ihn zum idealistischen Freidenker. Dieses Kind hat eine stark moralische Einstellung und zeigt großes Engagement für politisch-soziale

Themen. Manchmal vernachlässigt es darüber sogar seine persönlichen Bedürfnisse. Trotzdem ist sein Individualismus sehr ausgeprägt, und es braucht viel Freiraum für seine Vorlieben.

Schütze/Fische

Das Wasserzeichen Fische weicht die feurigen Schütze-Qualitäten etwas auf und fügt eine große Portion Sensibilität hinzu. Dieses hilfsbereite Kind ist sehr gutmütig und vertrauensvoll. Es sieht stets das Gute in anderen und im Leben. Schwierigkeiten hat es dadurch aber selten, denn seine Intuition ist besonders groß. Sein Streben nach Bildung und Horizonterweiterung ist stark ausgeprägt; was ihm fehlt, ist Bodenhaftung.

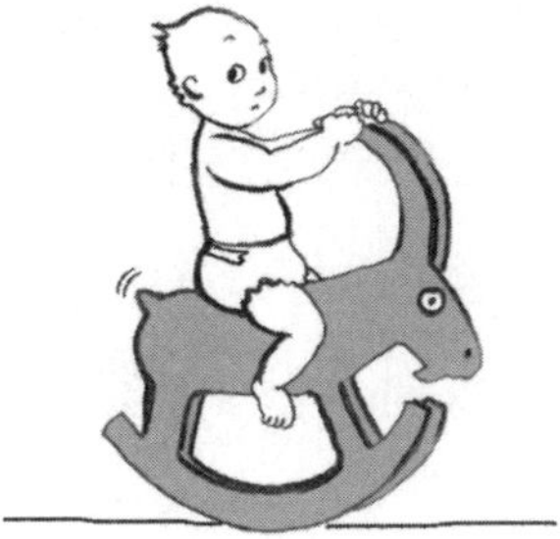

STEINBOCK
22. 12. – 20. 1.

»Hör immer auf den Kontrollturm.«
Snoopy aus *Peanuts*, Charles Schulz

Planet: Saturn Saturn, der zweitgrößte Planet unseres Sonnensystems, ist der letzte, der mit bloßem Auge zu erkennen ist, und stellt insofern so etwas wie eine Grenze dar. Wegen seines hellen, großen Ringsystems wird er zurzeit gern »Herr der Ringe« genannt. In der griechischen Mythologie entspricht er dem Gott Kronos, dem »Herrn der Zeit«.

Symbol: ♑ Sein Symbol lässt sich als das Gehörn des Steinbocks interpretieren.

Element: Erde Das dauerhafte Element steht für Beständigkeit und Festigkeit. Es macht die Menschen besonnen, standfest und verlässlich. Steinböcke verlieren nie den Boden unter den Füßen oder ihr Ziel aus den Augen.

Stein: Bergkristall Dieser Stein wird als Lichtbringer gesehen. Im Wort Kristall verbirgt sich die Bedeutung von »Christus im All«. Er reinigt die Gedanken und Vorstellungen und fördert die geistige und seelische Klarheit.

Wochentag: Samstag Das englische Wort »Saturday« weist auf den Planeten Saturn hin.

Farbe: Anthrazit Eine eher sachliche Farbe, die seriös, formell und etwas distanziert wirkt. Sie steht auch für Understatement und Bescheidenheit.

Blume: Edelweiß Die Lieblingsblume vieler Kaiser und Könige wächst in kargen Felsspalten in großer Höhe. Sie gilt als zäh und genügsam – wie der Steinbock.

Tier: Rabe Um diesen schwarz glänzenden, schlauen Singvogel ranken sich viele Sagen, Mythen und Legenden. Mal ist er Ratgeber, mal Retter – meist gilt er als weise und erfahren.

POSITIVE UND SCHWIERIGE EIGENSCHAFTEN AUF EINEN BLICK

+ zuverlässig, beharrlich, zielstrebig, realistisch, ernsthaft, tatkräftig
– kühl, melancholisch, unflexibel, gehemmt, verschlossen

Das Zeichen Steinbock im astrologischen Tierkreis

Mit Beginn des Steinbockzeichens erreicht die Sonne auf unserer nördlichen Halbkugel ihren Tiefststand; wir haben die längste Nacht und den kürzesten Tag. Aber ab jetzt wird es täglich etwas heller, es geht aufwärts! Wir feiern das Weihnachtsfest, die Geburt Christi – der erlösenden Kraft, des Lichtbringers.
Jahreszeitlich gesehen beginnt nun der Winter. Das Leben in der Natur steht scheinbar still, in der Tiefe der Erde beginnen jedoch langsam die neuen Wachstumsprozesse. Es ist eine karge, kalte Phase, in die die Steinböcke hineingeboren werden – vielleicht macht sie das so zäh, genügsam und widerstandsfähig. Es gilt, noch eine Weile auf warmes Wetter und bunte Natur zu warten, und dafür ist dieses Sternzeichen mit viel Beharrlichkeit und Geduld ausgestattet. Ein Ziel, und mag es noch so fern sein, verliert der Steinbock nie aus den Augen. Auf dem Weg dorthin zeigt er viel Organisationstalent, Vernunft und Disziplin. Dabei kommt dann manchmal die lockere, spielerische Seite etwas zu kurz.

Das Kleinkind (0-5 Jahre)

Paradox

So süß und knuddelig das kleine Steinbock-Baby ist, irgendwie strahlt es schon aus der Wiege heraus eine gewisse Reife aus. Wenn es mit seinen weisen Äuglein die Welt betrachtet, scheint es zu verstehen, was um ihn herum vor sich geht. Oft sind diese Säuglinge zunächst auch faltiger als andere und erinnern etwas an Opa – ganz normal für Steinböcke. Denn bei Menschen dieses Zeichens verläuft der Alterungsprozess scheinbar umgekehrt. In der Jugend wirken sie »alt«, im Alter jung – sowohl in Bezug auf ihr Verhalten als auch auf ihr Aussehen.

Früh vernünftig
Steinbock-Babys sind meist ruhige Kinder, die schnell ihren eigenen Rhythmus finden und einhalten. Langes Geschrei ist selten; auch die Trotzphase fällt unter diesem Zeichen milde aus.
Einem Steinböckchen muss man nicht viele Vorschriften machen, es hat einen angeborenen Sinn für Regeln. So findet es schnell selber heraus, was man darf und was nicht, und hält sich an Verbote. Es beobachtet stets das Verhalten der Eltern, versucht früh, sie zu kopieren und ihnen so viel wie möglich recht zu machen. Im Grunde ist es also brav und »pflegeleicht«. Allerdings kann es auch deutlich »nein« sagen oder signalisieren, wenn bei ihm eine Grenze überschritten wird. Auch bei Dingen, die ihm nicht einleuchten, kann der Mini-Steinbock lange auf stur schalten. Dann kommt seine Bockigkeit zum Vorschein – und er macht seinem Namen alle Ehre.

Sehr selbständig
Das kleine Steinböcklein entwickelt sich schnell. Zum Beispiel versucht es früh und nachhaltig, auf die eigenen Beine zu kommen. Auch nach dem soundsovielten Umfallen ist dies ausdauernde Kind noch nicht entmutigt und fängt wieder von vorne an. Hilfe von außen wird – auch in anderen Dingen – nur im Notfall angenommen, es möchte am liebsten alles selber machen. Später bietet es gern seine eigene Hilfe an – sei es im Haushalt oder Garten. Schon früh freut es sich, wenn es etwas »leisten« kann, und natürlich vor allem über das Lob!

Ziemlich selbstgenügsam
Ein kleiner Steinbock braucht nicht ständig Aufmerksamkeit oder Ansprache, auch steht er ungern im Mittelpunkt. Diese Rolle überlässt er lieber anderen Familienmitgliedern. Er kann sich stundenlang mit sich selbst und seinen Spielsachen beschäftigen. Da er seinen Altersgenossen meist etwas voraus ist, langweilt er sich mit anderen schon mal oder reagiert auf ihr »kindliches Gehabe« genervt. Fremden oder auch entfernten Verwandten gegenüber legt er eine reservierte Haltung an den Tag. Der oder die »Neue« wird zunächst eine ganze Weile beobachtet und muss sich erst noch als vertrauenswürdig erweisen. Außerdem hat schon der kleine Steinbock vor nichts mehr Angst, als dass er selber zurückgewiesen wird!

Wenig flexibel
Wie alle Erdzeichen sind auch die Steinböcklein sehr auf Sicherheit bedacht. Ein geregelter Tagesablauf, feste Essens- und Zubettgehzeiten sowie allgemeine häusliche Ordnung und eine vertraute Umgebung tragen diesem Bedürfnis Rechnung. Mit plötzlichen Veränderungen und – selbst positiven – Überraschungen hat das kleine Böckchen so seine Mühe; das Bekannte und Bewährte hat für ihn einen viel größeren Wert.

Sein Märchen: »Das Borstenkind«, Josef Haltrich

Praktische Tipps für die Eltern

- Ein Steinböckchen ist kein Kind, das ständig kuscheln will, Körperkontakt einfordert oder Zuwendung verlangt. Es braucht aber viele Streicheleinheiten und liebevolle Aufmerksamkeit – gerade weil es diese Grundbedürfnisse nicht so zeigt.

- Ihr Nachwuchs hat wenig Schwierigkeiten damit, Ihre Ge- und Verbote zu befolgen; am besten kann er sie aber akzeptieren, wenn er sie versteht und wenn sie ihm gerecht erscheinen.
- Denken Sie sich kleine Alltagsrituale aus, die Sie immer wiederholen. Grundsätzlich verstärkt jede Routine das Geborgenheitsgefühl Ihres Lieblings.
- Auch wenn Ihr Kleines wenig Wunsch nach Kontakten zeigt – Krabbelgruppe, Kindergarten und Vorschule sind wichtig. Ein Steinböckchen sollte früh mit gleichaltrigen Kindern zusammen sein; es hat nämlich durchaus Anlagen zum Eigenbrötler.
- Ein Steinbock ist schon als Kind ernsthaft und zuverlässig; dafür mangelt es ihm etwas an Unbeschwertheit und Spontaneität. Finden Sie Wege, diese Seiten zu fördern und zu stärken.
- Ihr Kind übernimmt schon früh gerne Aufgaben und Verantwortung. Achten Sie darauf, dass diese Dinge altersgerecht bleiben, auch wenn es zum Beispiel als Fünfjähriges die Fähigkeiten und Verhaltensweisen eines Sechsjährigen zeigt! Behalten Sie dabei auch Ihren eigenen Stolz sowie Ihre Bequemlichkeit im Auge.
- Schaffen Sie regelmäßig Ordnung im Kinderzimmer, am besten auch in Küche und Bad. Steinböcke lieben es, wenn alles an seinem festen – und logischen – Platz ist. Ihr Kind wird es Ihnen danken und mit Freude dabei helfen.
- Kündigen Sie wichtige Veränderungen (Umzug etc.) lange vorher an, und machen Sie Ihrem Liebling die Vorteile schmackhaft.
- Steinböcke nehmen sich jeden Tadel sehr zu Herzen – poltern Sie also nicht zu schnell los. Achten Sie möglichst auch auf Ihre Formulierungen, indem Sie Ihre Kritik immer auf das Verhalten beziehen und nicht auf sein Wesen. Zum Beispiel: »Dein Vordrängeln war egoistisch« statt »Du bist egoistisch«.

- Je älter ein Steinböcklein wird, desto weniger kehrt es sein Innenleben nach außen. Ermuntern Sie es frühzeitig, seine Gefühle und Bedürfnisse mitzuteilen oder spielerisch-kreativ auszudrücken.

Das Schulkind (6-12 Jahre)

Schule

Der kleine Steinbock ist wissbegierig und lerneifrig – insofern hat er in der Schule kaum Probleme. Er erarbeitet sich den Lernstoff diszipliniert und gründlich und schafft sich damit gute, solide Grundlagen. Er gehört nicht zu den einfallsreichen Überfliegern, ihm liegt der methodisch-systematische Weg. Je anschaulicher der Unterricht und je greifbarer der praktische Nutzen, desto leichter lernt der Steinbock-Schüler. Für ihn ist es wichtig, Gesetzmäßigkeiten zu erkennen und sich an Strukturen zu halten. Grammatik, zum Beispiel, fällt ihm leicht. Themen, die seinen – beträchtlichen – Ehrgeiz anstacheln, verfolgt er beharrlich. Dann muss man ihn regelrecht vom Schreibtisch wegreißen.

Schon früh steckt er sich bestimmte Ziele, auf die er dann diszipliniert und konsequent hinarbeitet. Sein Gedächtnis ist hervorragend, was er einmal verstanden hat, behält er lange. Wiederholungen machen ihm trotzdem nichts aus – im Gegenteil, dadurch kann er sein Wissen prima vertiefen. Für ganz neue, sehr abstrakte und komplizierte Sachverhalte braucht das bedächtige Erdzeichen so seine Zeit – aufgeben wird es aber selten.

Zu den Lehrern hat Steinbock-Junior normalerweise ein gutes Verhältnis. Es fällt ihm leicht, Autoritäten zu akzeptieren und sogar zu respektieren – solange sie sich als kompetent und gerecht erweisen. Denn vor nichts hat der

kleine Steinbock mehr Achtung als vor guter Leistung. Im Gegenzug sind ihm Lob und Anerkennung von »oben« sehr wichtig; öffentliche Zurechtweisungen oder Herabwürdigungen treffen ihn sehr. In der mündlichen Mitarbeit wird er sich eher zurückhalten und sich nur melden, wenn er sich seiner Sache sehr sicher ist.
Hat er seinen Hang zur Schüchternheit einmal überwunden, kann er seine Führungsqualitäten und -neigungen schon in der Schule ausprobieren, wenn er langsam aber sicher vom Klassensprecher zum Schulsprecher aufsteigt.

Freizeit und Interessen
Da der kleine Steinbock seine Hausaufgaben recht gewissenhaft und sorgfältig erledigt, geht dafür schon ein beträchtlicher Teil seiner Freizeit drauf. Seine Hobbys wollen also klug gewählt werden. Bewegung ist für ihn kein Grundbedürfnis, aber dennoch wichtig. Bei Ausdauersportarten wie Rudern oder Langstreckenlauf kann er hervorragende Leistungen bringen, denn da kommen seine Disziplin und Ausdauer bestens zum Einsatz.
Kreative Talente sind bei einem Steinbock-Kind nicht immer auf den ersten Blick erkennbar, aber durchaus vorhanden. Im Bereich Musik zeigt es ein gutes Rhythmusgefühl; auch helfen ihm seine gute Disziplin und langer Atem – beim Üben!
Als Erdzeichen liegt ihm der Umgang mit natürlichen Materialien. Bei Holz-, Ton- oder Steinarbeiten stellt er sich sehr geschickt an. Solche Tätigkeiten können für ihn auch ein Mittel sein, seinen Gefühlen Ausdruck zu verleihen.

Umgang mit anderen
Ein typischer Steinbock setzt schon in jungen Jahren mehr auf Qualität als auf Quantität, und das bezieht sich auch auf Freunde. Er hat einen guten Blick für treue, vertrauenswürdige Menschen – so wie er selbst. Aufschneidern und

Nichtstuern geht er aus dem Weg; Anhänger braucht er nicht. Bevor er sich mit irgendwem anfreundet, wird er eher zum Einzelgänger, als dass er sich mit den »Falschen« einlässt. Freundschaften, die er aus Überzeugung eingeht, halten oft ein Leben lang.

Haustiere
Das Haustier eines Steinbock-Kindes hat es gut: Es wird regelmäßig gefüttert, gut betreut und gepflegt; und die emotionale Zuwendung kommt auch nicht zu kurz. Umgekehrt ist ein Tier, zum Beispiel ein Hund, für den kleinen Steinbock ein ganz wichtiger Freund. Ihm kann er alles anvertrauen, jedes Gefühl zeigen – weder Beurteilung noch Ablehnung sind jemals zu befürchten. Eine eindeutige Win-win-Situation!

Sein Lieblingsspielzeug:
Jungen: Schachspiel
Mädchen: Kniffel

Praktische Tipps für die Eltern

- Ihr Sprössling braucht ein geordnetes Umfeld mit klaren Strukturen und Regeln. Das gibt ihm Sicherheit und Orientierung.
- Wundern Sie sich nicht, wenn Ihr Liebling trotz Ehrgeiz und Disziplin nicht sofort Klassenbester wird. Ihm fliegen die Dinge nicht einfach so zu, er erarbeitet sich alles gründlich – das braucht eben seine Zeit.
- Ihr Schatz hat eine recht ernsthafte Seite. Freuen Sie sich über seinen Tiefgang, aber ermuntern Sie ihn auch zur Leichtigkeit, zum Beispiel durch Witze-Erzählen oder Nonsens-Verse-Lesen. Albern Sie viel gemeinsam herum, und unternehmen Sie lustige Dinge.

- Verlassen Sie sich nicht auf die große Selbständigkeit Ihres Kindes. Seien Sie immer achtsam, um mitzubekommen, ob es irgendwo Unterstützung braucht. Von sich aus fordert es Hilfe nur selten ein.
- Sie brauchen Ihr Steinböckchen nicht großartig dazu anzuhalten, Pflichten im Haushalt oder Verantwortung für kleinere Geschwister zu übernehmen. Das liegt ihm quasi im Blut. Eher sollten Sie darauf achten, dass es sich selber genügend Pausen und Spaß gönnt und auch mal spontanen Eingebungen folgt.
- Ihr Nachwuchs stellt hohe Ansprüche an sich selbst. Fehler und Schwächen zuzugeben fällt ihm deshalb oft schwer. Dahinter steht die Furcht, dass man einen so mangelhaften Menschen ja gar nicht lieb haben könnte. Zeigen Sie ihm Ihre Liebe immer deutlich – unabhängig von Leistungen oder falschem Verhalten.
- Großartige kulinarische Experimente brauchen Sie für Ihren Sprössling nicht zu wagen; er mag solide Hausmannskost – und die regelmäßig.
- Museumsbesuche – der Schrecken mancher Kinder – sind für das wissbegierige Steinböckchen durchaus interessant. Lassen Sie es auf einen Versuch ankommen.
- Verbringen Sie viel Zeit mit ihm in der Natur; ein Steinbock-Kind mag Erde! Grundsätzlich fühlt es sich auf dem Land, besonders in den Bergen, wohler als mitten in der Stadt.
- Haben Sie Geduld mit Ihrem Schatz – er hat seinen eigenen Rhythmus, den man nicht zu häufig von außen stören sollte. Er ist auch kein Meister von schnellen Entscheidungen. Risikobereitschaft und Spontaneität sind ihm nicht in die Wiege gelegt worden. Ein kleiner Anstoß hier oder da schadet in der Regel aber nicht.

Das jugendliche Kind (13-18 Jahre)

Pubertät

Einfach ist diese Phase für den jugendlichen Steinbock nicht, aber der Umgang mit ihm ist relativ unproblematisch. Seine körperlichen Veränderungen nimmt er einigermaßen gelassen hin, lässt sich doch alles hübsch biologisch erklären. Schwierigkeiten bereiten ihm aber das Auftauchen von sexuellen Bedürfnissen und die neuen, tiefen, oft schwankenden Emotionen. Von seinen inneren Kämpfen und Ängsten lässt er nur wenig nach außen. Auch sonst bekommt sein Umfeld wenig von alterstypischer Rebellion oder Aggression zu spüren – eher Anfälle von Sturheit und Verschlossenheit. Und die können dauern – auch hier hat er einen sehr langen Atem.

Als grundsätzlich stabiles und besonnenes Zeichen lässt er viele der üblichen Jugendtorheiten aus und konzentriert sich lieber auf seine schulischen/beruflichen Ziele. Nach außen hin verläuft sein Weg ins Erwachsenenleben insofern recht ruhig – manchmal vielleicht zu ruhig. Bei einem jungen Steinbock kann es durchaus ein positives Zeichen sein, wenn er mal über die Stränge schlägt und sich ausprobiert.

Gefühle und Sexualität

Seinen aufkeimenden Gefühlen und erotischen Regungen steht der vernünftige Steinbock ziemlich hilflos gegenüber. Hier begegnet er Seiten in sich, die er nicht oder nur schlecht kontrollieren kann, und das macht ihm Angst. So souverän er andere Lebensbereiche meistert, im Land der Emotionen gibt es für ihn viel unwägbares Gelände. Es fällt ihm nicht leicht, Empfindungen zuzulassen – geschweige denn zu zeigen oder zu kommunizieren. Hier kann er viel Ermunterung und Verständnis gebrauchen.

Beziehungen

Der Steinbock-Teenie ist kein wilder Partygänger und mag keine oberflächlichen Kontakte oder Beziehungen. In ihm steckt eine tiefe Sehnsucht nach Liebe und Angenommensein, die er gern cool überspielt. Auch offensives Flirten liegt diesem zurückhaltenden Jugendlichen nicht. Er kann geduldig abwarten, bis ihm der oder die Richtige über den Weg läuft. Dann schnappt er aber fest zu und erweist sich als verantwortungsvoller, zuverlässiger und beständiger Partner.

Auch seine Freundschaften nimmt er sehr ernst; unterstützt Freunde mit Rat und Tat und lässt niemals jemanden im Stich. Gern schließt er sich älteren »Kindern« an, die schon über eine gewisse Stabilität verfügen.

Praktische Tipps für die Eltern

- Dosieren Sie Kritik sparsam! Ihr Kind ist sehr empfindlich gegenüber Be- und Verurteilungen. Jede Rüge geht ihm tief unter die Haut, denn es stellt sich – besonders in der Pubertät – schon selbst sehr in Frage.
- Verteilen Sie Lob großzügig! Ein junger Steinbock braucht Anerkennung von Autoritätspersonen, um ein starkes Selbstvertrauen aufzubauen.
- Locken Sie Ihren ehrgeizigen Nachwuchst häufiger mal vom Schreibtisch weg und sorgen Sie für gemeinsamen Spaß – vielleicht bei Gesellschaftsspielen oder gemeinsamen sportlichen Aktivitäten.
- Signalisieren Sie immer Gesprächsbereitschaft. Man kann nie wissen, wann Ihr Sprössling wieder einmal bereit ist, Ihnen sein Herz zu öffnen ... Gute Gelegenheiten können sich auf langen Spaziergängen ergeben.
- Wenn der pubertierende Steinbock von seinen Hörnern Gebrauch macht und den Machtkampf mit Ihnen sucht,

nehmen Sie ihm mit etwas Humor und Warmherzigkeit schneller den Wind aus den Segeln, als wenn Sie dagegen halten.

Körper und Gesundheit
Der kleine Steinbock ist meist schlank bis drahtig und recht robust. Vieles steckt er locker und in »Indianermanier« weg. Wehleidigkeit kann man keinem Steinbock-Kind nachsagen!
Diesem Zeichen ist das Knochensystem zugeordnet. Das heißt, wenn Junior sich überlastet oder auf etwas zu sehr versteift, können Gelenkprobleme – vor allem an den Knien – oder Rückenbeschwerden die Folge sein. Dehn- und Streckübungen sind von Anfang an wichtig, damit er auch später elastisch bleibt. Bewegung an der frischen Luft und in schöner Natur tun ihm gut; Wandern und Bergsteigen sind die beliebtesten Steinbock-Sportarten. Als typisches Winterkind verträgt er Hitze meist nicht so gut. Kälte dagegen macht ihm wenig aus.
Bachblüte: Mimulus (Gefleckte Gauklerblume) hilft bei benennbaren Ängsten und Schüchternheit.

Hinweise für die Eltern von Steinböcken aller Altersstufen

Ein Steinböckchen zu erziehen ist eigentlich keine schwierige Angelegenheit. Es hat zwar so seinen eigenen Kopf, ist aber überwiegend vernünftig und verlässlich – kurzum: reif. Es spielt gern »den Erwachsenen« und fühlt sich von deren verantwortungsvoller Welt oft mehr angezogen als von dem phantastischen Reich der Kinder. Ordentlich hält es sich an alle Regeln, verabredete Zeiten, Verfallsdaten, rote Ampeln usw. Tun Sie das als Eltern mal nicht, brauchen Sie für Ihren Nachwuchs eine plausible Erklärung, und

es gibt Punkteabzug auf Ihrem Vorbildkonto! Wundern Sie sich nicht, wenn Sie zuweilen den Eindruck haben, als würde Ihr Kind Sie erziehen. Manchmal machen sich seine »Chef«-Qualitäten eben schon früh bemerkbar.
Eine Ihrer Hauptaufgaben besteht darin, Ihren Schatz zu ermuntern, mehr aus sich herauszukommen, Gefühle zu zeigen, spontan zu sein und auch mal Mut zum Risiko zu haben. Hier tut sich das zurückhaltende, auf Sicherheit bedachte Steinbock-Kind nämlich schwer.
Des Weiteren sollten Sie versuchen, es in seiner natürlichen kindlichen Phantasie und Kreativität zu bestärken, um diese Eigenschaften so lange wie möglich zu erhalten. Der junge Steinbock wird nämlich noch früh genug auf sachlichen Pragmatismus umschwenken.
Was Ihr Kind wenig benötigt, ist Druck. Den macht es sich nämlich in der Regel selbst. Was es in jedem Fall von Ihnen braucht, ist ein warmes Familienklima mit viel Liebe und Bestätigung, auch ohne dass es Leistung oder Wohlverhalten zeigt.

Andere Stars und Sternchen:

Jeanne d'Arc 6.1.1412
Konrad Duden 3.1.1829
Simone de Beauvoir 9.1.1908
Elvis Presley 8.1.1935
Denzel Washington 28.12.1954
Mel Gibson 3.1.1956
Jude Law 29.12.1972

Der Steinbock und sein Aszendent

Bei keinem Steinbock sind die oben genannten Eigenschaften in Reinkultur ausgebildet. Unter anderem spielt der Einfluss des Aszendenten eine sehr wichtige Rolle. Lesen Sie dazu S. 261 und dann den Text über das errechnete Zeichen. Aber hier folgen schon einmal die möglichen Kombinationen:

Steinbock/Widder
Bei dieser »Zwei-Hörner-Kombination« treffen Willenskraft und Mut auf Geduld und Zielstrebigkeit – eine ausgesprochene Macher-Konstellation! Dieses Kind weiß genau, was es will, und erreicht es auch. Die feurige Widder-Seite macht das erdige Steinböckchen aktiver, mutiger und risikofreudiger – Pflaster bereithalten! Die beiden starken Zeichen können sich aber auch innerlich bekämpfen; dann neigt Ihr Kind zu Temperamentsausbrüchen und Schroffheit.

Steinbock/Stier
Hier mischen sich zwei Erdzeichen und stärken die ruhige, stabile und bodenständige Seite des Kindes. Dadurch kann es auch zu Trägheit neigen und muss zu Sport und anderen Aktivitäten häufig animiert werden. Obwohl es geistig recht offen ist, sperrt es sich gern gegen Veränderungen. Sicherheit geht ihm über alles, und die findet es nun mal am besten, wenn alles beim Alten bleibt. Seine Spielsachen sind ihm heilig – die teilt er nur mit wirklich guten Freunden.

Steinbock/Zwillinge
Hier verbinden sich zwei recht unterschiedliche Zeichen; dadurch treten einige Steinbock-Eigenschaften in den Hintergrund. Der Zwillinge-Aszendent verleiht diesem Kind Flexibilität, Offenheit und Leichtigkeit. Dadurch kann es

Veränderungen und wechselnde Eindrücke besser und schneller verarbeiten. Andererseits ist es nicht so geduldig und ausdauernd. Seine Ziele erreicht dieses Steinböckchen aber trotzdem – Gewandtheit und Einfallsreichtum helfen ihm dabei.

Steinbock/Krebs
Krebs ist das Gegenzeichen zu Steinbock, und so wird dieses Kind sehr unterschiedliche Seiten an den Tag legen: Mal reif und reserviert, dann wieder naiv-verspielt und anhänglich. Der Einfluss des gefühlvollen Aszendenten macht das Steinbock-Kind weich und phantasievoll. Sein Bedürfnis nach Schutz und Geborgenheit ist sehr stark. Familie und Freunde spielen bei diesem Kind eine ganz wichtige Rolle – der Wunsch nach Zugehörigkeit ist groß.

Steinbock/Löwe
Durch die feurigen Löwe-Qualitäten wird der kleine Steinbock aktiver, kreativer und risikofreudiger. Dieses Kind möchte mal hoch hinaus und fängt früh an, dafür den Grundstein zu legen und sich Beachtung zu verschaffen. Es lässt sich nicht gern etwas sagen, sondern möchte so früh wie möglich alles selbst bestimmen. Es ist sehr selbständig und übernimmt in Gemeinschaften gern die Führungsrolle.

Steinbock/Jungfrau
Die erdigen Jungfrau-Eigenschaften verstärken die Steinbock-Eigenschaften noch. So ist dieses Kind extrem zuverlässig, sehr vorsichtig und überaus fleißig. Die flexiblen und anpassungsfähigen Qualitäten des Aszendenten machen es aber auch lockerer und offener gegenüber Veränderungen – aber auch hier ist der praktische Nutzen ausschlaggebend. Dieser kleine Steinbock ist recht introvertiert und hängt sehr an seiner Familie.

Steinbock/Waage
Das luftige Waage-Zeichen beflügelt den kleinen Steinbock und macht ihn kreativer und kontaktfreudiger. Der harmonische Austausch mit seinem Umfeld ist ihm wichtig; besonders das gute Verhältnis zu seinen Geschwistern liegt ihm am Herzen. Dank seines hohen Gerechtigkeitssinns setzt er sich gern für sie und andere ein. Dieses Kind hat einen offenen Geist und eine charmante Ausstrahlung.

Steinbock/Skorpion
Hier verbinden sich zwei sehr ähnliche Zeichen; dadurch verstärken sich einige Eigenschaften. Das heißt: Ein Kind mit dieser Kombination besitzt eine immense Ausdauer und großen Ehrgeiz. Es ist absolut loyal gegenüber den Menschen, die ihm vertraut sind, und neigt gleichzeitig zu Verschlossenheit und Rückzug. Sein Gefühlsleben ist reich und tief, sein Besitzdenken gut ausgeprägt. Für dieses Steinböcklein sind ein eigenes Zimmer und viel Privatsphäre wichtig, denn es braucht Zeit für sich und hat manchmal so seine kleinen Geheimnisse …

Steinbock/Schütze
Die feurigen Schütze-Eigenschaften heizen dem kleinen Steinbock ganz schön ein und machen ihn aktiver, sportlicher und risikobereiter. Er hat viele Ideen und Interessen, die er auf seine geduldige, bodenständige Art und Weise auch gut umsetzen kann. Das lebenslustige Aszendentenzeichen lockert die ruhige, ernsthafte Seite des Steinbocks auf und macht ihn extrovertierter. Dies lebhafte Kind spielt gern draußen und braucht viel Freiraum.

Steinbock/Steinbock
Beim Doppelsteinbock treten die typischen Merkmale natürlich besonders deutlich hervor. Aber auch hier gibt es Unterschiede: Wenn Ihr Lineal mehr in Richtung Wasser-

mann zeigt, ist Ihr Kind noch etwas ruhiger und verschlossener – dafür aber recht sensibel und phantasievoll. Weist Ihr Lineal eher in Richtung Schütze, zeigt das Steinböckchen mehr Bewegungsfreude, Direktheit und Initiative.

Steinbock/Wassermann

Keine ganz einfache Kombination – durch den Wassermann-Einfluss spürt der kleine Steinbock oft widerstreitende Impulse in sich. Mal reizt ihn das Neue, dann verharrt er wieder sehr im Alten und Vertrauten. Mal verhält er sich eigenwillig bis rebellisch, dann wieder passt er sich an und ist bereit, sich unterzuordnen. In jedem Fall hat dieses interessante Kind hohe Ideale und misst seinen Freundschaften große Bedeutung bei. Denn der luftige Aszendent macht es sehr offen und ideenreich.

Steinbock/Fische

Ein Kind mit dieser Erde-Wasser-Kombination verfügt über eine spannende Mischung aus Bodenständigkeit und Phantasie. Mal ist es verträumt und intuitiv, dann wieder vernünftig und pragmatisch. Der sensible Fische-Aszendent macht den disziplinierten kleinen Steinbock weicher und verleiht ihm eine künstlerische Begabung. Obwohl er sehr still, friedfertig und anpassungsfähig ist, weiß er genau, was er will.

WASSERMANN
21. 1. – 19. 2.

»Zwei Wege trennten sich in einem Wald, und ich nahm den, der weniger ausgetreten war, und das hat den ganzen Unterschied ausgemacht.«
Robert Frost

Planet: Uranus Uranus, der blaugrün schimmernde Planet, ist nur mit einem Teleskop zu sehen. Er wurde 1781, kurz vor der Französischen Revolution, entdeckt und wird deshalb mit ihrer Parole »Freiheit, Gleichheit, Brüderlichkeit« in Verbindung gebracht.

Symbol ♒ Die zwei Wellen symbolisieren Wasser. Der Wassermann ist aber nicht im Wasser zu Hause, sondern er ist ein Wasserträger. Seine Aufgabe ist es, das göttliche Lebenswasser von der Quelle zu holen und zu den Menschen zu bringen. Dadurch ist er ständig unterwegs, lernt die verschiedensten Menschen kennen und kommuniziert viel.

Element: Luft Das unsichtbare Element steht für die Welt der Gedanken und Theorien. Es verleiht den Menschen dieses Zeichens einen aktiven, erfinderischen Geist und gute kommunikative Fähigkeiten. Wie die Luft wollen sie sich so frei wie möglich bewegen können.

Stein: Aquamarin Der Aquamarin ist ein transparenter, strahlend blauer Stein, der an die Leichtigkeit der Luft und den wolkenlosen Himmel erinnert. Er hilft in der dunklen Jahreszeit gegen depressive Verstimmungen und Wetterfühligkeit. Außerdem soll er die Sehkraft fördern.

Wochentag: Samstag Das englische »Saturday« (für Samstag) bezieht sich auf den Planeten Saturn. Er war dem Wassermann zugeordnet, bevor Uranus entdeckt wurde.

Farbe: Hellblau Der kühle Farbton steht sowohl für das Wasser als auch für den Himmel.

Blume: Strelizie Diese exotische Blume, auch Paradiesvogelblume genannt, passt durch ihr besonderes Aussehen gut zu diesem Zeichen.

Tier: Eisvogel Der kleine Vogel hat ein sehr auffälliges, farbenfrohes Gefieder, das im Flug besonders schön glitzert. Wahrhaftig ein bunter Vogel – wie der Wassermann.

POSITIVE UND SCHWIERIGE EIGENSCHAFTEN AUF EINEN BLICK

+ geistreich, idealistisch, liberal, originell, zukunftsorientiert, individuell
– distanziert, arrogant, unzuverlässig, rebellisch, widersprüchlich

Das Zeichen Wassermann im astrologischen Tierkreis

Auf den strukturierten Steinbock, der Normen und Regeln verkörpert, folgt mit dem Wassermann im astrologischen Tierkreis ein Zeichen, das sich Freiheit und Individualität auf die Fahne geschrieben hat.

Wenn die Sonne auf ihrer alljährlichen Bahn in den Wassermann eintritt, herrscht auf unserer nördlichen Halbkugel tiefster Winter. Die Tage sind kalt und klar, die Nächte eisig. Aber einige Wurzeln beginnen, »Lebenswasser« aus der Erde zu ziehen; und wenn ausreichend Licht und Wasser vorhanden sind, zeigen sich die ersten Frühblüher. Es sind die Schneeglöckchen – Vorboten der neuen Vegetationsperiode.

Die jahreszeitliche Stimmung wirkt sich auch auf die Menschen aus, die jetzt geboren werden. Frostige Temperaturen begünstigen eher die Tätigkeiten des Geistes als die des Körpers. Und so sind die Wassermänner recht intellektuelle Menschen mit einem klaren, objektiven Verstand. Durch ihre interessanten und kreativen Ideen sind sie die Vorreiter für kommende Entwicklungen. Dabei liegt ihnen die Theorie näher als die Praxis; die Umsetzung überlassen sie oft anderen. Menschen mit diesem Zeichen stehen oft etwas über den Dingen und wirken dadurch auf andere kühl und distanziert. Dabei ist ihnen der Kontakt und Austausch mit anderen wichtig, besonders der zu Freunden und Menschen mit gleichen Interessen.

In dieser Phase des Jahres werden die Faschingsfeste gefeiert. Es ist eine Zeit, in der die Narren das Sagen haben und viele Spielregeln außer Kraft gesetzt sind. Das scheint sich auch auf den Wassermann zu übertragen, denn der liebt das Ungewöhnliche, etwas Verrückte und bricht gern von

Zeit zu Zeit aus bestehenden Normen aus. Man könnte ihn so etwas wie einen weisen Narren nennen, denn er verfügt über einen erfinderischen, originellen Geist; auch Sprunghaftigkeit, Unangepasstheit und Unberechenbarkeit sind in ihm angelegt.
Zu diesem eigenwilligen, etwas widersprüchlichen Zeichen passt es auch, dass bei manchen Wassermännern die beschriebenen Eigenschaften nur wenig ausgeprägt sind. Sie weisen stattdessen eher die Qualitäten des vorangegangenen Zeichens Steinbock auf. Paradox, aber wahr!

Das Kleinkind (0-5 Jahre)

Irgendwie anders

Alle Eltern denken, ihr Kind sei einzigartig – doch ein Wassermann-Kind ist es wirklich! Schon sein erster Auftritt in dieser Welt erfolgt oft anders als geplant: Vielleicht auf dem Weg ins Krankenhaus oder einfach viel zu früh. Es tanzt eben gern aus der Reihe und ist häufig seiner Zeit voraus. Und später, wenn es mal wieder mit seinen ausgefallenen Fragen, Ideen und Vorhaben verblüfft, fragt sich die Familie: »Von wem hat das Kind das bloß?«
Dieser quirlige kleine Fratz hält seine Umwelt stets auf Trab, indem er die Dinge anders macht als seine Geschwister und Altersgenossen. Nach dem Motto »Wenn ihr Milch trinkt, möchte ich Wasser, wenn ihr Wasser trinkt, will ich Milch!«

Aufgeweckt und selbständig

Der kleine Wassermann hat ein hellwaches Köpfchen, steckt voller Neugier und stellt viele Fragen. Für Anregung und Ansprache ist er dankbar, denn er langweilt sich schnell. Alles Neue und Ungewöhnliche fasziniert ihn, und

er möchte so viel wie möglich ausprobieren. Verbote schrecken ihn wenig, Erklärungen gegenüber zeigt er sich meist einsichtig. Schon früh möchte er alles selber machen und Dinge, die ihn betreffen, eigenständig entscheiden.
Dies ist kein übermäßig verschmustes Kind, das ständig an Mamas Rockzipfel hängt. Auch als kleines Baby möchte es nicht ständig gehalten oder gestreichelt werden. Der kleine Wassermann macht sich schon bemerkbar, wenn er körperliche Nähe braucht.

Eigensinnig, aber liebenswürdig
Es klingt bisher vielleicht komplizierter, als es wirklich ist: Ein Wassermännchen hat zwar seinen eigenen Kopf, ist aber dabei freundlich und meist auf Harmonie bedacht. Wenn es mit seinen Einfällen und Wünschen die häusliche Ordnung auf den Kopf stellt, tut es das auf eine charmante und liebenswürdige Art. Böse sein kann man ihm sowieso nicht, denn mit seinen teilweise skurrilen Ideen und clownesken Einlagen bringt es seine Umgebung immer wieder zum Lachen. Angepasstes Wohlverhalten ist nicht seine Stärke; man sollte daher nicht erwarten, dass es immer artig »bitte« und »danke« sagt.

Sein Märchen: »Rapunzel« (Brüder Grimm)

Praktische Tipps für die Eltern

- Natürlich braucht Ihr kleiner Liebling klare Regeln und Verbote für seine Sicherheit. Aber versuchen Sie ihm an weniger wichtigen Stellen so viel Freiraum wie möglich zu geben. Überlassen Sie ihm zum Beispiel die Entscheidung darüber, was er anziehen möchte oder welche Farbe sein Zimmer haben soll. Schon der Mini-Wassermann möchte seine individuelle Seite ausleben.

- Als sehr visuell orientiertes Kind braucht Ihr Schatz viel zum Angucken – am liebsten Bewegliches. Ein Mobile über der Wiege, bunte Stofftiere mit beweglichen Gliedern, Kugelbahnen, viele verschiedene Bilderbücher …
- Aufwendiges Spielzeug ist nicht nötig. Im Gegenteil: Einfache Dinge lassen ihm Raum für seine kreative Vorstellungskraft und seinen Erfindungsreichtum.
- Bringen Sie Gegenstände, die für Sie wertvoll sind, in Sicherheit. Ihr Kleines könnte auf die Idee kommen, Ihr Lieblingsgemälde mit ein paar Strichen zu verschönern oder Ihren Füllfederhalter mit Ketchup zu befüllen.
- Eine offene Haus- oder Gartentür ist für ein Wassermann-Kind geradezu eine Einladung, seine Ortskenntnisse eigenständig zu erweitern. Auch wenn Sie es hundertmal verboten haben.
- Ein Montessori-Kindergarten ist für Ihren Sprössling ideal, denn er besitzt viel Gemeinschaftssinn und hat einen großen Wissensdurst.
- Geben Sie Ihrem Kind viele Anregungen, lassen Sie es alles Mögliche ausprobieren, aber zwingen Sie ihm nichts auf. Wenn es partout nicht Blockflöte lernen möchte, ist es wahrscheinlich für alle im Haus besser so …
- Wappnen Sie sich: Die berühmt-berüchtigte Trotzphase kann bei Ihrem Liebling recht heftig ausfallen, da er schon von Haus aus gern gegen bestehende Normen und Regeln rebelliert.

Das Schulkind (6-12 Jahre)

Schule

Die Aussicht, etwas Neues zu lernen, seine vielen Fragen beantwortet zu bekommen und Gleichaltrige zu treffen, lässt den jungen Wassermann den ersten Schultag herbei-

sehnen. Tatsächlich kann er hier mit seiner Aufgewecktheit und schnellen Auffassungsgabe auch viel erreichen. Allerdings gibt es auch ein paar Umstände, die ihm das Schulleben nicht gerade leicht machen. Starre Regeln, der feste Lehrplan, ein stets gleicher Tagesablauf – das alles ist nicht gerade günstig für diesen unruhigen Freigeist. Pochen die Lehrer dazu noch sehr auf ihre Autorität, kann Widerspenstigkeit bis hin zur Rebellion die Folge sein. Auch das lange Stillsitzen in den höheren Klassen ist nicht ideal für den quirligen Wassermann! Da wird viel gezappelt, gekippelt und nach rechts und links kommuniziert.
In einer progressiven Schule mit offenen Unterrichtsformen kann er seine Begabungen jedoch gut entfalten. Sprachen, Technik und Kunst liegen ihm besonders. Aber dank seines wachen Verstandes kann er eigentlich in jedem Fach gute Leistungen erbringen. Manchmal sogar brillante, denn ab und zu hat er erstaunliche Geistesblitze.

Frei(heits)zeit

Dieser Lebensbereich ist für den freiheitsliebenden Wassermann überaus wichtig! Endlich kann er das Korsett der Schule abstreifen und seinem eigenen Rhythmus folgen. Verständlich, dass er sich nicht gleich an die Hausaufgaben macht; es warten doch noch so viele andere spannende Dinge auf ihn.
Seine Interessen sind vielfältig und wechselhaft. Lesen gehört in jedem Fall dazu; Science-Fiction-Bücher und Comics sind dabei die Favoriten. Das Wassermann-Kind ist aber auch für jede Form von Technik sehr zu haben, wie zum Beispiel ferngesteuerte Hubschrauber oder ein Keyboard. Sehr viel Zeit verbringt es natürlich vor dem Computer, hier werden seine Hauptbedürfnisse – geistige Anregung und Kommunikation – bestens bedient. Da es sowohl sprachlich als auch technisch begabt ist, verinnerlicht es in Windeseile die User-Sprache und entwickelt sich

schnell zum kleinen IT-Experten. Das gilt durchaus auch für die »Wassermädchen«! Sie haben darüber hinaus viel Spaß daran, kreative Collagen herzustellen. Ob aus persönlichen Gegenständen, wie zum Beispiel Fotos oder anderen Erinnerungsstücken, oder aus Fundstücken jeglicher Art – es wird meist ein kleines Kunstwerk daraus. Rätsel und andere mentale Herausforderungen reizen das Wassermann-Kind ebenfalls. Oft gelangt es auf ungewöhnlichen Wegen zu einer Lösung. Das bringt ihm vielleicht den Ruf des Querdenkers ein.
Körperliche Betätigung rangiert bei diesem Zeichen eher auf den hinteren Plätzen – zunächst muss der neugierige Geist befriedigt werden, und das nimmt schon ziemlich viel Zeit in Anspruch.

Freundeskreis
Eine seiner liebsten Freizeitbeschäftigungen ist das Zusammensein mit Freunden. Die sind dem kontaktfreudigen und kommunikativen Wassermann nämlich überaus wichtig; sehr schnell hat er eine bunte Sammlung davon. Alter, Aussehen und Herkunft spielen dabei überhaupt keine Rolle; das Ungewöhnliche zieht ihn sogar eher an. Entscheidend sind ähnliche Ideale und Interessen, Loyalität, und dass er mit ihnen zusammen er selbst sein kann. Seine Individualität würde er nämlich auch für den liebsten und interessantesten Menschen nicht aufgeben. Findet er in seinem Umfeld niemanden, der auf seiner Wellenlinie schwimmt, bleibt er lieber allein und kann vorübergehend zum Einzelgänger werden. Andere mögen ihn dafür arrogant nennen, dabei ist er lediglich von »Andersdenkenden« verunsichert. Außerdem kann er etwas, was viele nicht können: sich selbst genug sein. Dabei hat er als Freund anderen sehr viel zu bieten: lustige Ideen, eine freundliche, menschliche Art und eine sehr tolerante Einstellung.

Haustiere

Der kleine Wassermann freut sich am meisten über ein exotisches Tierchen, das nicht jeder hat. Wenn es dazu noch relativ pflegeleicht ist – prima! Tägliches Ausführen ist nämlich nicht sein Ding. Einen Papagei, Gecko oder ein Chamäleon findet er sehr spannend, am besten lässt man ihn selber aussuchen. Passt so ein Geschöpf aber nicht in den Haushalt, kommt von den »klassischen« Haustieren am ehesten eine Katze in Frage. An ihr schätzt er ihren eigenwilligen Kopf und den geringen Betreuungsaufwand.

Sein Lieblingsspielzeug

Jungen: Technikbaukasten
Mädchen: »Activity extreme« oder »Tabu«

Praktische Tipps für die Eltern

- Die Lernmethoden eines Wassermann-Kindes können unkonventionell sein, sind deshalb aber nicht weniger effektiv. Lassen Sie Ihren Schatz gewähren, wenn er seine Vokabeln beim Trampolinspringen statt am Schreibtisch übt – zumindest solange er gute Noten nach Hause bringt.
- Wenn Sie ihm bei seinen Hausaufgaben helfen wollen, beziehen Sie visuelle Hilfen ein (Bilder, Zeichnungen, Filme). Eine anschauliche Graphik hilft ihm schneller auf die Sprünge als lange verbale Erklärungen.
- Ein junger Wassermann fühlt sich in modern gestalteten, hellen Räumen wohl. Sein Zimmer sollte eher minimalistisch eingerichtet sein; der Schreibtisch so stehen, dass ein Blick aus dem Fenster möglich ist. Das vermittelt ihm Weite und Freiheit beim Lernen.
- Disziplin und Beständigkeit gehören nicht zu den angeborenen Stärken Ihres Kindes. Lassen Sie sich etwas ein-

fallen, um ihm seine Pflichten und Routinearbeiten zu versüßen: zum Beispiel eine Hausaufgabengruppe, einen Preis für regelmäßiges Zimmeraufräumen o.ä.

- Wann immer Sie von Ihrem Nachwuchs etwas möchten – zum Beispiel Hilfe im Haushalt – vermeiden Sie Forderungen. Geben Sie ihm das Gefühl, er tue es freiwillig, dann läuft alles reibungsloser.
- Werfen Sie Hobby- oder Sportausrüstungen nicht weg, wenn sie gerade nicht angesagt sind. Ein Wassermann-Kind ändert seine Meinung gerne mal ...
- Apropos Sport: Animieren Sie Ihren Liebling so viel wie möglich dazu, sich zu bewegen! Mannschaftssport, zum Beispiel Volleyball, gefällt ihm wegen des Teamgeists; oder spielen Sie gemeinsam Federball oder Frisbee.
- Ihr Kind möchte gern allem seinen persönlichen Stempel aufdrücken. Gestehen Sie ihm zu, dass es, wenn es schon den Geschirrspüler ausräumt, die Tassen und Gläser auch mal anders einordnen darf.
- Materielle Geschenke sind Ihrem Sprössling nicht übermäßig wichtig. Natürlich liebt er alle möglichen technischen Spielereien; noch mehr Freude machen Sie ihm aber mit Besuchen im Zirkus oder im Planetarium.

Das jugendliche Kind (13-18 Jahre)

Pubertät

Je weiter der junge Wassermann heranwächst, desto stärker bildet sich seine Individualität aus. Das heißt im Klartext, er tut immer weniger das, was von ihm erwartet wird. Zum einen, weil es vielleicht nicht mit seinen Anschauungen übereinstimmt, zum anderen, um so sein Freiheitsbedürfnis zu bekunden. In einer Lebensphase, in der selbst angepasste Kinder gern mal gegen Normen rebellieren und mehr Selbständigkeit fordern, kann der pubertierende Wassermann zu großer Form auflaufen! Da wird provoziert und schockiert, bis die elterlichen Nerven blank liegen. Er ist einfach gern aufmüpfig! Mit dem Erwachsenwerden hat er es dabei eigentlich gar nicht so extrem eilig. Die damit verbundenen Verantwortungen könnten ja seine Freiheiten wieder einschränken …

Liebe und andere Gefühle

Auch hinsichtlich Liebe und Partnerschaft lässt er sich gern etwas Zeit. Flirten macht ihm Spaß, und dank des typischen Wassermann-Esprits und seiner charmanten, aber auch coolen Art, kommt er überall blitzschnell an. Andererseits spürt er aber auch, dass ein tieferes Sich-Einlassen auf jemanden seine innere und äußere Unabhängigkeit gefährden könnte. Und da ist er trotz aller Neugier doch lieber etwas vorsichtig … So hält er sich gern mehrere Optionen offen und pendelt schmetterlingshaft zwischen Nähe und Distanz hin und her.

Wassermann-Junior lebt vorwiegend in einer Gedankenwelt, das Reich der Gefühle und Sinne ist ihm noch etwas fremd. So könnte das »erste Mal« eher von Forschergeist als durch Leidenschaft initiiert werden.

Gemeinschaft

Fast wichtiger als Liebesbeziehungen sind diesem Freigeist seine Freundschaften, vor allem dann, wenn wenige Erwartungen und Verpflichtungen an sie geknüpft sind. Obwohl er ein treuer, hilfsbereiter Freund ist, pflegt er einen unkomplizierten, freien Umgang. Ein Geburtstagsgeschenk zum richtigen Datum sollte man nicht von ihm erwarten. Dafür wird sein Geschenk aber das Originellste sein – und wahrscheinlich selbst gemacht!

Der jugendliche Wassermann liebt es, mit seinen Kumpels zu diskutieren, Streiche auszuhecken, Neues auszuprobieren oder mit seiner Clique loszuziehen. Auch in anderen Gemeinschaften und Gruppen fühlt er sich wohl. Wenn er zusammen mit anderen auf ein interessantes Ziel hinarbeiten kann (zum Beispiel »Jugend forscht«), ist er ganz in seinem Element. Der Austausch mit Gleichgesinnten ist für ihn von großer Bedeutung. Manchmal fühlt er sich in so einer selbst gewählten Gesellschaft besser verstanden als in seiner Familie. Gleichberechtigung spielt auch im Freundeskreis eine wichtige Rolle. Dieses Zeichen hält wenig von Hierarchien und ist deshalb der geborene Teamplayer: stets kooperativ und kameradschaftlich. Selten wird er sich in den Vordergrund spielen, besondere Rechte herausnehmen oder anderen vorschreiben, was sie zu tun haben. Es sei denn, es geht um »die Sache«.

Praktische Tipps für die Eltern

- Druck hilft bei der Erziehung Ihres Nachwuchses wenig. Meist ist er sogar kontraproduktiv und ruft Widerstand und Sturheit auf den Plan. Gehen Sie von der klassischen Elternrolle langsam auf die freundschaftliche Beziehungsebene über. Ein Wassermann richtet sich sowieso lieber nach positiven Vorbildern als nach Autoritäten.
- Regen Sie ihn immer wieder zu Bewegung an. Ausgefallene Sportarten haben bei ihm eine gute Chance oder solche, die ihn in die Lüfte bringen: Zum Beispiel Paragliding.
- Ihr kreativer Teenie sieht überall Möglichkeiten, Bestehendes zu verbessern. Geben Sie ihm genügend Raum dafür, und seien Sie offen für seine Vorschläge und Kreationen.
- Auch wenn Ihnen die Trennung schwer fallen wird, ein Auslandsjahr könnte für Ihren Sprössling sehr bereichernd sein. Sofern es Ihnen finanziell möglich ist, sollten

Sie dafür ein Internat auswählen. In der Gemeinschaft von anderen Jugendlichen fühlt er sich wahrscheinlich wohler als in einer fremden Familie.

- Ermuntern Sie ihn immer mal wieder, sich anderen gegenüber durchzusetzen. Ein Wassermann-Kind kann sich nämlich wunderbar für eine Idee einsetzen, aber nur schlecht für seine eigenen Bedürfnisse. Wenn ihm etwas nicht passt, zieht es sich lieber zurück.
- Ihr Teenager liebt seinen Computer und wird viel Zeit davor verbringen. Installieren Sie eine Bildbearbeitungssoftware, damit er nicht nur spielt, sondern sich auch kreativ betätigen kann.
- Halten Sie Ihren Gefrierschrank gut gefüllt – Ihr Junior bringt gern überraschend seine Clique mit nach Hause.

Körper und Gesundheit

Grundsätzlich verfügt der junge Wassermann über eine gute Gesundheit, gelegentlich können Kreislaufprobleme auftreten. Diesem Zeichen sind die Unterschenkel zugeordnet; hier kann es zu Durchblutungsstörungen und Wadenkrämpfen kommen. Gegen Krämpfe und gegen seine sporadische Nervosität ist Magnesium günstig. Es wirkt sowohl innerlich beruhigend als auch körperlich entkrampfend.

Bachblüte: Water Violet (Sumpfwasserfeder) hilft bei Neigungen zum Einzelgängertum und bei Verspannungen.

Hinweise für die Eltern von Wassermännern aller Altersstufen

Ihr Kind hat viele Facetten und verhält sich oft anders als erwartet. Das gehört zu ihm und ist keinesfalls falsch!

Ein Wassermann-Kind ist und fühlt sich besonders; das macht es ihm selbst nicht immer leicht, denn es wird oft

nicht verstanden. Umerziehungsversuche helfen ihm aber auch nicht; es muss seine Eigenart schon ausleben können. Nur in seltenen Fällen geht diese innere Haltung in Richtung Dünkel und Arroganz, dann sollte man einschreiten.
Teilweise lebt der typische kleine Wassermann in einer Art Zuschauerposition: etwas distanziert, genau beobachtend und analysierend. Er versucht, seine Umwelt durch den Verstand zu erfassen, dabei bleibt die Gefühlsseite oft außen vor. Wenn Sie als Eltern Ihre Emotionen offen und unkompliziert ausdrücken und auch mal Tränen zeigen, macht ihm das den Umgang mit seinen Gefühlen leichter!
Es ist sehr wichtig für ihn, Ihre Liebe zu spüren – auch wenn er sich oft kühl gibt und selten Wunsch nach körperlicher Nähe zeigt. In ihm steckt ein stets wechselndes Bedürfnis nach Zusammensein und Freiheit; man könnte ihn als kontaktfreudigen Einzelgänger bezeichnen.
Zu guter Letzt: Ein Wassermann nabelt sich leicht ab. Nicht weil er sich seiner Familie nicht verbunden fühlt, sondern weil ihn die bunte Welt mit ihren spannenden Abenteuern lockt!

Andere Stars und Sternchen:

Galileo Galilei 15.2.1564
Wolfgang Amadeus Mozart 27.1.1756
Jules Verne 8.2.1828
Jennifer Aniston 11.2.1969
Robbie Williams 13.2.1974
Shakira 2.2.1977
Ashton Kutcher 7.2.1978
Elijah Wood 28.1.1981

Der Wassermann und sein Aszendent

Bei keinem Wassermann sind die oben genannten Eigenschaften in Reinkultur ausgebildet. Unter anderem spielt der Einfluss des Aszendenten eine sehr wichtige Rolle. Lesen Sie dazu S. 261 und dann den Text über das errechnete Zeichen. Aber hier folgen schon einmal die möglichen Kombinationen:

Wassermann/Widder
Das feurige Widder-Zeichen verstärkt Ideenreichtum, Freiheitsbedürfnis, Sprunghaftigkeit und Eigensinn des kleinen Wassermanns. Hinzu kommen Durchsetzungsfähigkeit und Tatendrang. Dieses Kind hat nicht nur hohe Ideale und tolle Ideen, sondern auch die Fähigkeit, sie umzusetzen. Seine Bindung an Freunde und Gleichgesinnte ist besonders stark; in Gruppen übernimmt es gern die Rolle des Anführers.

Wassermann/Stier
Hier verbinden sich zwei sehr unterschiedliche Zeichen; dadurch sind einige Wassermann-Eigenschaften stark abgemildert. Besonders die Abneigung gegenüber Regeln und Verboten ist weniger ausgeprägt. Der erdige Aszendent bringt Ruhe, Ausdauer, Bodenständigkeit und Zielorientiertheit. Was sich dieses Kind in den Kopf setzt, das erreicht es auch. Seine Sturheit kann ihm aber auch zum Nachteil gereichen. Geselligkeit ist ihm zwar wichtig, aber es geht nicht so offen auf andere zu.

Wassermann/Zwillinge
Der luftige Zwillinge-Aszendent unterstreicht die Wassermann-Anlagen. Dieses Kind ist sehr kontaktfreudig und kommunikativ, ständig in Bewegung und voller interessanter Ideen. Sein Bedürfnis nach Unabhängigkeit und

Freiraum ist sehr groß; festlegen mag es sich nicht gern. Meist strahlt es Leichtigkeit und Fröhlichkeit aus, innerlich hat es aber oft mit Zweifeln zu kämpfen und braucht viel Anerkennung.

Wassermann/Krebs
Der Einfluss des gefühlvollen Krebszeichens macht den kleinen Wassermann introvertierter, ruhiger und sensibler – aber auch etwas zerrissen. Er muss nämlich so gegensätzliche Bedürfnisse wie Freiheit und Geborgenheit unter einen Hut bekommen. So ist er mal eigenständig, dann wieder anhänglich; heute sehr vernünftig, morgen überaus emotional. Dieser Wassermann braucht ein verständnisvolles Umfeld, das ihm viel Stabilität gibt. Umgekehrt kann er sich gut in andere hineinversetzen, denn er verfügt über eine gute psychologische Begabung.

Wassermann/Löwe
Löwe ist das Gegenzeichen zum Wassermann, und so spürt dieses Kind in sich oft gegensätzliche Impulse: Einerseits strebt es in seinen Beziehungen nach Gleichberechtigung, andererseits neigt es dazu, andere zu dominieren. Ein Kind mit dieser Zeichenkombination setzt sich gern für andere und überpersönliche Ziele ein, gleichzeitig aber möchte es auch sein Ego pflegen. Aber so kreativ wie dieser kleine Tausendsassa ist, wird er mit seinen konträren Anlagen spielend fertig.

Wassermann/Jungfrau
Auf der geistigen Ebene verbinden sich diese beiden Zeichen gut und verleihen dem Kind einen äußerst regen, kritischen Verstand und eine Begabung für Naturwissenschaften. Das wassermanntypische Streben nach Unabhängigkeit und Individualität ist abgemildert; dieses Kind weiß genau, wann es sich anpassen und einordnen muss. Seine

Gefühle auszudrücken fällt ihm durch den Jungfrau-Einfluss recht schwer; schon früh neigt es dazu, innere Regungen zu rationalisieren.

Wassermann/Waage
Hier mischen sich zwei Luftzeichen und verstärken Esprit, geistige Offenheit und Kommunikationsfreude. Dieses vielseitige Kind hat höchst interessante und kreative Ideen, aber oft mangelt es ihm an der notwendigen Motivation, sie auch umzusetzen. Harmonie und Geborgenheit – besonders in der Familie – sind ihm wichtig. Mit viel Charme und diplomatischem Geschick sorgt es dafür, dass es in seinem Umfeld friedlich zugeht. Entscheidungen zu treffen fällt ihm ziemlich schwer; es muss lernen, auf seine Intuition zu hören.

Wassermann/Skorpion
Eine spannende Zeichenkombination! Das Skorpion-Zeichen verleiht tiefe Gefühle, Ernsthaftigkeit und Überzeugungskraft. Dieser kleine Wassermann ist äußerst wissbegierig und will allem auf den Grund gehen. Er hat sehr hohe Ideale und feste Vorstellungen und ist nicht leicht zu beeinflussen. Oft weiß man nicht recht, woran man bei ihm ist, denn dieses interessante Kind kann mal offen und locker sein, dann wieder verschlossen und gedankenschwer.

Wassermann/Schütze
Das Feuerzeichen Schütze stattet den kleinen Wassermann mit viel Energie, Optimismus und Begeisterungsfähigkeit aus. Dieser kleine Racker ist recht lebhaft, sehr einfallsreich und überaus unabhängig. Er braucht viel körperliche Bewegung – am besten in freier Natur. Auch wenn er sich nach außen recht locker gibt, hat er hohe moralische Wertvorstellungen.

Wassermann/Steinbock
Keine ganz einfache Kombination: Durch den Steinbock-Einfluss spürt der kleine Wassermann oft widerstreitende Impulse in sich. Mal reizt ihn das Neue, dann zieht er sich wieder auf Altbewährtes zurück; manche Regeln akzeptiert er, andere nicht. So kann dieses Kind sprunghaft und aufmüpfig sein, dann wieder diszipliniert und angepasst. Andererseits macht die bodenständige Steinbock-Seite die hochfliegenden Ideen des Wassermann-Geistes leichter umsetzbar.

Wassermann/Wassermann
Beim Doppelwassermann sind die typischen Charaktereigenschaften natürlich besonders stark ausgeprägt. Dieses Kind ist ein echter Luftikus, das den Kopf oft in den Wolken hat. Je näher der Aszendent in Richtung Steinbock geht, desto eigensinniger und sprunghafter ist es. Bei diesem kleinen Individualisten ist das Bedürfnis nach Selbständigkeit und Freiraum sehr stark ausgeprägt.
Zeigt Ihr Lineal mehr in Richtung Fische, ist das Kind sehr sensibel und braucht Rückzugsmöglichkeiten sowie Unterstützung für die Entfaltung seiner guten kreativen Anlagen.

Wassermann/Fische
Das sensible Aszendentenzeichen versorgt dieses Kind mit viel Feingefühl und Intuition. Es kann sich gut in andere hineinversetzen, dadurch manchmal aber auch schwer abgrenzen. Das »richtige« Umfeld ist für diesen empfindsamen Wassermann sehr wichtig. Seine Phantasie ist stark ausgeprägt, Visionen liegen ihm oft näher als die Wirklichkeit. Disziplin, Durchsetzungsfähigkeit und Entschlossenheit müssen erst noch eingeübt werden.

FISCHE
20. 2. – 20. 3.

»Man sieht nur mit dem Herzen gut, das Wesentliche ist für die Augen unsichtbar.«
Antoine de St. Exupéry

Planet: Neptun Der grünlich blaue Planet enthüllt uns bisher nur eine verschwommene Oberfläche, Einzelheiten sind auf ihm schwer erkennbar. Seinen Namen hat er vom römischen Gott des Meeres (griechisch Poseidon), der in einem goldenen Schloss auf dem Meeresgrund lebt.

Symbol: ♓ Die beiden senkrechten Halbkreise symbolisieren zwei Fische, die in gegensätzliche Richtungen schwimmen, aber in ihrer Mitte verbunden sind. Die eine Richtung versinnbildlicht die irdische Welt mit ihren Freuden und Leiden, die andere die Rückkehr zum Göttlichen, zur Quelle des Seins.

Element: Wasser Das formlose Element steht für die Welt der Empfindungen und die innere Verbundenheit mit anderen. Das Wasser der Fische ist das der Ozeane: tief, grenzenlos, unendlich, aber auch verbindend.

Stein: Amethyst Dieser violett schimmernde Edelstein mit seinen sanften Schwingungen öffnet für Intuition und Inspiration. Körperlich soll er gegen Stress, Anspannung und Kopfschmerzen helfen.

Wochentag: Donnerstag Bevor Neptun entdeckt wurde, war den Fischen Jupiter als Planet zugeordnet. Er entspricht dem germanischen Gott Donar, dem Donnerer. Nach ihm ist der Donnerstag benannt.

Farbe: Meergrün Grün ist die Farbe der Natur und der Hoffnung. In ihren hellen, wässrigen Tönen entspricht sie der Zartheit der Fische.

Blume: Mimose Kaum eine Pflanze ist so empfindsam wie die Mimose. Schon auf schwache äußere Reize, wie einen Windhauch oder eine leichte Berührung, reagiert sie mit dem Zusammenklappen ihrer Blätter. Ähnlich sensibel ist das Sternzeichen Fische.

Tier: Seepferdchen Diese faszinierenden und zerbrechlichen Meeresbewohner sind Meister der Tarnung. Innerhalb weniger Minuten können sie sich farblich an ihre Umgebung anpassen.

POSITIVE UND SCHWIERIGE EIGENSCHAFTEN AUF EINEN BLICK

\+ feinfühlig, sozial, phantasievoll, künstlerisch, vertrauensvoll
– passiv, überempfindlich, beeinflussbar, unklar, hilflos

Das Zeichen Fische im astrologischen Tierkreis

Auf das Winterzeichen Wassermann folgen die Fische; mit ihnen endet das astrologische Jahr, um dann mit dem Widder wieder neu zu beginnen. Es ist eine Zeit des Übergangs, das zeigt sich auch in der Natur. Der Schnee schmilzt, es kommt hier und da zu Überschwemmungen, und trotz immer noch kalter Witterung kündigt sich doch schon der Frühling an. Tiere erwachen aus ihrem Winterschlaf, Vögel kehren aus dem Süden zurück, die ersten Krokusse schießen aus dem Boden. Es ist eine Art Zwischenphase, in der man bereit ist, Vergangenes hinter sich zu lassen, und sich nach Wärme, Licht und Aufbruch sehnt. Aber das Neue zeigt sich noch nicht richtig, es kann nur erahnt werden. Und das können die Menschen, die jetzt geboren werden, besonders gut. Sie haben ein feines Gespür für das, was kommt, oft verbunden mit einem Gefühl von Sehnsucht. Das kann dazu führen, dass sie nicht genau wissen, wohin sie gehören; irgendwie scheinen sie stets an einer Schwelle zu stehen. Allerdings verfügen sie auch über die passenden Eigenschaften, um damit umzugehen: Flexibilität, Sensibilität und Intuition.

Auf die ausgelassenen Faschingstage der Wassermann-Phase folgen nun die besinnlichen Fastenwochen. Einschränkungen beim Essen oder bei Genussmitteln lenken die Aufmerksamkeit vom Materiellen und Vordergründigen hin zum Wesentlichen und Hintergründigen. Auch von dieser »Stimmung« haftet den Menschen, die in dieser Zeit geboren werden, etwas an. Fische spüren, dass es noch etwas hinter den sichtbaren Dingen gibt. Mit ihren feinen Antennen fangen sie viele Schwingungen ihrer realen Umgebung auf – auch die negativen. Dadurch sind sie oft schnell erschöpft und müssen lernen, sich abzugrenzen oder rechtzeitig zurückzuziehen. Rückzug ist für sie allerdings auch ein bewährtes Mittel, um unangenehmen Dingen wie Streit oder zu viel Verantwortung aus dem Wege zu gehen.

Das Kleinkind (0-5 Jahre)

Sooo zart!
Egal wie groß und schwer ein Fische-Baby ist, es wirkt immer anrührend zerbrechlich und weckt unweigerlich Beschützerinstinkte. Und das ist auch gut so, denn auf dieses engelhafte, empfindsame Wesen muss man gut achtgeben! Es verträgt nicht alle Nahrungsmittel, ist anfällig für Allergien und Krankheiten und reagiert sensibel auf sein Umfeld. Unangenehme Geräusche oder Gerüche, laute Musik oder Streit bedeuten für dieses kleine Bündel mehr Stress als für andere. Kein Wunder, dass es leicht anfängt zu weinen. Lange schreien lassen sollte man es nicht, sondern schnell die Ursache für sein Unbehagen herausfinden. Dieses verletzliche Seelchen scheint von ganz woanders herzukommen und braucht einen vertrauensvollen und sanften Start in die physische Welt. Seine Geburt ist übrigens oft mit einer besonderen Begebenheit oder einem kuriosen Detail verknüpft, an das man sich später stets im Zusammenhang mit seiner Ankunft erinnert. So umgibt dieses Kind gleich von Anfang an eine Art mystischer Zauber.

Etwas scheu
Ein typisches Fische-Kind lernt seine Umgebung langsam und vorsichtig kennen. Es braucht immer wieder Ruhephasen, um seine Eindrücke zu verarbeiten. Bekommt es die nicht, kann es nervös, angespannt oder sogar aggressiv

werden. Anderen gegenüber verhält es sich meist lieb und angepasst, selten wird es sich innerhalb der Familie in den Mittelpunkt spielen. Bei neuen Kontakten ist es zunächst meist zurückhaltend, die Phase des Fremdelns kann sehr ausgeprägt sein. Viel Trubel mag es nicht, dagegen kann es sich stundenlang allein beschäftigen.

Sehr phantasievoll!

Kein Kind ist so phantasievoll wie das kleine Fischlein. Während andere Kinder herumtoben, kann es einfach nur dasitzen und vor sich hin träumen. Für ihn ist die Grenze zwischen Realität und Traumwelt fließend. Manche Fische haben so etwas wie einen »siebten Sinn« und erahnen zukünftige Ereignisse oder unausgesprochene Dinge. Im Gegenzug haben sie manchmal so ihre Problemchen mit der Wirklichkeit. Da werden normale Begebenheiten sehr farbig ausgeschmückt oder stark emotional gefärbt wiedergegeben. Diese reiche Vorstellungskraft, gepaart mit viel Gefühl, lässt schon früh die künstlerische Veranlagung des Fischchens hervorschimmern.

Praktische Tipps für die Eltern

- Ihr kleiner Schatz braucht viel Zärtlichkeit und Körperkontakt; geben Sie so viele Streichel- und Kuscheleinheiten wie möglich. Dieses Kind können Sie gar nicht genug bemuttern und verhätscheln.
- Umgekehrt findet das Kleine aber auch schnell heraus, wie es seine Zartheit benutzen kann, um seinen – durchaus vorhandenen – Willen durchzusetzen. So kann es kurzerhand ein Meer von Tränen produzieren, ohne wirklich seelisch berührt zu sein. Hier sind gutes Unterscheidungsvermögen sowie Standhaftigkeit gefragt!
- Gehen Sie mit Ihrem kleinen Fischchen zum Baby-

schwimmen; das stärkt Motorik und Selbstvertrauen und verbindet es mit »seinem« Element.

- Machen Sie sich keine Sorgen, wenn Ihr Kleines im Garten mit Feen oder Kobolden kommuniziert – vielleicht sieht oder hört Ihr Kind mehr als Sie … Manche Fische haben übersinnliche Fähigkeiten.
- Kleine Fische verkleiden sich gerne. Sorgen Sie für einen Fundus an alter Kleidung – ausrangierte eigene Stücke, etwas aus dem großelterlichen Nachlass oder vom Flohmarkt.
- Unterstützen Sie frühzeitig die starken kreativen Anlagen Ihres Kindes. Singen und tanzen Sie gemeinsam, haben Sie immer Finger- und Aquarellfarben zur Hand, erkundigen Sie sich nach musikalischer Früherziehung etc.
- Sanfte Musik hilft gut in der Einschlafphase oder um das zarte Fischlein nach aufregenden Erlebnissen wieder zu beruhigen.
- Manche klassischen Märchen sind als Einschlafgeschichten zu brutal und können Ängste und Albträume verursachen. Geschichten von Engeln zum Beispiel sind oft besser geeignet, Ihr Kind in den Schlaf gleiten zu lassen.
- Wenn Ihr Träumerle sich scheinbar langsamer als Gleichaltrige entwickelt, versuchen Sie nicht, seine Fortschritte zu beschleunigen. Dieses empfindsame Seelchen geht das Leben rein gefühlsmäßig an und braucht seine Zeit, alles Erlebte zu verdauen.
- Auch wenn Ihr Kind bei neuen Kontakten manchmal zögerlich ist, so ist es doch gern mit anderen zusammen – und andere mit ihm! Der Besuch des Kindergartens ist unbedingt anzuraten. Durch Anregung von außen und Nachahmung lernt es schnell auch praktische Fähigkeiten (die ihm nicht unbedingt in die Wiege gelegt sind), wie z. B. das Schuhe-Zubinden.
- Bringen Sie Ihrem Fischlein frühzeitig bei, »nein« zu sagen, wenn es etwas nicht will. Durch seine Abgren-

zungsschwierigkeiten und um des lieben Friedens willen lässt es sich leicht auf Dinge ein, die ihm nicht wirklich behagen.

Das Schulkind (6-12 Jahre)

Schule

Der junge Fisch ist offen und intelligent, interessiert sich aber nicht für alles und hat keinen sehr ausgeprägten Ehrgeiz. In einem Schulsystem, das den Schwerpunkt auf Leistung und Wissensanhäufung legt, kann er zeitweilig Mühe haben. Denn seine schon erwähnte Phantasie sowie eine große Verspieltheit machen ihn schnell ablenkbar; sich zu fokussieren und zu konzentrieren fällt ihm nicht immer leicht. Auch Ordnung, Disziplin und Pünktlichkeit gehören nicht zu seinen Stärken. Mal vergisst er die Zeit, mal seine Schulbücher. Allerdings helfen ihm seine große Anpassungsfähigkeit und der Wunsch nach Harmonie, dennoch gut zurechtzukommen. Wie für alle gefühlsbetonten Wasserzeichen ist die gute Beziehung zu Lehrern und Mitschülern für ihn wichtig und mit ausschlaggebend dafür, wie er in einem Fach vorankommt. Ist ihm ein Pädagoge sympathisch und fühlt er sich im Klassenverband wohl, wird er immer sein Bestes geben. Auch seine Eltern möchte er keinesfalls mit schlechten Noten enttäuschen.
Die Stärken des Fische-Kindes liegen im kreativen Bereich. In den musischen Fächern – Musik, Bildnerisches Gestalten, Darstellendes Spiel – kann es locker brillieren. Aber auch Aufgaben in anderen Fächern, die Phantasie und Vorstellungsvermögen voraussetzen, fallen ihm leicht. Großes Interesse zeigt er auch an den Bereichen Religion, Ethik und Philosophie.
Dank seiner starken Intuition nimmt er den Unterrichts-

stoff oft gefühlsmäßig richtig auf. Mit nüchternen Fächern, bei denen reine Logik gefordert ist, stehen viele Kinder dieses Sternzeichens etwas auf Kriegsfuß. Aber Ausnahmen bestätigen wie immer die Regel: Einstein war auch ein Fisch!

Freizeit

Nach dem Unterricht braucht der junge Fisch erst mal etwas Abstand zum reglementierten Schulalltag. Bevor er sich also an seine Hausaufgaben setzt, muss etwas Zeit für Spielen oder seine Hobbys da sein. Bei künstlerischen Tätigkeiten wie Malen, Singen oder Musizieren kann er wieder in seine Welt der Phantasie und Gefühle eintauchen. Auch Musikhören und Lesen gehören zu seinen Lieblingsbeschäftigungen. Manchmal will er auch gar nichts tun und einfach nur im Garten oder in seinem Zimmer sitzen und seine Ruhe haben.

Zum Sport muss man ihn etwas animieren, sein Bewegungsdrang ist von Natur aus nicht sehr ausgeprägt. Schwimmen ist für ihn gut geeignet, da ist er buchstäblich in seinem eigenen Element. Lange Wanderungen oder schnelle Sprints sind nichts für seine empfindlichen Füße und Fußgelenke.

Umgang mit anderen

Obwohl der junge Fisch gut allein sein kann – vielleicht auch gerade deshalb – hat er eine große soziale Kompetenz. Er kann gut zuhören, ist hilfsbereit, einfühlsam, verständnisvoll und schiebt selten sein Ego in den Vordergrund. Kein Wunder, dass ihn jeder gern zum Freund hat und er manchmal auch etwas ausgenutzt wird.

Mit einem kleinen Nachteil muss man sich allerdings abfinden: Selten übernimmt er die aktive Rolle und pflegt insofern seine Freundschaften nicht besonders.

Haustiere
Ein Haustier ist diesem Kind nicht genug – am liebsten hätte es einen ganzen Zoo! In seiner mitfühlenden Art könnte es das gesamte Tierheim des Ortes aufkaufen und die nächstgelegene Tierklinik noch dazu. Denn kranke und herrenlose Tiere rühren das große Fische-Herz in höchstem Maße; sie hingebungsvoll zu pflegen wäre sein größtes Glück.
So weit der Wunsch, in der Realität wäre das Fische-Kind mit mehreren Tieren rasch überfordert; ein Häschen zum Schmusen und ein Kinderaquarium mit vielen bunten Artgenossen sollten reichen.

Ihr Lieblingsspielzeug
Jungen: Ritterburg
Mädchen: Kaleidoskop, Mandala-Legespiel

Praktische Tipps für die Eltern

- Ein eigenes Zimmer ist für den jungen Fisch sehr wichtig. Er braucht Ruhe und Momente des Alleinseins sowie ein persönliches Reich, das er nicht immer wieder verteidigen muss.
- Teures Spielzeug, Kleidung oder Mobiliar sind nicht nötig. Für dieses Zeichen spielt Materielles eine Nebenrolle.
- Probleme in der Familie sollten Sie Ihrem Kind gegenüber sofort ansprechen. Das sensible Fischchen spürt Disharmonien sofort, ist dadurch schnell verunsichert und zieht sich mit – möglicherweise übertriebenen – Ängsten zurück. Die können Sie ihm durch ein offenes Gespräch leicht nehmen.
- Haben Sie ein Auge auf die Freunde und Bekanntschaften Ihres Nachwuchses. In seiner naiv-unschuldigen Art

bemerkt er oft nicht, wann er ausgenutzt wird. Außerdem lässt er sich schnell beeinflussen; deshalb ist ein positives Umfeld besonders wichtig.

- Wenn Sie ihm bei seinen Schulaufgaben helfen, ist es nützlich, Dinge aufzuschreiben oder aufzuzeichnen. Dadurch kann er sie leichter behalten.
- Stellen Sie Ihrem Kind ein übersichtliches Ordnungssystem zur Verfügung und leiten Sie zum Umgang damit an. Regale, Schubladen, Aufbewahrungsboxen, Ordner, Register, etc. bewahren Sie und Ihren Sprössling vor einem kleinen Chaos.
- Unterstützen Sie es auch bei der Organisation seines Alltags. Stellen Sie mit ihm Zeitpläne auf, und achten Sie auf genügend Pausen zwischen seinen Aktivitäten.
- Das harmoniebedürftige Fische-Kind flüchtet gern vor unangenehmen Situationen. Vermitteln Sie ihm, dass es sich manchen Dingen stellen muss und dass ein Konflikt nicht das Ende der Welt bedeutet.

Das jugendliche Kind (13-18 Jahre)

Pubertät

Der Übergang vom Kindes- zum Erwachsenenalter ist für die Fische nicht gerade einfach. Sie haben von sich aus schon wenig Struktur und Orientierung, und wenn sie nun die elterlichen Maßstäbe anzweifeln, bleibt oft nur ein Riesenvakuum mit vielen Fragezeichen. So schwimmt der sensible Fische-Teenager ziemlich ziellos durch diese Phase und wird auch für seine Umwelt immer weniger greifbar. Ungeklärte Abwesenheiten oder langes Einschließen in seinem Zimmer oder im Bad sind harmlose Beispiele für seine Rückzugsbedürfnisse. Schwieriger wird es da schon beim Thema Drogen: die absolut falsche, aber eine naheliegende Wahl

für diesen kleinen Flüchter. Mit bewusstseinsverändernden Mitteln kann man sich ja so herrlich leicht aus der Realität katapultieren oder schnelle Entspannung finden. Scheinbar! Der Wiedereintritt wird umso härter ausfallen, denn die empfindlichen Fische vertragen nun mal nicht viel.
Dazu erfährt ihre gefühlvolle Veranlagung durch die hormonellen Umstellungen einige extreme Ausschläge, die sich auch in uncharakteristischen Verhaltensweisen äußern können. Da mutiert die junge Dame zur tyrannischen Diva, der junge Mann zum frustrierten Schulschwänzer. Fische-Teenager werden in der Pubertät von ständig wechselnden Gefühlen überschwemmt und fühlen sich ihnen ziemlich hilflos ausgeliefert. Denn gerade in dieser Zeit fehlt es ihnen an innerer Festigkeit und kühler Vernunft.
Das ohnehin schwach ausgeprägte Selbstvertrauen dieses Zeichens ist in dieser Zeit besonders dünn; der Fische-Weg der Selbstfindung ist lang und braucht verständnisvolle Begleitung.

Beziehungen
Natürlich spielt für dieses gefühlsbetonte Zeichen die Liebe eine ganz große Rolle. Fische haben einen sehr ausgeprägten Sinn für Romantik. Ihre Hoffnungen und Erwartungen an den anderen sind hoch – oft hat dieser eine Art Retterfunktion. Logisch, dass Enttäuschungen hier an der Tagesordnung sind; und dann kann der junge Fisch recht herzzerreißend leiden.
Andersherum übernehmen diese Heranwachsenden aber auch gern die Helferrolle. Sie fühlen sich von Menschen angezogen, die ihre Unterstützung gebrauchen können, und geben sie reichlich. Ihr großes Herz und offenes Ohr, gepaart mit einer helfenden Hand machen sie zum idealen Partner und Freund. Obwohl Fische selten offensiv flirten, verliebt man sich sehr leicht in sie. Ihre liebevolle, etwas geheimnisvolle Ausstrahlung zieht andere magisch an.

Ist der junge Fisch ohne Partner, leidet er an seinen Sehnsüchten, neigt zu Schwärmereien und hat wechselnde Idole.

Freizeit

Auch in dieser Phase ist der Fische-Junior nicht besonders aktiv, sondern lässt sich gern etwas treiben. Wenn er sich schon zum Sport aufrafft, dann zu einer Wassersportart und ohne großen Wettkampfgedanken. DLRG-Schwimmen wäre durchaus etwas für ihn. Eine gute Begabung (und meistens auch Interesse) besteht fürs Tanzen!

Musik und Literatur bekommen in dieser Zeit der ersten Verliebtheiten eine noch größere Bedeutung. Sie geben der gefühlvollen Fische-Seele Nahrung; viele von ihnen entwickeln sich sogar selber kurzfristig zum kleinen Poeten. Mädchen fühlen sich oft zu esoterischen Büchern hingezogen, auch Kartenlegen und Pendeln faszinieren sie.

Einen hohen Stellenwert für beide Geschlechter nehmen Filme ein. Die »Happy-End«-Traumwelt Hollywoods spielt der Fische-Phantasie direkt in die Hände. Manche von ihnen liebäugeln sogar selbst mit dem Beruf des Schauspielers.

Jugendliche, die schon etwas gefestigter sind, nutzen ihre große Nächstenliebe und engagieren sich sozial. Manche kümmern sich um Tiere, andere um ältere Mitmenschen, wieder andere um Drogenprävention.

Praktische Tipps für die Eltern

- Erwarten Sie von Ihrem Kind nicht, dass es stundenlang konzentriert über seinen Büchern sitzt. »Schöpferische« Pausen sind unbedingt notwendig, denn ein Fisch ist durch sein reiches Innenleben schnell mal erschöpft.
- Begleiten Sie Ihren Schatz mit sanftem Druck und viel Ver-

ständnis durch diese komplizierte Phase. Hartes Durchgreifen sollten Sie sich für den Ernstfall aufsparen.

- Führen Sie Ihren Sprössling an meditative Bewegungsformen heran, zum Beispiel Thai Chi, Qi Gong oder Yoga. Dazu hat er einen leichten Zugang, und sie stärken seine Konzentration und sorgen für mehr innere Balance.
- Auch Aufenthalte in der Natur (Spaziergänge, Bootstouren, Picknicks) haben auf seine Psyche einen wohltuenden und ausgleichenden Effekt.
- Geschenktipp: Mit Kinokarten bis hin zum eigenen DVD-Player kann man jeden Fische-Teenie glücklich machen.
- Gleichzeitig sollten Sie den täglichen TV-Konsum sowie die Computerzeiten Ihres Nachwuchses gut im Blick behalten.
- Auch wenn es Türen knallt, Übellaunigkeit ausstrahlt und sich überhaupt wie ein ziemlicher Stinkstiefel benimmt – Ihr Kind ist noch immer ein sehr verletzliches, weiches Wesen, das nur gerade weder Orientierung noch Stabilität hat und nicht weiß, wohin mit seinem Frust.

Körper und Gesundheit

Wie die Seele, so ist auch der Körper der kleinen Fische recht empfindsam. Häufig werden sie von Infektionen, Allergien oder Hautproblemen heimgesucht. Die hohe Sensibilität hilft aber auch beim Gesundungsprozess: Fische sprechen hervorragend auf sanfte Behandlungsmethoden an, zum Beispiel Homöopathie.

Diesem Zeichen sind die Füße und Fußgelenke zugeordnet. Fische knicken schnell mal um – es mangelt eben etwas an Bodenhaftung. Achten Sie auf festes Schuhwerk und auch auf warme Füße!

Viele Kinder dieses Sternzeichens haben einen »süßen Zahn« und können Schleckereien nur schwer widerstehen. Da kann es schon mal zu Gewichtsproblemen kommen.

Bachblüte: Rock Rose (Gelbes Sonnenröschen) stabilisiert, hilft, die Realität zu sehen und lindert Ängste.

Hinweise für die Eltern von Fischen aller Altersstufen

Ihr Fische-Nachwuchs ist ein äußerst zart besaitetes Wesen, das schon wegen seiner eigenen großen Verletzlichkeit sehr auf Harmonie bedacht ist. Als Klein- und Schulkind kann es dadurch der Prototyp des knuddeligen, braven Kindes sein, später brechen unausgelebte negative Gefühle oft ungehemmt durch. Je früher das Fischchen dazu ermuntert wird, auch mal laut, wütend oder egoistisch zu sein, desto harmloser fällt dann die Pubertät aus. Dabei geht es nicht nur um seine eigenen Emotionen. Durch seine feinen Antennen nimmt der sensible Fisch fast seismographisch alle Stimmungen und Schwingungen in seiner Umgebung auf. Er kann sich weder gegen Lärm noch Aggression richtig abgrenzen, nimmt sie in sich auf und weiß hinterher nicht, wohin damit.

Dieses Kind braucht insofern – mehr als andere – eine warme, liebevolle Atmosphäre in seiner Familie und weiteren Umgebung. Da es leicht zu beeinflussen ist und nur langsam zu einem fest umrissenen Ich findet, sind positive Vorbilder enorm wichtig. Und wer bietet sich da besser an als seine Eltern? Gehen Sie also – so gut Sie können – mit positivem Beispiel voran, speziell bei den Themen Durchhaltevermögen, Sich-Problemen-Stellen und konstruktiver Lösung von Konflikten. Hierbei brauchen Fische am meisten Anleitung. Ihr mangelnder Realitätssinn lässt sich schwer von außen beeinflussen. Intensives Nachfragen könnte aber sicherlich helfen, sowie die besondere Hervorhebung des Wertes »Ehrlichkeit«.

Fische-Kinder brauchen außerdem viel Bestätigung und

Ermunterung, sonst ziehen sie sich bei ersten Misserfolgen von einem Vorhaben zurück. Ihr Vertrauen in die eigenen Fähigkeiten ist nicht besonders groß, dafür haben sie aber eine Art Urvertrauen in das Leben an sich, die Zukunft und andere Menschen.

Ihre Grundhaltung ist überwiegend optimistisch, dadurch scheinen sie hauptsächlich positive Erfahrungen anzuziehen. Vielleicht liegt es aber auch an ihrer großartigen Intuition, denn wenn sie auf ihre innere Stimme hören, treffen sie stets die richtige Entscheidung. Bestärken Sie Ihr Kind also immer wieder darin, auf seine Eingebungen zu hören – und sie von Sehnsüchten unterscheiden zu lernen. In unserer verstandesbetonten, materiellen Welt ist sein Draht zum Unbewussten ein höchst wertvolles, seltenes Talent!

Als Eltern haben Sie nun die Aufgabe, diese besonderen Begabungen Ihres Kindes zu fördern und es andererseits auch fit für unsere Gesellschaft zu machen. Sicherlich gar nicht so einfach, speziell wenn es sich um einen Jungen handelt. Aber wahrscheinlich ist Ihr Fische-Nachwuchs dann am besten aufgestellt, wenn er ganz in seiner Kraft ist, d.h. seine individuellen Fähigkeiten ausleben kann. Vielleicht wird dann aus ihm ja tatsächlich ein kleiner Einstein!

Andere Stars und Sternchen:

Georg Friedrich Händel 23.2.1685
Pierre A. Renoir 25.2.1841
Erich Kästner 23.2.1899
Rudolf Nurejew 17.3.1938
Ornella Muti 9.3.1955
Jon Bon Jovi 2.3.1962
Nadja Auermann 19.3.1971
Jeanette Biedermann 22.2.1981

Die Fische und ihr Aszendent

Bei keinem Fisch sind die oben genannten Eigenschaften in Reinkultur ausgebildet. Unter anderem spielt der Einfluss des Aszendenten eine sehr wichtige Rolle. Lesen Sie dazu S. 261 und dann den Text über das errechnete Zeichen. Aber hier folgen schon einmal die möglichen Kombinationen:

Fische/Widder
Eine ziemlich widersprüchliche Mischung: Der feurige Aszendent macht dem zarten Wasserzeichen ordentlich Dampf, was sich häufig in Unausgeglichenheit bemerkbar macht. Aktive, lebhafte Phasen und passives Sichtreibenlassen können in schneller Folge wechseln. Dieses Kind hat einen harten Dickkopf, gepaart mit einem weichen Herz. Es könnte seine tatkräftige Widder-Energie gut für die Durchsetzung der eigenen Wünsche sowie zur Unterstützung von anderen einsetzen.

Fische/Stier
Das realistische Erdzeichen hat einen stabilisierenden Einfluss auf das Fischlein und sorgt für mehr Ausdauer und Ausgeglichenheit. So erhält seine Phantasie und Empfindsamkeit einen Schuss Bodenständigkeit. Das Bedürfnis dieses warmherzigen Kindes nach Geborgenheit, Kuscheln und Rückzug ist sehr groß. Obwohl es recht introvertiert sein kann, braucht es viel Kontakt, speziell zu Freunden mit gleichen Interessen. Seine künstlerischen Seiten sind stark ausgeprägt; Singen und Musizieren liegen ihm besonders.

Fische/Zwillinge
Der Zwillinge-Aszendent verleiht dem Fisch Redegewandtheit und Aufgeschlossenheit. Da seine Fähigkeit zum logischen Denken gut ausgebildet ist, wird er deshalb seine intuitiven Eingebungen häufiger anzweifeln. Hier paart sich

Intellekt mit Empfindsamkeit, ein schönes Zusammenspiel, das aber auch innere Widersprüche und große Wechselhaftigkeit mit sich bringen kann. Der Einfallsreichtum dieses Kindes ist groß; es findet immer einen Weg, seine Pläne zu verwirklichen.

Fische/Krebs
Die Kombination der beiden gefühlvollen Wasserzeichen macht den jungen Fisch noch weicher und verträumter. Er ist sehr anhänglich, intuitiv und künstlerisch begabt. Seine Durchsetzungsfähigkeit ist nur schwach ausgeprägt, dennoch verfügt er über einen gewissen Ehrgeiz. Seine Ziele erreicht er nach dem Motto: »Steter Tropfen höhlt den Stein«. Dieser kleine Bewegungsmuffel ist sehr familienbezogen und braucht und gibt viel Wärme und Liebe.

Fische/Löwe
Die feurigen Löwe-Qualitäten peppen das zarte Fische-Naturell mit Willensstärke und Mut ordentlich auf; und so pendelt dieses Kind zwischen Intro- und Extravertiertheit hin und her. Mal ist es schmusig und verträumt, dann wieder abenteuerlustig und energisch. Heute möchte es im Mittelpunkt strahlen, morgen sich vor Unsicherheit verkriechen. Seine kreativen und darstellerischen Talente sind stark ausgeprägt, außerdem steckt es voller Wärme, Großzügigkeit und Hilfsbereitschaft.

Fische/Jungfrau
Jungfrau ist das Gegenzeichen der Fische, und so ist dieses Kind mit sehr konträren Eigenschaften ausgestattet. Es gibt Phasen und Bereiche, da ist es vernünftig, kritisch und ordnungsliebend, in anderen verträumt und nachlässig. Dieser flexible junge Fisch kann tief in seine Gefühlswelten abtauchen und sich etwas später fleißig im Haushalt nützlich machen. Seine Hilfsbereitschaft, Anteilnahme und Anpas-

sungsfähigkeit sind sehr groß; dazu muss er sich allerdings angenommen fühlen.

Fische/Waage

Das feinsinnige Aszendentenzeichen verstärkt die friedliebende und künstlerische Seite des Fische-Kindes. Es ist besonders abhängig von einer harmonischen Atmosphäre, denn es kann sich sehr schlecht abgrenzen und Konflikte austragen. Sein soziales Empfinden und das Bedürfnis zu helfen sind stärker ausgeprägt – ebenso wie seine Unentschlossenheit. Entscheidungen zu treffen fällt diesem liebenswürdigen und charmanten Kind entsetzlich schwer, dafür hat es viel diplomatisches Geschick.

Fische/Skorpion

Hier verbinden sich zwei empfindsame Wasserzeichen – das intensiviert die Gefühlswelt des kleinen Fisches noch. Ihm geht alles besonders tief unter die Haut, und er geht gern allen Dingen auf den Grund. Mystische und psychologische Themen interessieren ihn sehr. Sein Einfühlungsvermögen ist beachtlich, von sich selber gibt er allerdings nicht viel preis; er liebt seine kleinen Geheimnisse! Dieses Kind hat weiche, schwankende Phasen, kann aber auch sehr fest und standhaft sein. Es benötigt viel Nestwärme und Beständigkeit, denn ab und zu wird es von Verlustängsten geplagt.

Fische/Schütze

Die feurigen Schütze-Qualitäten machen den jungen Fisch dynamischer und unternehmungslustiger. Er ist ein gefühlvolles und zugleich quirliges Wesen mit einem offenen, neugierigen Geist und viel Idealismus. Was ihm fehlt, ist Bodenhaftung. Dieses gutmütige und hilfsbereite Kind hat viele Ideen, Interessen und Freunde. Es ist sehr vertrauensvoll und sieht stets das Gute in anderen sowie im Leben allgemein. Schwierigkeiten hat es dadurch aber selten.

Fische/Steinbock

Das realistische Erdzeichen bringt den phantasievollen Fisch immer wieder auf den Boden der Tatsachen zurück und hilft ihm bei der Umsetzung seiner Träume. Denn die Steinbock-Qualitäten wecken seinen Ehrgeiz und statten ihn mit Disziplin und Beharrlichkeit aus. Ordnung und Struktur sind für ihn keine Fremdworte. Dieses vielseitig begabte Kind kann sich recht gut abgrenzen, ist selbstgenügsam und manchmal etwas verschlossen. Seine tiefen Gefühle und Gedanken teilt es nicht jedem mit.

Fische/Wassermann

Der luftige Aszendent verstärkt noch die Phantasie und den Einfallsreichtum des jungen Fischs und verleiht ihm einen Schuss Eigensinnigkeit. Dieser kleine Freigeist lässt sich nicht gerne einschränken und kann seinen Willen recht geschickt durchsetzen. Verträumt ist er nur sporadisch, denn er verfügt über einen klaren, aktiven Verstand. Kopf und Bauch können aber auch in Widerstreit geraten und machen ihn dann recht unausgeglichen.

Fische/Fische

Beim Doppelfisch sind die typischen Charaktereigenschaften sehr stark ausgeprägt. Das gilt in ganz besonderem Maße, wenn das Lineal mehr zum Widder hinzeigt. Dieses hochsensible Seelchen braucht sehr viel Harmonie, Schutz und Rückzugsmöglichkeiten.

Im anderen Fall – das Lineal liegt dichter am Wassermann – zeigt das Kind einiges an Initiative, Mut und Durchsetzungskraft. Aber alles immer noch mit viel Gefühl!

Der Aszendent

Seine Bedeutung

Der Aszendent ist, vereinfacht ausgedrückt, auch ein Tierkreiszeichen. Es ist das Zeichen, das im Moment der Geburt am Osthimmel, dem Horizont, aufsteigt (von lat. ascendere).

Der Tierkreis liegt wie ein gedachtes Band um die Erde herum. Durch die Erddrehung um ihre eigene Achse tritt ca. alle zwei Stunden ein anderes Zeichen des Tierkreises über ihren Horizont. Dieses »Aufsteigen« ist gleichzusetzen mit dem Moment, in dem ein Mensch das Licht der Welt erblickt. Der Aszendent symbolisiert insofern den Beginn des Lebens und sagt etwas über den ersten Eindruck aus, den wir von dieser Welt bekommen. Des Weiteren gibt er Auskunft darüber, wie wir auf alles Neue im Leben zugehen und wie wir instinktiv auf Reize von außen reagieren.

Im Gegensatz zum Sonnenzeichen, mit dem wir uns über so eine Aussage wie: »Ich bin Widder« ganz bewusst identifizieren, ist das Aszendentenzeichen eher unbewusst. Es ist deshalb aber nicht weniger wichtig. Da es beschreibt, wie wir spontan auf unsere Umwelt reagieren, spielt es gerade in der Kinder-Astrologie eine große Rolle.

Wie finden Sie den Aszendenten Ihres Kindes?

Wegen seines schnellen Wechsels braucht man zunächst natürlich die genaue Geburtszeit, um den Aszendenten korrekt zu bestimmen. Auf der übernächsten Seite befindet sich eine Tabelle. Verbinden Sie mit einem Lineal Geburtszeit und Geburtstag Ihres Kindes. In der Mitte können Sie dann den Aszendenten ablesen. Ist Ihr Kind zur Sommerzeit geboren, müssen Sie eine Stunde abziehen. Diese Tabelle ist ein Hilfsmittel für das schnelle Auffinden des Aszendenten. Sie liefert aber nicht in jedem Fall eine sichere Aussage. Im Zweifelsfall wenden Sie sich bitte an einen Astrologen oder nutzen Sie einen Online-Dienst.

Beispiel (mit Sommerzeit)
Geburtstag: 11. Mai
Geburtszeit: 10.53 Uhr
Aszendent: Löwe

Eine Kurzdeutung für diesen Aszendenten im Zusammenspiel mit dem Sternzeichen (hier Stier) finden Sie am Ende des Kapitels »Stier«. Lesen Sie in diesem Falle aber auch das Kapitel »Löwe«.

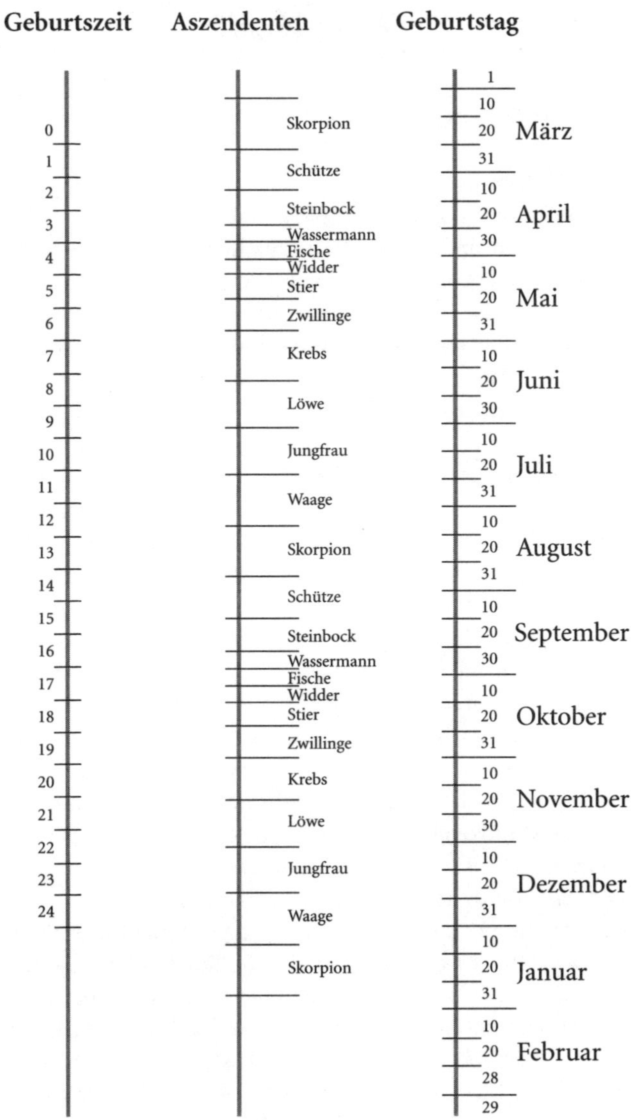
Geburtszeit
Aszendenten
Geburtstag
0
1
2
3
4
5
6
7
8
9
10
11
12
13
14
15
16
17
18
19
20
21
22
23
24
Skorpion
Schütze
Steinbock
Wassermann
Fische
Widder
Stier
Zwillinge
Krebs
Löwe
Jungfrau
Waage
Skorpion
Schütze
Steinbock
Wassermann
Fische
Widder
Stier
Zwillinge
Krebs
Löwe
Jungfrau
Waage
Skorpion
März
April
Mai
Juni
Juli
August
September
Oktober
November
Dezember
Januar
Februar

Der Mond

Seine Bedeutung

Der Mond steht in der Kinder-Astrologie in erster Linie für Gefühle und emotionale Grundbedürfnisse. Was braucht das Kind, um sich wohlzufühlen? Darüber gibt das Zeichen, in dem sich der Mond befindet, recht genaue Auskunft.

Kleine Kinder werden ausschließlich von ihren Gefühlen und Bedürfnissen gesteuert. Erst später kommen Verstandesaktivitäten und eine bewusste Selbstwahrnehmung hinzu. So können die Eigenschaften des Zeichens, in dem der Mond steht, in der Kleinkindphase sogar deutlicher zutage treten als die des Sonnenzeichens. Mit zunehmendem Alter nimmt die zentrale Bedeutung des Mondes dann etwas ab.

Zu den Grundbedürfnissen eines jeden Kindes gehören Sicherheit und Geborgenheit. Die wollen allerdings bei jedem auf andere Art und Weise befriedigt werden. Das eine Kind fühlt sich geborgen, wenn es viel gestreichelt wird, das andere, wenn man viel mit ihm spricht. Das eine fühlt sich sicher durch viele Kontakte, das andere, wenn es genügend Rückzugsmöglichkeiten hat. Welche Bedürfnisse bei Ihrem Kind im Vordergrund stehen, lässt sich gut aus seinem Mondzeichen ablesen. Auch darüber, wie das Kind seine Bedürfnisse durchsetzt und seine Gefühle ausdrückt, sagt das Mondzeichen etwas aus.

Darüber hinaus steht der Mond für das Thema Mütterlichkeit. Das Zeichen, in dem er sich befindet, gibt Auskunft darüber, wie das Kind seine Mutter (oder die Person, die die Mutterrolle innehat) erlebt. Dabei geht es nicht darum, wie sie wirklich ist, denn dann müssten alle Geschwister die gleiche Mondstellung haben. Aber jeder Mensch sieht die Welt ja durch seine subjektive Brille. Das gilt besonders für kleine Kinder, die noch über keine objektive Verstandesfunktion verfügen. Das Bild der Mutter wird in den ersten Jahren durch die persönlichen Empfindungen des Kindes geprägt.

Seine Berechnung

Auf den nächsten Seiten können Sie das Mondzeichen Ihres Kindes heraussuchen, indem Sie zuerst das Jahr auffinden, dann den Geburtstag. Haben Sie ihn gefunden, achten Sie darauf, ob der Mond an diesem Tag das Zeichen wechselt. Er bewegt sich ja sehr schnell und bleibt nur ca. zweieinhalb Tage in einem Zeichen. So könnte er zum Beispiel morgens noch im Stier und mittags schon im nächsten Zeichen, den Zwillingen, stehen. Hier kommt es wieder auf die genaue Geburtszeit an. Wechselt der Mond an einem Tag das Zeichen, erkennen Sie das an der Zeitangabe. Sie markiert den Moment, in dem er in das danach abgebildete Zeichen eintritt. Davor befindet er sich im Zeichen des Vortages.

Dann lesen Sie im Kapitel »Der Mond in den 12 Zeichen« (S. 290) den entsprechenden Text, z. B. Mond im Stier. Er beschreibt die Grundbedürfnisse und Art der Gefühlsäußerungen sowie das Verhältnis zur Mutter. Wollen Sie noch mehr über diese Seite Ihres Kindes erfahren, lesen Sie bitte das ganze Kapitel »Stier« – auch wenn es als Sternzeichen Skorpion hat. Je kleiner Ihr Kind ist, desto mehr werden Sie auch von diesem Zeichen in ihm wiedererkennen.

MONDTABELLE
2000 bis 2020

Tierkreiszeichen

♈ Widder
♉ Stier
♊ Zwillinge
♋ Krebs
♌ Löwe
♍ Jungfrau
♎ Waage
♏ Skorpion
♐ Schütze
♑ Steinbock
♒ Wassermann
♓ Fische

2000	Januar	Februar	März	April	Mai	Juni	Juli	August	September	Oktober	November	Dezember
1	♏	18.10♑	♑	10.13♓	02.55♈	18.35♊	05.10♋	15.27♍	♎	♏	♑	♒
2	22.32♐	♑	14.15♒	♓	♈	♊	♋	♍	07.55♏	00.50♐	♑	♒
3	♐	♑	♒	17.22♈	06.54♉	18.30♋	04.38♌	17.32♎	♏	♐	07.41♒	04.23♓
4	♐	06.31♒	♒	♈	♉	♋	♌	♎	16.09♐	11.43♑	♒	♓
5	11.24♑	♒	00.30♓	21.29♉	08.24♊	18.46♌	05.19♍	23.05♏	♐	♑	20.13♓	17.18♈
6	♑	17.02♓	♓	♉	♊	♌	♍	♏	♐	♑	♓	♈
7	23.53♒	♓	07.55♈	23.59♊	09.14♋	20.58♍	08.47♎	♏	03.47♑	00.34♒	♓	22.27♉
8	♒	♓	♈	♊	♋	♍	♎	08.31♐	♑	♒	06.03♈	♉
9	♒	01.18♈	13.01♉	♊	11.02♌	♍	15.49♏	♐	16.45♒	12.37♓	♈	♉
10	11.00♓	♈	♉	02.16♋	♌	01.59♎	♏	20.44♑	♒	♓	12.12♉	01.51♊
11	♓	07.21♉	16.46♊	♋	14.41♍	♎	♏	♑	♒	21.52♈	♉	♊
12	19.49♈	♉	♊	05.16♌	♍	09.55♏	02.06♐	♑	04.35♓	♈	15.28♊	02.49♋
13	♈	11.23♊	19.52♋	♌	20.28♎	♏	♐	09.43♒	♓	♈	♊	♋
14	♈	♊	♋	09.19♍	♎	20.18♐	14.28♑	♒	14.01♈	04.06♉	17.21♋	03.09♌
15	01.38♉	13.45♋	22.44♌	♍	♎	♐	♑	21.42♓	♈	♉	♋	♌
16	♉	♋	♌	14.36♎	04.17♏	♐	♑	♓	21.06♉	08.19♊	19.19♌	04.30♍
17	04.25♊	15.12♌	♌	♎	♏	08.27♑	03.27♒	♓	♉	♊	♌	♍
18	♊	♌	01.49♍	21.36♏	14.10♐	♑	♒	07.44♈	♉	11.37♋	02.16♍	08.01♎
19	05.01♋	16.54♍	♍	♏	♐	21.26♒	15.44♓	♈	02.22♊	♋	♍	♎
20	♋	♍	05.57♎	♏	♐	♒	♓	15.31♉	♊	14.43♌	♍	14.12♏
21	04.59♌	20.22♎	♎	06.58♐	02.01♑	♒	♓	♉	06.16♋	♌	02.35♎	♏
22	♌	♎	12.18♏	♐	♑	09.52♓	02.10♈	20.55♊	♋	17.53♍	♎	22.58♐
23	06.08♍	♎	♏	18.48♑	15.01♒	♓	♈	♊	09.00♌	♍	08.33♏	♐
24	♍	02.58♏	21.43♐	♑	♒	19.56♈	09.44♉	♊	♌	21.30♎	♏	♐
25	01.10♎	♏	♐	♑	♒	♈	♉	00.00♋	11.02♍	♎	16.33♐	09.54♑
26	♎	13.10♐	♐	07.42♒	03.08♓	♈	14.02♊	♋	♍	♎	♐	♑
27	18.02♏	♐	10.51♑	♒	♓	02.19♉	♊	01.17♌	13.22♎	02.24♏	♐	22.26♒
28	♏	♐	♑	19.06♓	12.08♈	♉	15.30♋	♌	♎	♏	02.58♑	♒
29	♏	01.46♑	23.35♒	♓	♈	05.00♊	♋	01.56♍	17.30♏	08.41♐	♑	♒
30	05.18♐		♒	♓	17.03♉	♊	15.24♌	♍	♏	♐	15.27♒	11.27♓
31	♐		♒		♉		♌	03.33♎		19.02♑		♓

2001	Januar	Februar	März	April	Mai	Juni	Juli	August	September	Oktober	November	Dezember
1	♓ 23.15♈	♉	♉	♋	♌	♎	♏	♑	♒	21.08♈	♉	♊
2	♈	21.56♊	04.37♊	19.54♌	04.16♍	16.56♏	05.14♐	♑	02.33♓	♈	22.13♊	11.31♋
3	♈	♊	♊	♌	♍	♏	♐	07.54♒	♓	♈	♊	♋
4	07.57♉	♊	09.25♋	21.47♍	06.50♎	22.58♐	14.22♑	♒	14.59♈	08.01♉	♊	15.16♌
5	♉	01.01♋	♋	♍	♎	♐	♑	20.31♓	♈	♉	04.44♋	♌
6	12.44♊	♋	11.30♌	22.57♎	10.01♏	♐	♑	♓	♈	17.13♊	♋	18.11♍
7	♊	01.21♌	♌	♎	♏	07.23♑	01.34♒	♓	02.18♉	♊	09.34♌	♍
8	14.09♋	♌	11.44♍	♎	15.05♐	♑	♒	09.05♈	♉	♊	♌	20.57♎
9	♋	00.36♍	♍	01.02♏	♐	18.20♒	14.05♓	♈	11.41♊	00.20♋	12.49♍	♎
10	13.44♌	♍	11.48♎	♏	23.10♑	♒	♓	22.24♉	♊	♋	♍	♎
11	♌	00.46♎	♎	05.47♐	♑	♒	♓	♉	18.10♋	04.55♌	14.53♎	00.10♏
12	13.26♍	♎	13.43♏	♐	♑	06.54♓	02.36♈	♉	♋	♌	♎	♏
13	♍	03.51♏	♏	14.21♑	10.20♒	♓	♈	04.59♊	21.16♌	06.58♍	16.45♏	04.30♐
14	15.06♎	♏	19.17♐	♑	♒	19.03♈	13.13♉	♊	♌	♍	♏	♐
15	♎	11.03♐	♐	♑	23.02♓	♈	♉	09.55♋	21.40♍	07.27♎	19.51♐	10.48♑
16	20.03♏	♐	♐	02.11♒	♓	♈	20.26♊	♋	♍	♎	♐	♑
17	♏	21.59♑	05.02♑	♒	♓	04.39♉	♊	11.26♌	21.00♎	08.03♏	♐	19.43♒
18	♏	♑	♑	15.01♓	10.42♈	♉	23.57♋	♌	♎	♏	01.40♑	♒
19	04.36♐	♑	17.37♒	♓	♈	10.43♊	♋	10.53♍	21.27♏	10.47♐	♑	♒
20	♐	10.54♒	♒	♓	19.30♉	♊	♋	♍	♏	♐	10.55♒	07.10♓
21	15.57♉	♒	♒	02.18♈	♉	13.41♋	00.43♌	10.19♎	♏	17.12♑	♒	♓
22	♉	23.45♓	06.28♓	♈	♉	♋	♌	♎	01.03♐	♑	22.53♓	19.46♈
23	♉	♓	♓	10.56♉	01.12♊	14.55♌	00.29♍	11.50♏	♐	♑	♓	♈
24	04.44♒	♓	17.44♈	♉	♊	♌	♍	♏	08.49♉	03.27♒	♓	♈
25	♒	11.19♈	♈	17.12♊	04.43♋	15.58♍	01.08♎	17.00♐	♉	♒	11.22♈	07.13♉
26	17.39♓	♈	♈	♊	♋	♍	♎	♐	20.05♒	15.56♓	♈	♉
27	♓	21.06♉	03.51♉	21.50♋	07.12♌	18.11♎	04.17♏	♐	♒	♓	22.06♉	5.39♊
28	♓	♉	♉	♋	♌	♎	♏	02.02♑	♒	♓	♉	♊
29	05.35♈		11.01♊	♋	09.38♍	22.29♏	10.45♐	♑	08.50♓	03.14♈	06.04♊	20.40♋
30	♈		♊	01.25♌	♍	♏	♐	13.48♒	♓	♈	♊	♋
31	15.22♉		16.24♋		12.42♎		20.16♑	♒		13.48♉		23.08♌

2002	Januar	Februar	März	April	Mai	Juni	Juli	August	September	Oktober	November	Dezember
1	♌	09.45♎	♎	08.48♐	♑	♒	21.50♈	♉	23.15♋	13.59♌	♍	12.16♏
2	♌	♎	19.52♏	♐	♑	01.38♓	♈	♉	♋	♌	02.29♎	♏
3	00.35♍	11.35♏	♏	13.59♑	06.44♒	♓	♈	05.47♊	♋	16.53♍	♎	12.58♐
4	♍	♏	22.55♐	♑	♒	13.52♈	10.17♉	♊	04.37♌	♍	02.11♏	♐
5	02.24♎	16.22♐	♐	23.07♒	17.47♓	♈	♉	14.02♋	♌	16.52♎	♏	14.39♑
6	♎	♐	♐	♒	♓	♈	21.01♊	♋	06.17♍	♎	02.02♐	♑
7	05.41♏	♐	05.48♑	♒	♓	02.07♉	♊	18.28♌	♍	15.58♏	♐	18.54♒
8	♏	00.09♑	♑	10.58♓	06.23♈	♉	♊	♌	05.57♎	♏	03.59♑	♒
9	10.58♐	♑	15.57♒	♓	♈	12.30♊	04.37♋	20.03♍	♎	16.21♐	♑	♒
10	♐	10.15♒	♒	23.41♈	18.32♉	♊	♋	♍	05.49♏	♐	09.27♒	02.46♓
11	18.19♉	♒	♒	♈	♉	20.15♋	09.08♌	20.38♎	♏	19.45♑	♒	♓
12	♑	21.53♓	03.57♓	♈	♉	♋	♌	♎	07.45♐	♑	18.42♓	13.59♈
13	♑	♓	♓	11.56♉	05.05♊	♋	11.41♍	22.01♏	♐	♑	♓	♈
14	03.42♒	♓	16.35♈	♉	♊	01.40♌	♍	♏	12.48♑	02.52♒	♓	♈
15	♒	10.26♈	♈	22.57♊	13.34♋	♌	13.40♎	♏	♑	♒	06.38♈	02.44♉
16	15.00♓	♈	♈	♊	♋	05.24♍	♎	01.26♐	20.55♒	13.07♓	♈	♉
17	♓	22.58♉	05.01♉	♊	19.53♌	♍	16.12♏	♐	♒	♓	19.24♉	14.43♊
18	♓	♉	♉	08.01♋	♌	08.11♎	♏	07.16♑	♒	♓	♉	♊
19	03.35♈	♉	16.19♊	♋	♌	♎	20.02♐	♑	07.18♓	01.14♈	♉	♊
20	♈	09.51♊	♊	14.21♌	00.01♍	10.43♏	♐	15.17♒	♓	♈	07.25♊	00.30♋
21	15.47♉	♊	♊	♌	♍	♏	♐	♒	19.11♈	13.57♉	♊	♋
22	♉	17.16♋	01.07♋	17.34♍	02.19♎	13.42♐	01.26♑	♒	♈	♉	17.48♋	07.49♌
23	♉	♋	♋	♍	♎	♐	♑	01.11♓	♈	♉	♋	♌
24	01.28♊	20.37♌	06.13♌	18.22♎	03.39♏	18.02♑	08.40♒	♓	07.55♉	02.18♊	♋	13.06♍
25	♊	♌	♌	♎	♏	♑	♒	12.48♈	♉	♊	02.00♌	♍
26	07.17♋	20.48♍	07.44♍	18.16♏	05.20♐	♑	18.05♓	♈	20.27♊	13.11♋	♌	16.54♎
27	♋	♍	♍	♏	♐	00.36♒	♓	♈	♊	♋	07.42♍	♎
28	09.31♌	19.47♎	07.04♎	19.13♐	08.55♑	♒	♓	01.32♉	♊	20.20♌	♍	19.42♏
29	♌		♎	♐	♑	10.01♓	05.39♈	♉	07.02♋	♌	10.55♎	♏
30	09.40♍		06.22♏	23.03♑	15.35♒	♓	♈	13.46♊	♋	♌	♎	22.02♐
31	♍		♏		♒		18.17♉	♊		01.00♍		♐

2003	Januar	Februar	März	April	Mai	Juni	Juli	August	September	Oktober	November	Dezember
1	♐	♒	♒	♈	♉	23.28 ♋	15.13 ♌	♍	♏	♐	♒	♓
2	00.43 ♑	20.55 ♓	04.26 ♓	♈	♉	♋	♌	08.48 ♎	20.32 ♐	05.22 ♑	20.52 ♓	11.56 ♈
3	♑	♓	♓	10.21 ♉	05.28 ♊	♋	22.16 ♍	♎	♐	♑	♓	♈
4	04.57 ♒	♓	14.30 ♈	♉	♊	09.25 ♌	♍	12.13 ♏	23.52 ♑	09.46 ♒	♓	23.30 ♉
5	♒	06.45 ♈	♈	23.24 ♊	17.43 ♋	♌	♍	♏	♑	♒	06.03 ♈	♉
6	11.57 ♓	♈	♈	♊	♋	16.51 ♍	03.21 ♎	15.11 ♐	♑	16.21 ♓	♈	♉
7	♓	19.00 ♉	02.37 ♉	♊	♋	♍	♎	♐	04.15 ♒	♓	17.30 ♉	12.27 ♊
8	22.15 ♈	♉	♉	11.37 ♋	03.47 ♌	22.00 ♎	06.44 ♏	18.03 ♑	♒	♓	♉	♊
9	♈	♉	15.38 ♊	♋	♌	♎	♏	♑	10.07 ♓	01.07 ♈	♉	♊
10	♈	07.46 ♊	♊	20.54 ♌	10.31 ♍	23.39 ♏	08.49 ♐	21.24 ♒	♓	♈	06.15 ♊	01.11 ♋
11	10.48 ♉	♊	♊	♌	♍	♏	♐	♒	18.09 ♈	12.05 ♉	♊	♋
12	♉	18.19 ♋	03.12 ♋	♌	13.43 ♎	♏	10.21 ♑	♒	♈	♉	19.10 ♋	12.41 ♌
13	23.08 ♊	♋	♋	02.07 ♍	♎	00.13 ♐	♑	02.19 ♓	♈	♉	♋	♌
14	♊	♋	11.07 ♌	♍	14.14 ♏	♐	12.38 ♒	♓	04.50 ♉	00.45 ♊	♋	22.07 ♍
15	♊	01.04 ♌	♌	03.42 ♎	♏	00.39 ♑	♒	10.00 ♈	♉	♊	06.49 ♌	♍
16	08.56 ♋	♌	14.53 ♍	♎	13.43 ♐	♑	17.14 ♓	♈	17.32 ♊	13.41 ♋	♌	♍
17	♋	04.22 ♍	♍	03.16 ♏	♐	02.42 ♒	♓	20.53 ♉	♊	♋	15.37 ♍	04.47 ♎
18	15.29 ♌	♍	15.43 ♎	♏	14.04 ♑	♒	♓	♉	♊	♋	♍	♎
19	♌	05.48 ♎	♎	02.52 ♐	♑	07.57 ♓	01.20 ♈	♉	06.08 ♋	00.42 ♌	20.42 ♎	08.20 ♏
20	19.32 ♍	♎	15.38 ♏	♐	17.01 ♒	♓	♈	09.41 ♊	♋	♌	♎	♏
21	♍	07.10 ♏	♏	04.21 ♑	♒	17.06 ♈	12.48 ♉	♊	16.03 ♌	08.02 ♍	22.24 ♏	09.16 ♐
22	22.23 ♎	♏	16.33 ♐	♑	23.42 ♓	♈	♉	21.45 ♋	♌	♍	♏	♐
23	♎	09.46 ♐	♐	08.58 ♒	♓	♈	♉	♋	22.05 ♍	11.27 ♎	22.03 ♐	08.56 ♑
24	♎	♐	19.48 ♑	♒	♓	05.16 ♉	01.43 ♊	♋	♍	♎	♐	♑
25	01.09 ♏	14.11 ♑	♑	17.03 ♓	09.59 ♈	♉	♊	06.49 ♌	00.49 ♎	12.09 ♏	21.32 ♑	09.13 ♒
26	♏	♑	♑	♓	♈	18.13 ♊	13.23 ♋	♌	♎	♏	♑	♒
27	04.26 ♐	20.25 ♒	01.51 ♒	♓	22.33 ♉	♊	♋	12.27 ♍	♎	10.55 ♐	22.48 ♒	12.10 ♓
28	♐	♒	♒	03.55 ♈	♉	♊	22.17 ♌	♍	01.53 ♏	♐	♒	♓
29	08.30 ♑		10.26 ♓	♈	♉	05.52 ♋	♌	15.42 ♎	♏	11.37 ♑	♒	19.09 ♈
30	♑		♓	16.27 ♉	11.32 ♊	♋	04.27 ♍	♎	02.57 ♐	♑	03.26 ♓	♈
31	13.45 ♒		22.04 ♈		♊		♍	18.00 ♏		14.42 ♈♒		♈

2004	Januar	Februar	März	April	Mai	Juni	Juli	August	September	Oktober	November	Dezember
1	♈ 06.02 ♉	♊	♋	♌	20.03 ♎	♏	20.02 ♑	♒	♈	♉	15.53 ♋	11.50 ♌
2	♉	15.04 ♋	♋	04.46 ♍	♎	09.52 ♐	♑	06.35 ♓	♈	20.55 ♊	♋	♌
3	18.59 ♊	♋	10.18 ♌	♍	22.39 ♏	♐	19.22 ♒	♓	02.16 ♉	♊	♋	♌
4	♊	♋	♌	09.52 ♎	♏	09.13 ♑	♒	10.00 ♈	♉	♊	04.32 ♌	00.01 ♍
5	♊	01.50 ♌	18.18 ♍	♎	23.08 ♐	♑	20.27 ♓	♈	12.25 ♊	08.55 ♋	♌	♍
6	07.39 ♋	♌	♍	12.25 ♏	♐	09.22 ♒	♓	17.26 ♉	♊	♋	16.00 ♍	09.47 ♎
7	♋	10.03 ♍	23.31 ♎	♏	23.17 ♑	09.10 ♒	♓	♉	♊	21.23 ♌	♍	♎
8	18.39 ♌	♍	♎	13.51 ♐	♑	11.39 ♓	01.04 ♈	♉	00.51 ♋	♌	♍	15.44 ♏
9	♌	16.13 ♎	♎	♐	♑	♓	♈	04.33 ♊	♋	♌	00.23 ♎	♏
10	♌	♎	03.03 ♏	15.34 ♑	00.47 ♒	17.50 ♈	09.51 ♉	♊	13.06 ♌	08.01 ♍	♎	17.55 ♐
11	03.38 ♍	20.58 ♏	♏	♑	♒	♈	♉	17.21 ♋	♌	♍	05.06 ♏	♐
12	♍	♏	05.57 ♐	18.33 ♒	04.52 ♓	♈	21.45 ♊	♋	23.17 ♍	15.32 ♎	♏	17.42 ♑
13	10.38 ♎	♏	♐	♒	♓	03.37 ♉	♊	♋	♍	♎	06.57 ♐	♑
14	♎	00.35 ♐	08.52 ♑	23.24 ♓	12.03 ♈	♉	♊	05.30 ♌	♍	20.11 ♏	♐	17.10 ♒
15	15.33 ♏	♐	♑	♓	♈	♉	10.41 ♋	♌	06.54 ♎	♏	07.33 ♑	♒
16	♏	03.14 ♑	12.11 ♒	♓	21.57 ♉	15.44 ♊	♋	15.50 ♍	♎	22.58 ♐	♑	18.24 ♓
17	18.18 ♐	♑	♒	06.25 ♈	♉	♊	22.56 ♌	♍	12.26 ♏	♐	08.39 ♒	♓
18	♐	05.27 ♒	16.26 ♓	♈	♉	04.38 ♋	♌	♍	♏	♐	♒	22.52 ♈
19	19.24 ♑	♒	♓	15.43 ♉	09.48 ♊	♋	♌	00.10 ♎	16.13 ♐	01.06 ♑	11.38 ♓	♈
20	♑	08.27 ♓	22.29 ♈	♉	♊	17.05 ♌	09.44 ♍	♎	♐	♑	♓	♈
21	20.11 ♒	♓	♈	♉	22.35 ♋	♌	♍	06.37 ♏	19.36 ♑	03.38 ♒	17.11 ♈	06.53 ♉
22	♒	13.45 ♈	♈	03.10 ♊	♋	♌	18.39 ♎	♏	♑	♒	♈	♉
23	22.29 ♓	♈	07.10 ♉	♊	♋	04.10 ♍	♎	11.09 ♐	22.10 ♒	07.14 ♓	♈	17.33 ♊
24	♓	22.30 ♉	♉	15.56 ♋	11.08 ♌	♍	♎	♐	♒	♓	01.16 ♉	♊
25	♓	♉	18.35 ♊	♋	♌	12.50 ♎	00.09 ♏	13.47 ♑	♒	11.25 ♈	♉	♊
26	04.06 ♈	♉	♊	♋	21.52 ♍	♎	♏	♑	00.56 ♓	♈	11.26 ♊	05.38 ♋
27	♈	10.23 ♊	♊	04.15 ♌	♍	18.13 ♏	04.48 ♐	15.08 ♒	♓	19.38 ♉	♊	♋
28	13.46 ♉	♊	08.24 ♋	♌	♍	♏	♐	♒	03.57 ♈	♉	23.11 ♋	18.14 ♌
29	♉	23.12 ♋	♋	14.00 ♍	05.23 ♎	20.16 ♐	05.58 ♑	16.33 ♓	♈	♉	♋	♌
30	♉		20.08 ♌	♍	♎	♐	♑	♓	11.24 ♉	05.11 ♊	♋	♌
31	02.19 ♊		♌		09.08 ♏		05.54 ♒	19.46 ♈		♊		06.34 ♍

2005	Januar	Februar	März	April	Mai	Juni	Juli	August	September	Oktober	November	Dezember
1	♍	07.52 ♏	♏	04.49 ♑	♒	01.09 ♈	♉	13.53 ♋	♌	♍	08.30 ♏	♐
2	17.21 ♎	♏	19.13 ♐	♑	15.44 ♓	♈	21.27 ♊	♋	20.57 ♍	15.25 ♎	♏	♐
3	♎	13.22 ♐	♐	07.32 ♒	♓	07.21 ♉	♊	♋	♍	♎	14.56 ♐	02.43 ♑
4	♎	♐	23.13 ♑	♒	19.37 ♈	♉	♊	02.11 ♌	♍	♎	♐	♑
5	01.01 ♏	15.33 ♑	♑	09.46 ♓	♈	15.37 ♊	08.08 ♋	♌	08.53 ♎	01.40 ♏	19.18 ♑	04.37 ♒
6	♏	♑	♑	♓	♈	♊	♋	14.55 ♍	♎	♏	♑	♒
7	04.45 ♐	15.27 ♒	00.50 ♒	12.29 ♈	01.02 ♉	♊	20.12 ♌	♍	19.11 ♏	08.29 ♐	22.32 ♒	06.45 ♓
8	♐	♒	♒	♈	♉	01.47 ♋	♌	♍	♏	♐	♒	♓
9	05.12 ♑	15.00 ♓	01.33 ♓	16.51 ♉	08.30 ♊	♋	♌	03.10 ♎	♏	13.45 ♑	♒	10.03 ♈
10	♑	♓	♓	♉	♊	13.41 ♌	08.58 ♍	♎	03.04 ♐	♑	01.24 ♓	♈
11	04.08 ♒	16.22 ♈	03.04 ♈	23.56 ♊	18.21 ♋	♌	♍	13.36 ♏	♐	17.06 ♒	♓	14.47 ♉
12	♒	♈	♈	♊	♋	♌	21.10 ♎	♏	07.58 ♑	♒	04.23 ♈	♉
13	03.51 ♓	21.19 ♉	07.06 ♉	♊	♋	02.23 ♍	♎	20.48 ♐	♑	19.06 ♓	♈	21.00 ♊
14	♓	♉	♉	10.04 ♋	06.18 ♌	♍	♎	♐	10.03 ♒	♓	08.03 ♉	♊
15	06.28 ♈	♉	14.45 ♊	♋	♌	14.00 ♎	06.52 ♏	♐	♒	20.40 ♈	♉	♊
16	♈	06.19 ♊	♊	22.18 ♌	18.47 ♍	♎	♏	00.14 ♑	10.25 ♓	♈	13.11 ♊	05.02 ♋
17	13.07 ♉	♊	♊	♌	♍	22.25 ♏	12.36 ♐	♑	♓	23.05 ♉	♊	♋
18	♉	18.14 ♋	01.45 ♋	♌	♍	♏	♐	00.40 ♒	10.44 ♈	♉	20.43 ♋	15.19 ♌
19	23.25 ♊	♋	♋	10.28 ♍	05.31 ♎	♏	14.27 ♑	♒	♈	♉	♋	♌
20	♊	♋	14.18 ♌	♍	♎	02.46 ♐	♑	00.53 ♓	12.48 ♉	03.45 ♊	♋	♌
21	♊	06.56 ♌	♌	20.28 ♎	12.50 ♏	♐	13.56 ♒	♓	♉	♊	07.11 ♌	03.40 ♍
22	11.43 ♋	♌	♌	♎	♏	03.53 ♑	♒	00.02 ♈	18.08 ♊	11.42 ♋	♌	♍
23	♋	18.45 ♍	02.11 ♍	♎	16.39 ♐	♑	13.12 ♓	♈	♊	♋	19.43 ♍	16.27 ♎
24	♋	♍	♍	03.26 ♏	♐	03.37 ♒	♓	02.59 ♉	♊	22.50 ♌	♍	♎
25	00.22 ♌	♍	12.01 ♎	♏	18.12 ♑	♒	14.24 ♈	♉	03.11 ♋	♌	♍	♎
26	♌	05.00 ♎	♎	07.47 ♐	♑	04.04 ♓	♈	09.44 ♊	♋	♌	07.59 ♎	03.05 ♏
27	12.25 ♍	♎	19.30 ♏	♐	19.11 ♒	♓	18.55 ♉	♊	15.04 ♌	11.29 ♍	♎	♏
28	♍	13.22 ♏	♏	10.34 ♑	♒	06.52 ♈	♉	19.58 ♋	♌	♍	17.34 ♏	09.45 ♐
29	23.14 ♎		♏	♑	21.10 ♓	♈	♉	♋	♌	23.16 ♎	♏	♐
30	♎		00.58 ♐	12.55 ♒	♓	12.46 ♉	03.03 ♊	♋	03.45 ♍	♎	23.33 ♐	12.36 ♑
31	♎		♐		♓		♊	08.15 ♌		♎		♑

2006	Januar	Februar	März	April	Mai	Juni	Juli	August	September	Oktober	November	Dezember
1	♑13.15♒	23.47♈	10.20♈	♉	16.18♋	♌	♍	14.09♏	♐	♑	♓	♈
2	♒	♈	♈	00.50♊	♋	21.18♍	18.07♎	♏	14.36♑	04.25♒	16.47♈	02.27♉
3	13.45♓	♈	11.23♉	♊	♋	♍	♎	♏	♑	♒	♈	♉
4	♓	02.32♉	♉	07.16♋	01.19♌	♍	♎	00.14♐	19.16♒	06.34♓	17.06♉	04.06♊
5	15.45♈	♉	15.39♊	♋	♌	10.09♎	06.14♏	♐	♒	♓	♉	♊
6	♈	08.33♊	♊	17.26♌	13.21♍	♎	♏	06.21♑	19.58♓	06.33♈	17.47♊	07.02♋
7	20.10♉	♊	23.39♋	♌	♍	21.42♏	15.15♐	♑	♓	♈	♊	♋
8	♉	17.34♋	♋	♌	♍	♏	♐	08.49♒	19.24♈	06.05♉	20.47♋	12.53♌
9	♉	♋	♋	06.00♍	02.11♎	♏	20.26♑	♒	♈	♉	♋	♌
10	03.00♊	♋	10.43♌	♍	♎	06.06♐	♑	09.11♓	19.31♉	07.07♊	♋	22.32♍
11	♓	04.45 ♌	♌	18.48♎	13.26♏	♐	22.47♒	♓	♉	♊	03.35♌	♍
12	11.51♋	♌	23.25♍	♎	♏	11.20♑	♒	09.23♈	22.00♊	11.22♋	♌	♍
13	♋	17.14♍	♍	♎	21.57♐	♑	♒	♈	♊	♋	14.20♍	11.02♎
14	22.32♌	♍	♍	06.09♏	♐	14.33♒	00.01♓	11.01♉	♊	19.39♌	♍	♎
15	♌	♍	12.14♎	♏	♐	♒	♓	♉	03.55♋	♌	♍	23.44♏
16	♌	06.10♎	♎	15.21♐	04.00♑	17.06♓	01.40♈	15.08♊	♋	♌	03.15♎	♏
17	10.50♍	♎	♎	♐	♑	♓	♈	♊	13.16♌	07.17♍	♎	♏
18	♍	18.12♏	00.00♏	22.14♑	08.20♒	19.55♈	04.45♉	22.04♋	♌	♍	15.48♏	10.11♐
19	23.50♎	♏	♏	♑	♒	♈	♉	♋	♌	20.20♎	♏	♐
20	♎	♏	09.44♐	♑	11.40♓	23.24♉	09.39♊	♋	01.08♍	♎	♏	17.40♑
21	♎	03.39♐	♐	02.57♒	♓	♉	♊	07.34♌	♍	♎	02.16♐	♑
22	11.30 ♏	♐	16.37♑	♒	14.25♈	♉	16.29♋	♌	14.07♎	08.55♏	♐	22.50♒
23	♏	09.17♑	♑	05.44♓	♈	03.50♊	♋	19.09♍	♎	♏	10.26♑	♒
24	19.39♐	♑	20.22♒	♓	17.02♉	♊	♋	♍	♎	19.54♐	♑	♒
25	♐	11.16♒	♒	07.13♈	♉	09.49♋	01.26♌	♍	02.55♏	♐	16.42♒	02.44♓
26	23.32♑	♒	21.34♓	♈	20.20♊	♋	♌	08.02♎	♏	♐	♒	♓
27	♑	10.57♓	♓	08.28♉	♊	18.10♌	12.37♍	♎	14.17♐	04.48♑	21.22♓	06.05♈
28	♑	♓	21.32♈	♉	♊	♌	♍	20.57♏	♐	♑	♓	♈
29	00.10♒		♈	10.59♊	01.35♋	♌	♍	♏	23.02♑	11.18♒	♓	09.09♉
30	23.23♓		22.02♉	♊	♋	05.16♍	01.28♎	♏	♑	♒	00.31♈	♉
31	♓		♉		09.53♌		♎	08.01♐		15.12♓		12.17♊

2007	Januar	Februar	März	April	Mai	Juni	Juli	August	September	Oktober	November	Dezember
1	♊	06.16♌	♌	16.44♎	11.42♏	♐	♑	♓	06.36♉	♊	05.49♌	♍
2	16.15♋	♌	22.33♍	♎	♏	16.10♑	06.25♒	21.44♈	♉	17.58♋	♌	♍
3	♋	15.35♍	♍	♎	23.49♐	♑	♒	♈	08.31♊	♋	13.46♍	07.02♎
4	22.15♌	♍	♍	05.37♏	♐	♑	11.53♓	♈	♊	23.28♌	♍	♎
5	♌	♍	10.26♎	♏	♐	00.16♒	♓	00.17♉	12.09♋	♌	♍	19.32♏
6	♌	03.16♎	♎	17.58♐	10.22♑	♒	15.58♈	♉	♋	♌	00.48♎	♏
7	07.19♍	♎	23.18♏	♐	♑	06.25♓	♈	03.02♊	18.00♌	08.04♍	♎	♏
8	♍	16.11♏	♏	♐	18.49♒	♓	18.55♉	♊	♌	♍	13.19♏	08.12♐
9	19.16♎	♏	♏	04.37♑	♒	10.27♈	♉	06.37♋	♌	18.59♎	♏	♐
10	♎	♏	11.38♐	♑	♒	♈	21.11♊	♋	02.11♍	♎	♏	19.52♑
11	♎	04.02♐	♐	12.24♒	00.33♓	12.30♉	♊	11.43♌	♍	♎	02.00♐	♑
12	08.09♏	♐	21.36♑	♒	♓	♉	23.40♋	♌	12.32♎	07.14♏	♐	♑
13	♏	12.43♑	♑	16.40♓	03.20♈	13.25♊	♋	19.04♍	♎	♏	14.02♑	06.02♒
14	19.12♐	♑	♑	♓	♈	♊	♋	♍	♎	19.59♐	♑	♒
15	♐	17.36♒	03.53♒	17.48♈	03.49♉	14.46♋	03.44♌	♍	00.38♏	♐	♑	14.16♓
16	♐	♒	♒	♈	♉	♋	♌	05.05♎	♏	♐	00.31♒	♓
17	02.50♑	19.31♓	06.31♓	17.12♉	03.35♊	18.26♌	10.40♍	♎	13.22♐	08.04♑	♒	19.54♈
18	♑	♓	♓	♉	♊	♌	♍	17.14♏	♐	♑	08.16♓	♈
19	07.17♒	20.07♈	06.43♈	16.52♊	04.39♋	♌	20.54♎	♏	♐	17.53♒	♓	22.39♉
20	♒	♈	♈	♊	♋	01.47♍	♎	♏	00.53♑	♒	12.25♈	♉
21	09.49♓	21.04♉	06.16♉	18.51♋	08.58♌	♍	♎	05.45♐	♑	♒	♈	23.15♊
22	♓	♉	♉	♋	♌	12.45♎	09.19♏	♐	09.19♒	00.03♓	13.20♉	♊
23	11.53♈	23.43♊	07.07♊	♋	17.27♍	♎	♏	16.21♑	♒	♓	♉	23.19♋
24	♈	♊	♊	00.39♌	♍	♎	21.31♐	♑	13.56♓	02.25♈	12.30♊	♋
25	14.30♉	♊	10.50♋	♌	♍	01.28♏	♐	23.36♒	♓	♈	♊	♋
26	♉	04.49♋	♋	10.25♍	05.17♎	♏	♐	♒	15.24♈	02.08♉	12.08♋	00.53♌
27	18.11♊	♋	18.05♌	♍	♎	13.25♐	07.22♑	♒	♈	♉	♋	♌
28	♊	12.31♌	♌	22.46♎	18.12♏	♐	♑	03.35♓	15.18♉	01.12♊	14.24♌	05.45♍
29	23.17♋		♌	♎	♏	23.06♑	14.15♒	♓	♉	♊	♌	♍
30	♋		04.28♍	♎	♏	♑	♒	05.26♈	15.35♊	01.51♋	20.45♍	14.38♎
31	♋		♍		06.08♐		18.42♓	♈		♋		♎

2008	Januar	Februar	März	April	Mai	Juni	Juli	August	September	Oktober	November	Dezember
1	♎	♐	19.34 ♑	♒	♓	♉	♊	♌	12.46 ♎	05.27 ♏	♐	♑
2	02.33 ♏	♐	♑	21.56 ♓	11.52 ♈	23.07 ♊	08.54 ♋	22.00 ♍	♎	♏	12.14 ♑	07.46 ♒
3	♏	10.53 ♑	♑	♓	♈	♊	♋	♍	21.03 ♏	16.15 ♐	♑	♒
4	15.14 ♐	♑	05.26 ♒	♓	12.59 ♉	22.17 ♋	09.16 ♌	♍	♏	♐	♑	19.24 ♓
5	♐	20.11 ♒	♒	01.28 ♈	♉	♋	♌	03.29 ♎	♏	♐	01.03 ♒	♓
6	♐	♒	11.54 ♓	♈	12.18 ♊	23.01 ♌	12.05 ♍	♎	08.12 ♐	04.50 ♑	♒	♓
7	02.44 ♑	♒	♓	02.21 ♉	♊	♌	♍	12.27 ♏	♐	♑	11.44 ♓	03.45 ♈
8	♑	02.47 ♓	15.24 ♈	♉	12.03 ♋	♌	18.32 ♎	♏	20.46 ♑	17.04 ♒	♓	♈
9	12.14 ♒	♓	♈	02.28 ♊	♋	03.02 ♍	♎	♏	♑	♒	18.27 ♈	07.53 ♉
10	♒	07.18 ♈	17.15 ♉	♊	14.11 ♌	♍	♎	00.11 ♐	♑	♒	♈	♉
11	19.45 ♓	♈	♉	03.44 ♋	♌	10.56 ♎	04.36 ♏	♐	08.21 ♒	02.32 ♓	21.06 ♉	08.34 ♊
12	♓	10.35 ♉	18.55 ♊	♋	19.49 ♍	♎	♏	12.43 ♑	♒	♓	♉	♊
13	♓	♉	♊	07.30 ♌	♍	21.54 ♏	16.51 ♐	♑	17.06 ♓	08.08 ♈	21.12 ♊	07.41 ♋
14	01.24 ♈	13.20 ♊	21.39 ♋	♌	♍	♏	♐	23.57 ♒	♓	♈	♊	♋
15	♈	♊	♋	14.08 ♍	04.47 ♎	♏	♐	♒	22.40 ♈	10.32 ♉	20.53 ♋	07.24 ♌
16	05.14 ♉	16.13 ♋	♋	♍	♎	10.21 ♐	05.21 ♑	♒	♈	♉	♋	♌
17	♉	♋	02.05 ♌	23.11 ♎	16.00 ♏	♐	♑	08.47 ♓	♈	11.26 ♊	22.09 ♌	09.37 ♍
18	07.31 ♊	19.52 ♌	♌	♎	♏	22.53 ♑	16.41 ♒	♓	01.58 ♉	♊	♌	♍
19	♊	♌	08.26 ♍	♎	♏	♑	♒	15.11 ♈	♉	12.41 ♋	♌	15.24 ♎
20	09.06 ♋	♌	♍	10.01 ♏	04.20 ♐	♑	♒	♈	04.18 ♊	♋	02.14 ♍	♎
21	♋	01.07 ♍	16.46 ♎	♏	♐	10.35 ♒	02.09 ♓	19.39 ♉	♊	15.36 ♌	♍	♎
22	11.21 ♌	♍	♎	22.08 ♐	16.56 ♑	♒	♓	♉	06.50 ♋	♌	09.21 ♎	00.38 ♏
23	♌	08.46 ♎	♎	♐	♑	20.33 ♓	09.23 ♈	22.49 ♊	♋	20.41 ♍	♎	♏
24	15.49 ♍	♎	03.07 ♏	♐	♑	♓	♈	♊	10.15 ♌	♍	18.55 ♏	12.14 ♐
25	♍	19.07 ♏	♏	10.48 ♑	04.53 ♒	♓	14.15 ♉	♊	♌	♍	♏	♐
26	23.36 ♎	♏	15.12 ♐	♑	♒	03.50 ♈	♉	01.20 ♋	14.53 ♍	03.49 ♎	♏	♐
27	♎	♏	♐	22.28 ♒	14.40 ♓	♈	16.56 ♊	♋	♍	♎	06.15 ♐	00.57 ♑
28	♎	07.23 ♐	♐	♒	♓	07.51 ♉	♊	03.52 ♌	21.07 ♎	12.48 ♏	♐	♑
29	10.36 ♏	♐	03.44 ♑	♒	20.54 ♈	♉	18.13 ♋	♌	♎	♏	18.49 ♑	13.44 ♒
30	♏		♑	07.12 ♓	♈	09.04 ♊	♋	07.19 ♍	♎	23.42 ♐	♑	♒
31	23.09 ♐		14.35 ♒		23.20 ♉		19.23 ♌	♍		♐		♒

2009	Januar	Februar	März	April	Mai	Juni	Juli	August	September	Oktober	November	Dezember
1	♒ 01.28♓	23.10♉	04.34♉	17.31♋	01.57♌	16.18♎	05.20♏	♐	04.44♒	00.27♓	♈	15.24♊
2	♓	♉	♉	♋	♌	♎	♏	09.09♑	♒	♓	01.46♉	♊
3	10.51♈	♉	09.00♊	20.34♌	05.38♍	23.45♏	15.12♐	♑	16.59♓	10.22♈	♉	17.02♋
4	♈	03.16♊	♊	♌	♍	♏	♐	22.09♒	♓	♈	05.54♊	♋
5	16.47♉	♊	12.08♋	♌	10.52♎	♏	♐	♒	♓	17.34♉	♊	18.08♌
6	♉	05.07♋	♋	00.02♍	♎	09.25♐	03.09♑	♒	03.15♈	♉	08.44♋	♌
7	19.13♊	♋	14.25♌	♍	17.49♏	♐	♑	10.35♓	♈	22.48♊	♋	20.07♍
8	♊	05.44♌	♌	04.23♎	♏	21.01♑	16.04♒	♓	11.19♉	♊	11.24♌	♍
9	19.15♋	♌	16.35♍	♎	♏	♑	♒	21.24♈	♉	♊	♌	23.48♎
10	♋	06.39♍	♍	10.24♏	02.50♐	♑	♒	♈	17.18♊	02.49♋	14.31♍	♎
11	18.42♌	♍	19.47♎	♏	♐	09.54♒	04.45♓	♈	♊	♋	♍	♎
12	♌	09.34♎	♎	19.02♐	14.10♑	♒	♓	05.51♉	21.21♋	06.04♌	18.23♎	05.33♏
13	19.34♍	♎	♎	♐	♑	22.33♓	15.41♈	♉	♋	♌	♎	♏
14	♍	15.52♏	01.24♏	♐	♑	♓	♈	11.27♊	23.40♌	08.46♍	23.25♏	13.26♐
15	23.31♎	♏	♏	06.28♑	03.02♒	♓	23.31♉	♊	♌	♍	♏	♐
16	♎	♏	10.23♐	♑	♒	08.53♈	♉	14.14♋	♌	11.31♎	♏	23.33♑
17	♎	01.54♐	♐	19.20♒	15.18♓	♈	♉	♋	05.57♍	♎	06.23♐	♑
18	07.21♏	♐	22.20♑	♒	♓	15.21♉	03.42♊	14.58♌	♍	15.24♏	♐	♑
19	♏	14.26♑	♑	♒	♓	♉	♊	♌	02.27♎	♏	16.02♑	11.40♒
20	18.31♐	♑	♑	06.56♓	00.31♈	18.01♊	04.52♋	15.01♍	♎	21.50♐	♑	♒
21	♐	♑	11.08♒	♓	♈	♊	♋	♍	05.53♏	♐	♑	♒
22	♐	03.07♒	♒	15.10♈	05.41♉	18.13♋	04.29♌	16.13♎	♏	♐	04.12♒	00.43♓
23	07.19♑	♒	22.09♓	♈	♉	♋	♌	♎	12.44♐	07.40♑	♒	♓
24	♑	14.01♓	♓	19.47♉	07.35♊	17.51♌	04.24♍	20.17♏	♐	♑	17.09♓	12.41♈
25	19.58♒	♓	♓	♉	♊	♌	♍	♏	23.20♑	20.09♒	♓	♈
26	♒	22.25♈	06.04♈	22.03♊	07.59♋	18.48♍	06.27♎	♏	♑	♒	♓	21.27♉
27	♒	♈	♈	♊	♋	♍	♎	04.17♐	♑	♒	04.12♈	♉
28	07.13♓	♈	11.10♉	23.39♋	08.45♌	22.26♎	11.57♏	♐	12.08♒	08.46♓	♈	♉
29	♓		♉	♋	♌	♎	♏	15.45♑	♒	♓	11.35♉	02.14♊
30	16.26♈		14.37♊	♋	11.19♍	♎	21.11♐	♑	♒	18.58♈	♉	♊
31	♈		♊		♍		♐	♑		♈		03.46♋

2010	Januar	Februar	März	April	Mai	Juni	Juli	August	September	Oktober	November	Dezember
1	♋	♍	♍	♏	♐	06.09♒	02.11♓	♈	01.20♊	♋	04.52♍	♎
2	03.42♌	14.43♎	01.32♎	17.54♐	11.01♑	♒	♓	09.14♉	♊	19.22♌	♍	15.45♏
3	♌	♎	♎	♐	♑	18.35♓	14.45♈	♉	07.52♋	♌	06.20♎	♏
4	03.54♍	17.57♏	03.12♏	♐	21.53♒	♓	♈	17.55♊	♋	21.01♍	♎	19.00♐
5	♍	♏	♏	02.08♑	♒	♓	♈	♊	10.46♌	♍	07.17♏	♐
6	05.59♎	♏	08.37♐	♑	♒	06.51♈	01.30♉	22.51♋	♌	20.53♎	♏	♐
7	♎	01.05♐	♐	13.52♒	10.35♓	♈	♉	♋	10.54♍	♎	09.29♐	00.17♑
8	11.01♏	♐	18.14♑	♒	♓	16.42♉	08.52♊	♋	♍	20.53♏	♐	♑
9	♏	11.45♑	♑	♒	22.30♈	♉	♊	00.24♌	10.02♎	♏	14.38♑	08.32♒
10	19.11♐	♑	♑	02.49♓	♈	23.12♊	12.39♋	♌	♎	23.10♐	♑	♒
11	♐	♑	06.43♒	♓	♈	♊	♋	00.02♍	10.22♏	♐	23.33♒	19.42♓
12	♐	00.25♒	♒	14.32♈	07.49♉	♊	13.54♌	23.44♎	♏	♐	♒	♓
13	05.55♑	♒	19.45♓	♈	♉	02.51♋	♌	♎	13.53♐	05.18♑	♒	♓
14	♑	13.24♓	♓	23.56♉	14.19♊	♋	14.16♍	♎	♐	♑	11.25♓	08.16♈
15	18.18♒	♓	♓	♉	♊	04.55♌	♍	01.27♏	21.31♑	15.25♒	♓	♈
16	♒	♓	07.33♈	♉	18.47♋	♌	15.25♎	♏	♑	♒	♓	19.50♉
17	♒	01.31♈	♈	07.09♊	♋	06.42♍	♎	06.35♐	♑	♒	00.00♈	♉
18	07.18♓	♈	17.30♉	♊	22.07♌	♍	18.43♏	♐	08.36♒	03.53♓	♈	♉
19	♓	11.56♉	♉	12.40♋	♌	09.14♎	♏	15.18♑	♒	♓	11.05♉	04.38♊
20	19.37♈	♉	♉	♋	♌	♎	♏	♑	21.16♓	16.24♈	♉	♊
21	♈	19.48♊	01.29♊	16.43♌	00.59♍	13.15♏	00.50♐	♑	♓	♈	19.47♊	10.23♋
22	♈	♊	♊	♌	♍	♏	♐	02.38♒	♓	♈	♊	♋
23	05.41♉	♊	07.17♋	19.25♍	03.51♎	19.11♐	09.40♑	♒	09.48♈	03.31♉	♊	13.52♌
24	♉	00.30♋	♋	♍	♎	♐	♑	15.12♓	♈	♉	02.15♋	♌
25	12.12♊	♋	10.40♌	21.18♎	07.18♏	♐	20.39♒	♓	21.18♉	12.49♊	♋	16.15♍
26	♊	02.09♌	♌	♎	♏	03.22♑	♒	♓	♉	♊	07.02♌	♍
27	15.02♋	♌	11.58♍	22.30♏	12.17♐	♑	♒	03.50♈	♉	20.15♋	♌	18.39♎
28	♋	01.53♍	♍	♏	♐	13.53♒	09.01♓	♈	07.12♊	♋	10.35♍	♎
29	15.11♌		12.22♎	♏	19.45♑	♒	♓	15.36♉	♊	♋	♍	21.51♏
30	♌		♎	03.37♐	♑	♒	21.43♈	♉	14.47♋	01.40♌	13.16♎	♏
31	14.24♍		13.42♏		♑		♈	♉		♌		♏

2011	Januar	Februar	März	April	Mai	Juni	Juli	August	September	Oktober	November	Dezember
1	♏ 02.22 ♐	♑	06.15 ♒	♓	♈	00.57 ♊	♋	9.43 ♍	19.49 ♏	05.43 ♐	23.09 ♒	15.46 ♓
2	♐	00.22 ♒	♒	12.17 ♈	06.59 ♉	♊	22.44 ♌	♍	♏	♐	♒	♓
3	08.40 ♑	♒	17.48 ♓	♈	♉	09.37 ♋	♌	11.05 ♎	22.05 ♐	09.17 ♑	♒	♓
4	♑	11.25 ♓	♓	♈	18.10 ♊	♋	♌	♎	♐	♑	08.19 ♓	02.52 ♈
5	17.09 ♒	♓	♓	00.47 ♉	♊	16.04 ♌	02.16 ♍	12.58 ♏	♐	16.19 ♒	♓	♈
6	♒	23.47 ♈	06.15 ♈	♉	♊	♌	♍	♏	03.05 ♑	♒	20.03 ♈	15.36 ♉
7	♒	♈	♈	12.23 ♊	03.33 ♋	20.34 ♍	04.55 ♎	16.22 ♐	♑	♒	♈	♉
8	03.58 ♓	♈	18.53 ♉	♊	♋	♍	♎	♐	10.43 ♒	02.14 ♓	♈	♉
9	♓	12.24 ♉	♉	22.03 ♋	10.36 ♌	23.32 ♎	07.32 ♏	21.39 ♑	♒	♓	08.46 ♉	03.53 ♊
10	16.25 ♈	♉	♉	♋	♌	♎	♏	♑	20.27 ♓	13.58 ♈	♉	♊
11	♈	23.22 ♊	06.32 ♊	♋	15.00 ♍	♎	10.48 ♐	♑	♓	♈	21.11 ♊	14.27 ♋
12	♈	♊	♊	04.38 ♌	♍	01.34 ♏	♐	04.49 ♒	♓	♈	♊	♋
13	04.38 ♉	♊	15.31 ♋	♌	16.58 ♎	♏	15.15 ♑	♒	07.50 ♈	02.36 ♉	♊	22.49 ♌
14	♉	06.50 ♋	♋	07.41 ♍	♎	03.39 ♐	♑	13.55 ♓	♈	♉	08.20 ♋	♌
15	14.24 ♊	♋	20.34 ♌	♍	17.33 ♏	♐	21.31 ♒	♓	20.26 ♉	15.16 ♊	♋	♌
16	♊	10.15 ♌	♌	08.00 ♎	♏	07.00 ♑	♒	♓	♉	♊	17.18 ♌	05.00 ♍
17	20.30 ♋	♌	21.54 ♍	♎	18.24 ♐	♑	♒	01.03 ♈	♉	♊	♌	♍
18	♋	10.40 ♍	♍	07.20 ♏	♐	12.48 ♒	06.14 ♓	♈	09.07 ♊	02.39 ♋	23.20 ♍	09.07 ♎
19	23.17 ♌	♍	21.04 ♎	♏	21.17 ♑	♒	♓	13.37 ♉	♊	♋	♍	♎
20	♌	10.02 ♎	♎	07.51 ♐	♑	21.46 ♓	17.26 ♈	♉	19.55 ♋	11.07 ♌	♍	11.34 ♏
21	♌	♎	20.18 ♏	♐	♑	♓	♈	♉	♋	♌	02.17 ♎	♏
22	00.11 ♍	10.30 ♏	♏	11.25 ♑	03.33 ♒	♓	♈	01.54 ♊	♋	15.42 ♍	♎	13.04 ♐
23	♍	♏	21.46 ♐	♑	♒	09.25 ♈	05.59 ♉	♊	02.56 ♌	♍	02.59 ♏	♐
24	01.00 ♎	13.47 ♐	♐	19.00 ♒	13.25 ♓	♈	♉	11.32 ♋	♌	16.50 ♎	♏	14.48 ♑
25	♎	♐	♐	♒	♓	21.54 ♉	17.35 ♊	♋	05.50 ♍	♎	02.58 ♐	♑
26	03.17 ♏	20.33 ♑	02.58 ♑	♒	♓	♉	♊	17.10 ♌	♍	16.09 ♏	♐	18.15 ♒
27	♏	♑	♑	05.59 ♓	01.37 ♈	♉	♊	♌	05.52 ♎	♏	04.06 ♑	♒
28	07.56 ♐	♑	12.01 ♒	♓	♈	08.57 ♊	02.13 ♋	19.14 ♍	♎	15.46 ♐	♑	♒
29	♐		♒	18.34 ♈	14.03 ♉	♊	♋	♍	05.06 ♏	♐	08.03 ♒	00.46 ♓
30	15.05 ♑		23.39 ♓	♈	♉	17.14 ♋	07.17 ♌	19.26 ♎	♏	17.40 ♑	♒	♓
31	♑		♓		♉		♌	♎		♑		10.49 ♈

2012	Januar	Februar	März	April	Mai	Juni	Juli	August	September	Oktober	November	Dezember
1	♈	20.16♊	♊	09.37♌	00.03♍	13.32♏	♐	10.57♒	♓	♈	♊	♋
2	23.17♉	♊	16.09♋	♌	♍	♏	23.52♑	♒	06.38♈	00.27♉	♊	♋
3	♉	♊	♋	14.54♍	03.05♎	13.33♐	♑	14.59♓	♈	♉	08.44♋	02.58♌
4	♉	07.05♋	♋	♍	♎	♐	♑	♓	16.42♉	12.48♊	♋	♌
5	11.45♊	♋	00.19♌	16.33♎	03.21♏	13.32♑	01.27♒	22.00♈	♉	♊	20.40♌	12.53♍
6	♊	14.25♌	♌	♎	♏	♑	♒	♈	♉	♊	♌	♍
7	22.06♋	♌	04.28♍	16.19♏	02.40♐	15.18♒	05.30♓	♈	05.11♊	01.46♋	♌	19.36♎
8	♋	18.33♍	♍	♏	♐	♒	♓	08.29♉	♊	♋	05.36♍	♎
9	♋	♍	05.51♎	16.13♐	03.01♑	20.23♓	13.15♈	♉	17.50♋	12.56♌	♍	22.52♏
10	05.36♌	20.55♎	♎	♐	♑	♓	♈	21.12♊	♋	♌	10.36♎	♏
11	♌	♎	06.25♏	18.03♑	06.04♒	♓	♈	♊	♋	20.25♍	♎	23.23♐
12	10.45♍	23.02♏	♏	♑	♒	05.22♈	00.32♉	♊	04.02♌	♍	12.11♏	♐
13	♍	♏	07.55♐	22.49♒	12.43♓	♈	♉	09.29♋	♌	♍	♏	22.44♑
14	14.29♎	♏	♐	♒	♓	17.23♉	13.28♊	♋	10.32♍	00.03♎	11.53♐	♑
15	♎	01.57♐	11.25♑	♒	22.47♈	♉	♊	19.06♌	♍	♎	♐	22.54♒
16	17.35♏	♐	♑	06.39♓	♈	♉	♊	♌	13.56♎	01.07♏	11.37♑	♒
17	♏	06.04♑	17.13♒	♓	♈	06.25♊	01.32♋	♌	♎	♏	♑	♒
18	20.30♐	♑	♒	17.00♈	11.04♉	♊	♋	01.34♍	15.47♏	01.27♐	13.11♒	01.49♓
19	♐	11.29♒	♒	♈	♉	18.35♋	11.14♌	♍	♏	♐	♒	♓
20	23.41♑	♒	01.06♓	♈	♉	♋	♌	05.46♎	17.35♐	02.42♑	17.56♓	08.44♈
21	♑	18.32♓	♓	05.06♉	00.06♊	♋	18.25♍	♎	♐	♑	♓	♈
22	♑	♓	10.58♈	♉	♊	04.48♌	♍	08.55♏	20.22♑	06.03♒	♓	19.26♉
23	03.54♒	♓	♈	18.06♊	12.32♋	♌	23.39♎	♏	♑	♒	02.13♈	♉
24	♒	03.49♈	22.44♉	♊	♋	12.44♍	♎	11.51♐	♑	12.01♓	♈	♉
25	10.12♓	♈	♉	♊	23.12♌	♍	♎	♐	00.34♒	♓	13.19♉	08.14♊
26	♓	15.31♉	♉	06.43♋	♌	18.16♎	03.30♏	15.00♑	♒	20.32♈	♉	♊
27	19.29♈	♉	11.44♊	♋	♌	♎	♏	♑	06.25♓	♈	♉	21.08♋
28	♈	♉	♊	17.12♌	07.07♍	21.33♏	06.19♐	18.39♒	♓	♈	01.59♊	♋
29	♈	04.28♊	♊	♌	♍	♏	♐	♒	14.15♈	07.16♉	♊	♋
30	07.29♉		00.08♋	♌	11.47♎	23.05♐	08.30♑	23.32♓	♈	♉	14.56♋	08.46♌
31	♉		♋		♎		♑	♓		19.41♊		♌

2013	Januar	Februar	März	April	Mai	Juni	Juli	August	September	Oktober	November	Dezember
1	♌ 18.36♍	♎	18.35♏	♐	15.21♒	♓	22.44♉	♊	♋	19.53♍	♎	♏
2	♍	13.03♏	♏	06.36♑	♒	07.34♈	♉	♊	01.02♌	♍	18.36♏	07.32♐
3	♍	♏	22.12♐	♑	19.26♓	♈	♉	05.31♋	♌	♍	♏	♐
4	02.12♎	16.46♐	♐	09.43♒	♓	16.55♉	10.23♊	♋	11.45♍	04.01♎	21.15♐	07.51♑
5	♎	♐	♐	♒	♓	♉	♊	17.59♌	♍	♎	♐	♑
6	07.10♏	18.56♑	01.15♑	14.01♓	02.04♈	♉	23.15♋	♌	20.14♎	09.34♏	22.45♑	07.54♒
7	♏	♑	♑	♓	♈	04.33♊	♋	♌	♎	♏	♑	♒
8	09.29♐	20.18♒	04.03♒	20.03♈	11.10♉	♊	♋	04.58♍	♎	13.23♐	♑	09.35♓
9	♐	♒	♒	♈	♉	17.17♋	11.49♌	♍	02.45♏	♐	00.31♒	♓
10	09.55♑	22.21♓	07.20♓	♈	22.22♊	♋	♌	14.09♎	♏	16.18♑	♒	14.07♈
11	♑	♓	♓	04.23♉	♊	♋	23.13♍	♎	07.37♐	♑	03.37♓	♈
12	10.02♒	♓	12.18♈	♉	♊	05.59♌	♍	21.19♏	♐	19.01♒	♓	21.41♉
13	♒	02.52♈	♈	15.14♊	10.58♋	♌	♍	♏	10.57♑	♒	08.40♈	♉
14	11.50♓	♈	20.09♉	♊	♋	17.27♍	08.42♎	♏	♑	22.07♓	♈	♉
15	♓	11.09♉	♉	♊	23.29♌	♍	♎	02.05♐	13.06♒	♓	15.50♉	07.42♊
16	17.08♈	♉	♉	03.50♋	♌	♍	15.25♏	♐	♒	♓	♉	♊
17	♈	22.51♊	07.10♊	♋	♌	02.20♎	♏	04.26♑	14.59♓	02.19♈	♉	19.18♋
18	♈	♊	♊	16.15♌	10.34♍	♎	18.55♐	♑	♓	♈	01.08♊	♋
19	02.37♉	♊	19.56♋	♌	♍	07.40♏	♐	05.08♒	17.59♈	08.28♉	♊	♋
20	♉	11.46♋	♋	♌	18.08♎	♏	19.04♑	♒	♈	♉	12.24♋	07.49♌
21	15.05♊	♋	♋	02.10♍	♎	09.32♐	♑	05.44♓	23.34♉	17.15♊	♋	♌
22	♊	23.13♌	07.51♌	♍	21.56♏	♐	19.08♒	♓	♉	♊	♋	20.20♍
23	♊	♌	♌	08.26♎	♏	09.09♑	♒	08.14♈	♉	♊	00.58♌	♍
24	04.01♋	♌	16.50♍	♎	22.50♐	♑	19.23♓	♈	08.35♊	04.37♋	♌	♍
25	♋	07.54♍	♍	11.26♏	♐	08.28♒	♓	14.14♉	♊	♋	13.12♍	07.18♎
26	15.21♌	♍	22.33♎	♏	22.29♑	♒	22.30♈	♉	20.26♋	17.13♌	♍	♎
27	♌	14.03♎	♎	12.33♐	♑	09.33♓	♈	♉	♋	♌	23.01♎	14.59♏
28	♌	♎	♎	♐	22.49♒	♓	♈	00.09♊	♋	♌	♎	♏
29	00.28♍		01.55♏	13.22♑	♒	14.08♈	05.44♉	♊	08.58♌	04.46♍	♎	18.38♐
30	♍		♏	♑	♒	♈	♉	12.34♋	♌	♍	05.04♏	♐
31	07.37♎		04.14♐		01.31♓		16.43♊	♋		13.23♎		19.02♑

2014	Januar	Februar	März	April	Mai	Juni	Juli	August	September	Oktober	November	Dezember
1	♑	04.46♓	♓	06.21♉	♊	♋	22.25♍	♎	18.18♐	05.42♑	17.38♓	02.15♈
2	18.04♒	♓	16.41♈	♉	♊	02.44♌	♍	♎	♐	♑	♓	♈
3	♒	05.56♈	♈	12.49♊	07.14♋	♌	♍	03.58♏	23.16♑	09.01♒	19.54♈	06.16♉
4	17.59♓	♈	20.13♉	♊	♋	15.21♍	10.44♎	♏	♑	♒	♈	♉
5	♓	10.48♉	♉	22.41♋	18.57♌	♍	♎	11.20♐	♑	10.25♓	22.34♉	11.29♊
6	20.46♈	♉	♉	♋	♌	♍	20.35♏	♐	01.00♒	♓	♉	♊
7	♈	19.45♊	03.38♊	♋	♌	03.02♎	♏	14.40♑	♒	11.08♈	♉	18.35♋
8	♈	♊	♊	10.51♌	07.25♍	♎	♏	♑	00.48♓	♈	02.46♊	♋
9	03.25♉	♊	14.34♋	♌	♍	11.39♏	02.26♐	14.53♒	♓	12.45♉	♊	♋
10	♉	07.34♋	♋	23.09♍	18.20♎	♏	♐	♒	00.34♈	♉	09.39♋	04.15♌
11	13.27♊	♋	♋	♍	♎	16.24♐	04.26♑	13.56♓	♈	16.52♊	♋	♌
12	♊	20.16♌	03.10♌	♍	♎	♐	♑	♓	02.18♉	♊	19.45♌	16.20♍
13	♊	♌	♌	09.34♎	02.08♏	18.06♑	04.08♒	14.01♈	♉	♊	♌	♍
14	01.26♋	♌	15.19♍	♎	♏	♑	♒	♈	07.27♊	00.31♋	♌	♍
15	♋	08.27♍	♍	17.21♏	06.45♐	18.28♒	03.41♓	16.59♉	♊	♋	08.09♍	05.06♎
16	14.02♌	♍	♍	♏	♐	♒	♓	♉	16.25♋	11.30♌	♍	♎
17	♌	19.24♎	01.47♎	22.45♐	09.13♑	19.27♓	05.08♈	23.42♊	♋	♌	20.31♎	15.53♏
18	♌	♎	♎	♐	♑	♓	♈	♊	♋	♌	♎	♏
19	02.24♍	♎	10.14♏	♐	10.59♒	22.27♈	09.44♉	♊	04.11♌	00.09♍	♎	22.56♐
20	♍	04.34♏	♏	02.29♑	♒	♈	♉	09.46♋	♌	♍	06.32♏	♐
21	13.44♎	♏	16.40♐	♑	13.19♓	♈	17.37♊	♋	16.55♍	12.13♎	♏	♐
22	♎	11.13♐	♐	05.19♒	♓	04.04♉	♊	21.50♌	♍	♎	13.20♐	02.26♑
23	22.45♏	♐	21.04♑	♒	17.02♈	♉	♊	♌	♍	22.11♏	♐	♑
24	♏	14.51♑	♑	07.56♓	♈	12.07♊	04.00♋	♌	05.00♎	♏	17.33♑	03.53♒
25	♏	♑	23.40♒	♓	22.29♉	♊	♋	10.34♍	♎	♏	♑	♒
26	04.14♐	15.57♒	♒	11.02♈	♉	22.07♋	15.56♌	♍	15.30♏	05.41♐	20.24♒	05.08♓
27	♐	♒	♒	♈	♉	♋	♌	22.55♎	♏	♐	♒	♓
28	06.05♑	15.54♓	01.11♓	15.24♉	05.49♊	♋	♌	♎	23.51♐	11.04♑	23.04♓	07.36♈
29	♑		♓	♉	♊	09.44♌	04.38♍	♎	♐	♑	♓	♈
30	05.34♒		02.55♈	21.57♊	15.14♋	♌	♍	09.54♏	♐	14.53♒	♓	11.57♉
31	♒		♈		♋		17.10♎	♏		♒		♉

2015	Januar	Februar	März	April	Mai	Juni	Juli	August	September	Oktober	November	Dezember
1	♉ 18.10♊	♋	♋	♍	♎	19.40♐	10.12♑	23.37♓	♈	21.05♊	♋	♌
2	♊	18.42♌	00.35♌	♍	♎	♐	♑	♓	10.03♉	♊	16.49♌	11.10♍
3	♊	♌	♌	08.09♎	02.48♏	♐	13.22♒	♓	♉	♊	♌	♍
4	02.09♋	♌	12.59♍	♎	♏	01.52♑	♒	00.25♈	12.49♊	01.23♋	♌	23.35♎
5	♋	06.47♍	♍	20.05♏	12.14♐	♑	15.24♓	♈	♊	♋	03.24♍	♎
6	12.04♌	♍	♍	♏	♐	06.03♒	♓	02.30♉	18.41♋	09.32♌	♍	♎
7	♌	19.45♎	01.53♎	♏	19.17♑	♒	17.39♈	♉	♋	♌	16.15♎	12.27♏
8	23.59♍	♎	♎	06.09♐	♑	09.17♓	♈	06.41♊	♋	20.52♍	♎	♏
9	♍	♎	14.11♏	♐	♑	♓	20.51♉	♊	03.37♌	♍	♎	23.26♐
10	♍	08.06♏	♏	13.48♑	00.23♒	12.15♈	♉	13.09♋	♌	♍	05.04♏	♐
11	12.58♎	♏	♏	♑	♒	♈	♉	♋	14.57♍	09.47♎	♏	♐
12	♎	17.48♐	00.31♐	18.45♒	03.54♓	15.17♉	01.17♊	21.53♌	♍	♎	16.15♐	07.48♑
13	♎	♐	♐	♒	♓	♉	♊	♌	♍	22.39♏	♐	♑
14	00.45♏	23.25♑	07.41♑	21.13♓	06.15♈	18.52♊	07.15♋	♌	03.42♎	♏	♐	14.00♒
15	♏	♑	♑	♓	♈	♊	♋	08.47♍	♎	♏	01.22♑	♒
16	09.02♐	♑	11.15♒	22.10♈	08.03♉	23.52♋	16.16♌	♍	16.44♏	10.19♐	♑	18.46♓
17	♐	01.14♒	♒	♈	♉	♋	♌	21.24♎	♏	♐	08.25♒	♓
18	13.05♑	♒	11.59♓	22.32♉	10.28♊	♋	♌	♎	♏	19.53♑	♒	22.27♈
19	♑	00.49♓	♓	♉	♊	07.24♌	01.48♍	♎	04.33♐	♑	13.23♓	♈
20	14.00♒	♓	11.29♈	♉	14.57♋	♌	♍	10.25♏	♐	♑	♓	♈
21	♒	00.14♈	♈	00.29♊	♋	18.00♍	14.24♎	♏	13.34♑	02.39♒	16.13♈	01.14♉
22	13.49♓	♈	11.41♉	♊	22.43♌	♍	♎	21.42♐	♑	♒	♈	♉
23	♓	01.29♉	♉	05.27♋	♌	♍	♎	♐	18.52♒	06.19♓	17.27♉	03.32♊
24	14.32♈	♉	14.24♊	♋	♌	06.42♎	03.08♏	♐	♒	♓	♉	♊
25	♈	05.55♊	♊	14.14♌	09.53♍	♎	♏	05.23♑	20.45♓	07.23♈	18.16♊	06.28♋
26	17.38♉	♊	20.46♋	♌	♍	18.58♏	13.26♐	♑	♓	♈	♊	♋
27	♉	13.51♋	♋	♌	22.43♎	♏	♐	09.05♒	20.30♈	07.08♉	20.28♋	11.32♌
28	23.37♊	♋	♋	02.08♍	♎	♏	19.49♑	♒	♈	♉	♋	♌
29	♊		06.49♌	♍	♎	04.22♐	♑	09.52♓	19.58♉	07.25♊	♋	19.59♍
30	♊		♌	15.04♈♎	10.35♏	♐	22.41♒	♓	♉	♊	01.48♌	♍
31	08.10♋		19.13♍		♏		♒	09.34♈		10.10♋		♍

2016	Januar	Februar	März	April	Mai	Juni	Juli	August	September	Oktober	November	Dezember
1	♏ 07.42♎	♏	00.57♐	♑	15.35♓	♈	12.45♊	♋	♍	♎	15.44♐	09.53♑
2	♎	16.51♐	♐	02.38♒	♓	03.48♉	♊	02.13♌	♍	20.44♏	♐	♑
3	20.37♏	♐	11.03♑	♒	18.05♈	♉	14.21♋	♌	01.57♎	♏	♐	20.45♒
4	♏	♐	♑	06.47♓	♈	04.02♊	♋	08.35♍	♎	♏	04.06♑	♒
5	♏	01.45♑	17.23♒	♓	18.11♉	♊	17.29♌	♍	13.40♏	09.27♐	♑	♒
6	07.57♐	♑	♒	07.47♈	♉	04.42♋	♌	17.58♎	♏	♐	14.56♒	05.32♓
7	♐	07.00♒	20.10♓	♈	17.36♊	♋	23.42♍	♎	♏	21.41♑	♒	♓
8	16.08♑	♒	♓	07.12♉	♊	07.48♌	♍	♎	02.21♐	♑	22.46♓	11.17♈
9	♑	08.32♓	20.41♈	♉	18.25♋	♌	♍	05.53♏	♐	♑	♓	♈
10	21.24♒	♓	♈	07.00♊	♋	14.47♍	09.33♎	♏	13.56♑	07.34♒	♓	13.42♉
11	♒	10.56♈	20.45♉	♊	22.33♌	♍	♎	18.25♐	♑	♒	02.46♈	♉
12	♒	♈	♉	09.08♋	♌	♍	21.53♏	♐	22.30♒	13.44♓	♈	13.42♊
13	00.55♓	12.37♉	22.05♊	♋	♌	01.34♎	♏	♐	♒	♓	03.25♉	♊
14	♓	♉	♊	14.54♌	06.53♍	♎	♏	05.12♑	♒	16.09♈	♉	13.10♋
15	03.49♈	15.36♊	♊	♌	♍	14.19♏	10.15♐	♑	03.24♓	♈	02.24♊	♋
16	♈	♊	01.58♋	♌	18.34♎	♏	♐	12.53♒	♓	16.05♉	♊	14.16♌
17	06.49♉	20.25♋	♋	00.24♍	♎	♏	20.34♑	♒	05.23♈	♉	01.58♋	♌
18	♉	♋	08.55♌	♍	♎	02.35♐	♑	17.35♓	♈	15.31♊	♋	18.53♍
19	10.14♊	♋	♌	12.25♎	07.31♏	♐	♑	♓	05.59♉	♊	04.16♌	♍
20	♊	03.18♌	18.40♍	♎	♏	12.56♑	04.11♒	20.20♈	♉	16.29♋	♌	♍
21	14.29♋	♌	♍	♎	19.49♐	♑	♒	♈	06.54♊	♋	10.35♍	03.41♎
22	♋	12.25♍	♍	01.19♏	♐	21.10♒	09.36♓	22.20♉	♊	20.35♌	♍	♎
23	20.22♌	♍	06.24♎	♏	♐	♒	♓	♉	09.34♋	♌	20.43♎	15.34♏
24	♌	23.43♎	♎	13.47♐	06.35♑	♒	13.34♈	♉	♋	♌	♎	♏
25	♌	♎	19.10♏	♐	♑	03.32♓	♈	00.41♊	14.49♌	04.17♍	♎	♏
26	04.47♍	♎	♏	♐	15.28♒	♓	16.39♉	♊	♌	♍	09.03♏	04.20♐
27	♍	12.27♏	♏	00.56♑	♒	08.09♈	♉	04.07♋	22.44♍	14.52♎	♏	♐
28	16.00♎	♏	07.47♐	♑	22.07♓	♈	19.18♊	♋	♍	♎	21.47♐	16.13♑
29	♎	♏	♐	09.48♒	♓	11.04♉	♊	09.13♌	♍	♎	♐	♑
30	♎		18.46♑	♒	♓	♉	22.10♋	♌	08.53♎	03.02♏	♐	♑
31	04.51♏		♑		02.10♈		♋	16.23♍		♏		02.30♒

2017	Januar	Februar	März	April	Mai	Juni	Juli	August	September	Oktober	November	Dezember
1	♒	♈	♈	♊	♋	♍	♎	13.02 ♐	♑	♒	07.44 ♈	♉
2	10.58 ♓	♈	08.44 ♉	19.28 ♋	05.13 ♌	♍	18.00 ♏	♐	21.07 ♒	15.27 ♓	♈	22.22 ♊
3	♓	02.51 ♉	♉	♋	♌	01.05 ♎	♏	♐	♒	♓	10.47 ♉	♊
4	17.21 ♈	♉	11.07 ♊	23.14 ♌	10.48 ♍	♎	♏	01.38 ♑	♒	21.41 ♈	♉	21.38 ♋
5	♈	05.45 ♊	♊	♌	♍	11.47 ♏	06.09 ♐	♑	06.29 ♓	♈	11.27 ♊	♋
6	21.19 ♉	♊	13.55 ♋	♌	19.21 ♎	♏	♐	13.17 ♒	♓	♈	♊	21.38 ♌
7	♉	08.04 ♋	♋	05.21 ♍	♎	♏	18.46 ♑	♒	13.02 ♈	00.57 ♉	11.46 ♋	♌
8	23.07 ♊	♋	17.47 ♌	♍	♎	00.00 ♐	♑	22.57 ♓	♈	♉	♋	♌
9	♊	10.42 ♌	♌	13.35 ♎	06.02 ♏	♐	♑	♓	17.24 ♉	02.46 ♊	13.30 ♌	00.10 ♍
10	23.50 ♋	♌	23.08 ♍	♎	♏	12.37 ♑	06.36 ♒	♓	♉	♊	♌	♍
11	♋	14.53 ♍	♍	23.43 ♏	18.01 ♐	♑	♒	06.23 ♈	20.30 ♊	04.39 ♋	17.42 ♍	06.02 ♎
12	♋	♍	♍	♏	♐	♑	16.52 ♓	♈	♊	♋	♍	♎
13	01.09 ♌	21.44 ♎	06.29 ♎	♏	♐	00.46 ♒	♓	11.41 ♉	23.13 ♋	07.42 ♌	♍	15.00 ♏
14	♌	♎	♎	11.28 ♐	06.39 ♑	♒	♓	♉	♋	♌	00.27 ♎	♏
15	04.53 ♍	♎	16.12 ♏	♐	♑	11.19 ♓	00.53 ♈	15.07 ♊	♋	12.20 ♍	♎	♏
16	♍	07.42 ♏	♏	♐	18.51 ♒	♓	♈	♊	02.10 ♌	♍	09.20 ♏	02.08 ♐
17	12.17 ♎	♏	♏	00.06 ♑	♒	18.56 ♈	06.05 ♉	17.14 ♋	♌	18.36 ♎	♏	♐
18	♎	19.53 ♐	04.01 ♐	♑	♒	♈	♉	♋	05.53 ♍	♎	20.00 ♐	14.35 ♑
19	23.10 ♏	♐	♐	11.53 ♒	04.53 ♓	22.54 ♉	08.32 ♊	18.56 ♌	♍	♎	♐	♑
20	♏	♐	16.32 ♑	♒	♓	♉	♊	♌	11.07 ♎	02.42 ♏	♐	♑
21	♏	08.09 ♑	♑	20.44 ♓	11.12 ♈	23.45 ♊	09.11 ♋	21.26 ♍	♎	♏	08.15 ♑	03.30 ♒
22	11.46 ♐	♑	♑	♓	♈	♊	♋	♍	18.41 ♏	12.58 ♐	♑	♒
23	♐	18.18 ♒	03.29 ♒	♓	13.34 ♉	23.08 ♋	09.35 ♌	♍	♏	♐	21.15 ♒	15.43 ♓
24	23.44 ♑	♒	♒	01.34 ♈	♉	♋	♌	02.06 ♎	♏	♐	♒	♓
25	♑	♒	11.08 ♓	♈	13.16 ♊	23.08 ♌	11.33 ♍	♎	05.02 ♐	01.13 ♑	♒	♓
26	♑	01.25 ♓	♓	02.57 ♉	♊	♌	♍	09.54 ♏	♐	♑	09.05 ♓	01.28 ♈
27	09.38 ♒	♓	15.12 ♈	♉	12.26 ♋	♌	16.38 ♎	♏	17.25 ♑	14.00 ♒	♓	♈
28	♒	05.53 ♈	♈	02.40 ♊	♋	01.42 ♍	♎	20.49 ♐	♑	♒	17.31 ♈	07.24 ♉
29	17.11 ♓		16.49 ♉	♊	13.30 ♌	♍	♎	♐	♑	♒	♈	♉
30	♓		♉	02.49 ♋	♌	08.03 ♎	01.24 ♏	♐	05.41 ♒	00.47 ♓	21.39 ♉	09.32 ♊
31	22.48 ♈		17.41 ♊		17.17 ♍		♏	09.20 ♑		♓		♊

2018	Januar	Februar	März	April	Mai	Juni	Juli	August	September	Oktober	November	Dezember
1	♊ 09.15 ♋	20.14 ♍	06.59 ♍	23.58 ♏	16.21 ♐	♑	♒	11.56 ♈	♉	19.02 ♋	♌	15.50 ♎
2	♋	♍	♍	♏	♐	23.07 ♒	18.32 ♓	♈	09.03 ♊	♋	06.49 ♍	♎
3	08.24 ♌	22.48 ♎	09.22 ♎	♏	♐	♒	♓	20.52 ♉	♊	22.13 ♌	♍	20.56 ♏
4	♌	♎	♎	07.56 ♐	03.07 ♑	♒	♓	♉	13.05 ♋	♌	10.02 ♎	♏
5	09.13 ♍	♎	14.24 ♏	♐	♑	11.55 ♓	05.51 ♈	♉	♋	♌	♎	♏
6	♍	04.58 ♏	♏	19.02 ♑	15.50 ♒	♓	♈	02.33 ♊	14.55 ♌	00.20 ♍	14.03 ♏	03.50 ♐
7	13.16 ♎	♏	23.04 ♐	♑	♒	22.27 ♈	13.52 ♉	♊	♌	♍	♏	♐
8	♎	14.55 ♐	♐	♑	♒	♈	♉	05.02 ♋	15.30 ♍	02.11 ♎	20.01 ♐	13.03 ♑
9	21.07 ♏	♐	♐	07.51 ♒	14.12 ♓	♈	17.59 ♊	♋	♍	♎	♐	♑
10	♏	♐	10.53 ♑	♒	♓	05.05 ♉	♊	05.19 ♌	16.21 ♎	05.10 ♏	♐	♑
11	♏	03.22 ♑	♑	19.41 ♓	13.41 ♈	♉	19.00 ♋	♌	♎	♏	04.56 ♑	00.41 ♒
12	08.05 ♐	♑	23.46 ♒	♓	♈	07.54 ♊	♋	05.00 ♍	19.16 ♏	10.54 ♐	♑	♒
13	♐	16.30 ♒	♒	♓	19.16 ♉	♊	18.32 ♌	♍	♏	♐	16.46 ♒	13.41 ♓
14	20.43 ♑	♒	♒	04.27 ♈	♉	08.21 ♋	♌	05.58 ♎	♏	20.18 ♑	♒	♓
15	♑	♒	11.13 ♓	♈	21.44 ♊	♋	18.32 ♍	♎	01.46 ♐	♑	♒	♓
16	♑	03.43 ♓	♓	09.25 ♉	♊	08.22 ♌	♍	09.55 ♏	♐	♑	05.43 ♓	01.45 ♈
17	09.33 ♒	♓	19.58 ♈	♉	22.48 ♋	♌	20.43 ♎	♏	12.09 ♑	08.37 ♒	♓	♈
18	♒	13.06 ♈	♈	13.03 ♊	♋	09.42 ♍	♎	17.46 ♐	♑	♒	16.57 ♈	10.38 ♉
19	21.28 ♓	♈	♈	♊	♋	♍	♎	♐	♑	21.22 ♓	♈	♉
20	♓	20.13 ♉	02.08 ♉	15.28 ♋	00.12 ♌	13.30 ♎	02.14 ♏	♐	00.53 ♒	♓	♈	15.36 ♊
21	♓	♉	♉	♋	♌	♎	♏	05.02 ♑	♒	♓	00.44 ♉	♊
22	07.28 ♈	♉	06.31 ♊	18.10 ♌	03.04 ♍	20.12 ♏	11.13 ♐	♑	13.28 ♓	07.59 ♈	♉	17.29 ♋
23	♈	01.09 ♊	♊	♌	♍	♏	♐	17.57 ♒	♓	♈	05.12 ♊	♋
24	14.41 ♉	♊	09.54 ♋	21.41 ♍	07.53 ♎	♏	22.50 ♑	♒	♓	15.34 ♉	♊	18.00 ♌
25	♉	04.07 ♋	♋	♍	♎	05.30 ♐	♑	♒	00.05 ♈	♉	07.39 ♋	♌
26	18.41 ♊	♋	12.46 ♌	♍	14.41 ♏	♐	♑	06.33 ♓	♈	20.42 ♊	♋	18.51 ♍
27	♊	05.43 ♌	♌	02.14 ♎	♏	16.53 ♑	11.42 ♒	♓	08.17 ♉	♊	09.36 ♌	♍
28	19.59 ♋	♌	15.31 ♍	♎	23.20 ♐	♑	♒	17.36 ♈	♉	♊	♌	21.24 ♎
29	♋		♍	08.13 ♏	♐	♑	♒	♈	14.27 ♊	00.28 ♋	12.09 ♍	♎
30	19.54 ♌		18.53 ♎	♏	♐	05.38 ♒	00.29 ♓	♈	♊	♋	♍	♎
31	♌		♎		10.28 ♑		♓	02.31 ♉		03.43 ♌		02.24 ♏

2019	Januar	Februar	März	April	Mai	Juni	Juli	August	September	Oktober	November	Dezember
1	♏	01.48♑	♑	15.49♓	11.25♈	♉	♊	♌	00.09♎	♏	03.39♑	♒
2	10.00♐	♑	20.07♒	♓	♈	12.49♊	02.25♋	14.22♍	♎	12.45♐	♑	♒
3	♐	14.04♒	♒	♓	21.19♉	♊	♋	♍	00.36♏	♐	12.21♒	08.12♓
4	19.56♑	♒	♒	03.58♈	♉	17.18♋	04.20♌	14.31♎	♏	18.44♑	♒	♓
5	♑	♒	09.12♓	♈	♉	♋	♌	♎	04.09♐	♑	♒	20.46♈
6	♑	03.03♓	♓	14.07♉	04.41♊	20.17♌	05.26♍	16.33♏	♐	♑	00.09♓	♈
7	07.47♒	♓	21.29♈	♉	♊	♌	♍	♏	11.38♑	04.43♒	♓	♈
8	♒	15.35♈	♈	22.16♊	10.08♋	22.46♍	07.08♎	21.36♐	♑	♒	12.50♈	08.30♉
9	20.45♓	♈	♈	♊	♋	♍	♎	♐	22.25♒	17.06♓	♈	♉
10	♓	♈	08.11♉	♊	14.15♌	♍	10.30♏	♐	♒	♓	♈	17.48♊
11	♓	02.30♉	♉	04.32♋	♌	01.30♎	♏	05.51♑	♒	♓	00.19♉	♊
12	09.19♈	♉	16.49♊	♋	17.23♍	♎	16.06♐	♑	10.53♓	05.47♈	♉	♊
13	♈	10.33♊	♊	08.51♌	♍	05.04♏	♐	16.37♒	♓	♈	09.47♊	00.24♋
14	19.32♉	♊	22.50♋	♌	19.52♎	♏	♐	♒	23.34♈	17.25♉	♊	♋
15	♉	15.04♋	♋	11.15♍	♎	10.04♐	00.06♑	♒	♈	♉	17.16♋	04.57♌
16	♉	♋	♋	♍	22.27♏	♐	♑	04.51♓	♈	♉	♋	♌
17	02.01♊	16.22♌	01.58♌	12.23♎	♏	17.14♑	10.20♒	♓	11.32♉	03.31♊	22.58♌	08.17♍
18	♊	♌	♌	♎	♏	♑	♒	17.34♈	♉	♊	♌	♍
19	04.45♋	15.48♍	02.42♍	13.42♏	02.22♐	♑	22.20♓	♈	21.59♊	11.44♋	♌	11.06♎
20	♋	♍	♍	♏	♐	03.02♒	♓	♈	♊	♋	02.56♍	♎
21	04.56♌	15.18♎	02.29♎	17.00♐	08.57♑	♒	♓	05.38♉	♊	17.30♌	♍	13.58♏
22	♌	♎	♎	♐	♑	15.03♓	11.03♈	♉	05.51♋	♌	05.21♎	♏
23	04.23♍	16.57♏	03.17♏	23.51♑	18.50♒	♓	♈	15.35♊	♋	20.31♍	♎	17.35♐
24	♍	♏	♏	♑	♒	♓	22.43♉	♊	10.20♌	♍	06.59♏	♐
25	05.04♎	22.21♐	07.07♐	♑	♒	03.39♈	♉	22.06♋	♌	21.21♎	♏	22.46♑
26	♎	♐	♐	10.28♒	07.09♓	♈	♉	♋	11.38♍	♎	09.12♐	♑
27	08.32♏	♐	15.09♑	♒	♓	14.33♉	07.30♊	♋	♍	21.30♏	♐	♑
28	♏	07.49♑	♑	23.13♓	19.33♈	♉	♊	00.55♌	11.04♎	♏	13.34♑	06.22♒
29	15.34♐		♑	♓	♈	22.10♊	12.32♋	♌	♎	23.00♐	♑	♒
30	♐		02.47♒	♓	♈	♊	♋	00.58♍	10.43♏	♐	21.14♒	16.43♓
31	♐	♈	♒		05.44♉		14.19♌	♍		♐		♓

2020	Januar	Februar	März	April	Mai	Juni	Juli	August	September	Oktober	November	Dezember
1	♓	01.29 ♉	20.22 ♊	♋	♌	♎	♏	♑	10.35 ♓	03.48 ♈	♉	♊
2	05.02 ♈	♉	♊	19.27 ♌	06.36 ♍	17.07 ♏	02.22 ♐	19.12 ♒	♓	♈	11.01 ♊	04.34 ♋
3	♈	12.30 ♊	♊	♌	♍	♏	♐	♒	21.23 ♈	16.14 ♉	♊	♋
4	17.16 ♉	♊	05.26 ♋	22.20 ♍	08.11 ♎	18.18 ♐	05.49 ♑	♒	♈	♉	22.47 ♋	13.54 ♌
5	♉	20.04 ♋	♋	♍	♎	♐	♑	03.29 ♓	♈	♉	♋	♌
6	♉	♋	10.29 ♌	22.17 ♎	08.06 ♏	20.45 ♑	11.09 ♒	♓	09.45 ♉	05.04 ♊	♋	20.47 ♍
7	03.12 ♊	23.46 ♌	♌	♎	♏	♑	♒	14.06 ♈	♉	♊	08.19 ♌	♍
8	♊	♌	11.48 ♍	21.18 ♏	08.16 ♐	♑	19.14 ♓	♈	22.29 ♊	16.47 ♋	♌	♍
9	09.44 ♋	♌	♍	♏	♐	01.55 ♒	♓	♈	♊	♋	14.31 ♍	01.02 ♎
10	♋	00.40 ♍	11.04 ♎	21.36 ♐	10.40 ♑	♒	♓	02.29 ♉	♊	♋	♍	♎
11	13.17 ♌	♍	♎	♐	♑	10.33 ♓	06.07 ♈	♉	09.24 ♋	01.26 ♌	17.11 ♎	03.00 ♏
12	♌	00.38 ♎	10.29 ♏	♐	16.40 ♒	♓	♈	14.47 ♊	♋	♌	♎	♏
13	15.08 ♍	♎	♏	01.06 ♑	♒	22.04 ♈	18.35 ♉	♊	16.34 ♌	05.57 ♍	17.20 ♏	03.40 ♐
14	♍	01.38 ♏	12.10 ♐	♑	♒	♈	♉	♊	♌	♍	♏	♐
15	16.44 ♎	♏	♐	08.38 ♒	02.26 ♓	♈	♉	00.37 ♋	19.38 ♍	06.55 ♎	16.48 ♐	04.36 ♑
16	♎	05.08 ♐	17.26 ♑	♒	♓	10.37 ♉	06.20 ♊	♋	♍	♎	♐	♑
17	19.22 ♏	♐	♑	19.31 ♓	14.37 ♈	♉	♊	06.40 ♌	19.57 ♎	06.07 ♏	17.36 ♑	07.28 ♒
18	♏	11.38 ♑	♑	♓	♈	22.01 ♊	15.25 ♋	♌	♎	♏	♑	♒
19	23.42 ♐	♑	02.17 ♒	♓	♈	♊	♋	09.21 ♍	19.34 ♏	05.44 ♐	21.26 ♒	13.40 ♓
20	♐	20.43 ♒	♒	08.01 ♈	03.12 ♉	♊	21.17 ♌	♍	♏	♐	♒	♓
21	♐	♒	13.34 ♓	♈	♉	07.30 ♋	♌	10.17 ♎	20.33 ♐	07.45 ♑	♒	23.33 ♈
22	06.01 ♑	♒	♓	20.37 ♉	14.37 ♊	♋	♌	♎	♐	♑	05.07 ♓	♈
23	♑	07.38 ♓	♓	♉	♊	13.34 ♌	00.41 ♍	11.17 ♏	♐	13.18 ♒	♓	♈
24	14.22 ♒	♓	01.59 ♈	♉	♊	♌	♍	♏	00.17 ♑	♒	16.06 ♈	11.57 ♉
25	♒	19.48 ♈	♈	08.21 ♊	00.10 ♋	18.06 ♍	02.55 ♎	13.50 ♐	♑	22.19 ♓	♈	♉
26	♒	♈	14.38 ♉	♊	♋	♍	♎	♐	07.09 ♒	♓	♈	♉
27	00.45 ♓	♈	♉	18.29 ♋	07.34 ♌	21.18 ♎	05.13 ♏	18.38 ♑	♒	♓	04.44 ♉	00.34 ♊
28	♓	08.31 ♉	♉	♋	♌	♎	♏	♑	16.35 ♓	09.46 ♈	♉	♊
29	12.52 ♈	♉	02.39 ♊	♋	12.41 ♍	23.49 ♏	08.26 ♐	♑	♓	♈	17.17 ♊	11.29 ♋
30	♈		♊	02.07 ♌	♍	♏	♐	01.38 ♒	♓	22.20 ♉	♊	♋
31	♈		12.44 ♋		15.39 ♎		12.59 ♑	♒		♉		19.59 ♌

Der Mond in den 12 Zeichen

Widder

Kinder mit dem Mond in diesem feurigen Zeichen brauchen viel Bewegungsfreiheit und immer wieder neue Impulse. Werden sie zu sehr eingeschränkt oder bekommen sie nicht, was sie sich in den Kopf gesetzt haben, können sie sehr heftig und lautstark reagieren. Überhaupt äußern sie ihre Gefühle meistens spontan und direkt. Geborgenheit zu finden ist nicht ihr Hauptanliegen; wichtiger für sie ist, dass sie sich behaupten können. Diese kleinen Racker mögen Kissenschlachten lieber als Kuscheln. Kinder mit dem Mond im Widder fühlen sich hin und wieder auf sich allein gestellt und entwickeln deshalb Kämpferqualitäten. Sie lernen früh, neue Situationen schnell zu erfassen und sofort zu reagieren. Ihrem Bedürfnis nach Nähe geben sie manchmal über Rangeleien Ausdruck oder überspielen es durch impulsive Handlungen. Die Mutter wird als forsch, stark und unabhängig erlebt; als diejenige, die zur Selbständigkeit erzieht.

Stier

Diese Kinder benötigen bestimmte sinnliche Erfahrungen, um sich sicher und geborgen zu fühlen. Körperliche Zuwendung und regelmäßiges Essen spielen dabei die Hauptrolle. Sie können gar nicht genug gehalten und gestreichelt werden; durch Berührungen fühlen sie sich mehr mit jemandem verbunden als durch Gespräche oder gemeinsames Spielen. Auch regelmäßige Mahlzeiten tragen ganz entscheidend zu ihrem Wohlbefinden bei. Haben diese anschmiegsamen Kinder genug gegessen und gekuschelt, sind sie sehr friedlich und ausgeglichen. Ihre eigenen tiefen und beständigen Gefühle zeigen sie auch gern körperlich oder materiell – zum Beispiel indem sie kleine Geschenke machen. Die Bindung an die Mutter ist sehr eng und schwer zu lösen. Sie wird als warmherzige, geduldige, praktische Frau erlebt, als Fels in der Brandung.

Zwillinge

Kinder mit dem Mond im luftigen Zwillinge-Zeichen sind ganz in ihrem Element, wenn man viel mit ihnen kommuniziert und ihre zahllosen Fragen geduldig beantwortet. Sie bekommen Sicherheit darüber, dass man ihnen Dinge erklärt und sie immer weiter lernen. Dazu brauchen sie viele Kontakte, Freiraum und Anregungen. In einer großen, aktiven Familie, in der ständig jemand ansprechbar ist, fühlen sie sich pudelwohl. Sie sind auch ideale »Reisekinder«, denn sie sind sehr aufgeschlossen und legen wenig Wert auf einen geregelten Tagesablauf. Zuneigung und Gefühle äußern sie zurückhaltend, manchmal sachlich distanziert. Ihre Mutter erleben diese Kinder als eine vielseitige, viel beschäftigte Frau, die auf alles eine Antwort hat und sich keine unnötigen Sorgen macht.

Krebs

Kinder mit dem Mond in diesem Zeichen brauchen viel Schutz und Stabilität durch den vertrauten Familienkreis. Sie haben ein großes Bedürfnis nach Körperkontakt und emotionaler Zuwendung. Schmusestunden, Kuscheltiere und -kissen sind für sie wichtig. Mit ihren feinen Antennen nehmen sie Disharmonien in ihrem Umfeld sofort wahr und reagieren darauf empfindlich. Überhaupt wechseln die Stimmungen dieser Kinder schnell. Obwohl sie ihre Gefühle hin und wieder zu verstecken versuchen, kann man sie ihnen leicht an der Stirn bzw. ihrem Mund ablesen. Sie sind von allem schnell berührt und weinen leicht. Ihre Mutter ist für sie eine liebevoll schützende Mami, die überaus fürsorglich und warmherzig ist. Die Bindung an sie und die Familie ist eng und bleibt lange bestehen, manche Kinder neigen zum Klammern.

Löwe

Für diese Kinder könnte das Zuhause eine Art Bühne sein, auf der sie ständig neue Auftritte haben und sich bewundern lassen. Sie brauchen nämlich viel Aufmerksamkeit und Lob, um sich sicher und geborgen zu fühlen. Die Bandbreite ihrer Empfindungen ist breit; und so verhalten sie sich mal fordernd und dramatisch, mal gebend und großmütig. Ihre Grundstimmung ist fröhlich und optimistisch. Werden sie genügend beachtet und bestärkt, strahlen sie mit der Sonne um die Wette und können sich bestens entfalten. Sie sind früh selbständig und benötigen viel Freiraum, um sich auszuleben. Ihre Wünsche und Bedürfnisse äußern sie direkt, ihre Zuneigung warm und herzlich. Die Mutter wird von diesen Kindern als wohlwollend, großzügig und stark bis dominant erlebt.

Jungfrau

Kinder mit dem Mond in der Jungfrau haben schon früh das Bedürfnis, sich nützlich zu machen. Sie zeigen ihre Zuneigung, indem sie Hilfe anbieten, Aufgaben übernehmen und sich einfügen. Geborgenheit bedeutet für sie ein geregelter Tagesablauf, Ordnung im Haushalt und ein fester Platz im Familiengefüge. Um sich sicher zu fühlen, müssen sie die Dinge überschauen und verstehen können; Chaos und Unklarheiten wirken auf sie bedrohlich. Deshalb haben sie viele Fragen und brauchen ehrliche, ausführliche Antworten. In ihren Gefühlsäußerungen sind diese Kinder eher zögernd und zurückhaltend; oft zensieren sie ihre Empfindungen durch den Verstand. Ihre Mutter sehen sie als eine zuverlässige, tüchtige, viel beschäftigte Frau.

Waage
Diese Kinder brauchen viel Harmonie, um sich geborgen zu fühlen. Konflikte innerhalb der Familie belasten sie sehr, und sie versuchen stets zu vermitteln. Selbst im Mittelpunkt von Streit oder Schelte zu stehen, ist ihnen fast unerträglich. So stellen sie entweder ihren Willen und ihre Bedürfnisse hinten an oder versuchen, durch Charme ans Ziel zu kommen. Manche Kinder nehmen die Befindlichkeit ihres Umfeldes, speziell die der Mutter, so wahr, als wäre es ihre eigene. Alle sind energetisch eng mit ihrem Umfeld verbunden, in ihren Gefühlsäußerungen aber eher kopfgesteuert. Besonders negative Emotionen werden oft unterdrückt. Neben einer harmonischen Atmosphäre ist für diese Kinder auch eine ästhetische Umgebung wichtig. Alles sollte ordentlich sein und ansprechend aussehen. Ihre Mutter erleben sie als friedfertig, schön und ausgleichend; sie hat nicht die typische Mama-Funktion, sondern eher die der besten Freundin.

Skorpion
Kinder mit einem Skorpion-Mond haben eine innere Kraftquelle, die sie sehr loyal und emotional widerstandsfähig macht, andererseits neigen sie zu Verlustängsten. Das Spektrum ihrer Gefühle ist sehr breit; Extreme haben darin mehr Platz als Mitteltöne. Vermeintlich schwache und empfindliche Seiten werden selten gezeigt. Diese Kinder brauchen eine intensive Beziehung zur Mutter und suchen deshalb auch oft die Auseinandersetzung mit ihr. Durch ihre tiefen Gefühle und den großen Bedarf an Liebe verhalten sie sich teilweise fordernd und vereinnahmend. Dadurch kann es schnell mal zu Machtkämpfen kommen. Meist wird die Mutter als stark und verlässlich erlebt, manchmal als kontrollierend und manipulierend; die Ablösung von ihr dauert lange.

Schütze
Diese Kinder haben ein unkompliziertes, heiteres, lebhaftes Gefühlsleben und sind schnell und leicht zu begeistern. Ihre Empfindungen und Bedürfnisse zeigen sie frei und direkt, neigen dabei aber manchmal zu Übertreibungen. Sie lechzen nach immer neuen Erfahrungen und brauchen viel Freiraum, um ihre Abenteuerlust auszuleben. Es sind ideale »Reisekinder«, die von allem Fremden fasziniert sind und sich schnell anpassen können. Sie haben ein angeborenes Gerechtigkeitsempfinden und reagieren stark auf Unfairness. Körperliche Nähe und Geborgenheit werden für sie mit den Jahren immer unwichtiger, emotionale Bindungen gehen oft nicht sehr tief. Ihre Mutter erleben diese Kinder als natürlich, wohlwollend und flexibel.

Steinbock
Kinder mit dem Mond in diesem Erdzeichen haben tiefgehende, ernsthafte Empfindungen; ihr Gemüt ist dadurch manchmal etwas schwer. In ihren Gefühlsäußerungen sind sie, je älter sie werden, nüchtern, reserviert und kontrolliert. Innere Sicherheit erlangen sie über einen strukturierten Alltag, klare Regeln und Beständigkeit.
Diese Kinder brauchen das Gefühl, »wertvoll« zu sein, deshalb übernehmen sie gern Aufgaben und Verantwortung. Sie passen sich leicht den familiären Gegebenheiten an und stellen eigene Wünsche und Bedürfnisse zurück. Sie benötigen viel zärtliche Zuwendung und Bestätigung, fordern sie aber selten ein. Manchmal besteht eine Neigung zu – ungerechtfertigten – Schuldgefühlen. Ihre Mutter erleben sie als pflichtbewusst und zuverlässig. Sie haben zu ihr eine lange, loyale Verbindung, die aber nicht immer eng und körperlich nah ist.

Wassermann
Diese Kinder haben oft Schwierigkeiten, sich völlig geborgen und sicher zu fühlen. Sei es, weil sie sich häufig auf sich allein gestellt fühlen oder weil sie eine besondere Rolle im Familienverband haben, die ihnen ein Außenseiter- oder Fremdheitsgefühl vermittelt. Dazu kommt, dass sie häufig widersprüchliche Empfindungen in sich wahrnehmen, was verhindert, dass sie sich auch mal richtig fallen lassen können. So machen sie sich schon früh innerlich selbständig und entwickeln sehr individuelle Züge. Zu ihrer Mutter haben sie ein eher kameradschaftliches als körperlich nahes Verhältnis; sie erleben sie als unabhängig und etwas anders als andere Mütter. Die Gefühlsäußerungen von Kindern mit dieser Mondstellung sind oft nüchtern distanziert und durchlaufen vorher eine kleine Kopfkontrolle.

Fische
Kinder mit einem Fische-Mond haben ein sehr zartes, instabiles Gefühlsleben, sind leicht ängstlich und verletzbar. Sie können sich tief in andere einfühlen und manchmal ihre eigenen Empfindungen von denen anderer nicht trennen. So kann es häufiger mal zu Reizüberflutungen kommen, und sie brauchen viel Zeit und Raum für sich, um einen Ausgleich zu finden. Genügend Rückzugsmöglichkeiten, ein harmonisches Familienklima, viele Streicheleinheiten und der enge Kontakt zur Mutter sind die Voraussetzung dafür, das sie sich behütet und geborgen fühlen. Meist fällt es ihnen schwer, ihre Bedürfnisse direkt anzumelden, eher ziehen sie sich zurück oder brechen in Tränen aus. Ihre Mutter empfinden sie als weich, aufopfernd und tolerant. Manche Kinder neigen dazu, sie zu idealisieren, andere fühlen sich von ihr zu wenig beachtet.

Häufig gestellte Fragen

Warum haben Sternzeichen manchmal unterschiedliche Anfangsdaten?
Wann ein Zeichen beginnt, hängt davon ab, zu welchem Zeitpunkt die Sonne auf ihrer Bahn durch den Tierkreis in das jeweilige Zeichen eintritt. Und das tut sie nicht Punkt 00.00 Uhr und auch nicht in jedem Jahr am selben Tag. Dadurch, dass der Sonnenumlauf nicht genau 365 Tage wie unser Kalender hat, wir also Schaltjahre brauchen, um den Unterschied auszugleichen, kann sich der tatsächliche Zeichenbeginn um maximal einen Tag verschieben. Wer um einen Zeichenwechsel herum geboren ist, sollte sich sein Sternzeichen sicherheitshalber ausrechnen lassen. Dazu wendet man sich am besten an einen Astrologen, kann es aber auch im Internet selber machen. Es gibt Online-Dienste, die diesen Service kostenlos anbieten.

Kann die Astrologie bei Verhütung oder Kinderwunsch helfen?
Ja. Man kann die fruchtbaren Tage astrologisch berechnen und in beide Richtungen verwenden. Diese Tage decken sich aber nicht immer mit den medizinisch errechneten Daten! Der tschechische Frauenarzt Dr. E. Jonas hat auf der Basis von alten astrologischen Überlieferungen die »Kosmobiologische Empfängnisplanung« entwickelt. Ich habe in meiner Praxis damit sehr gute Erfahrungen gemacht und einigen Frauen, die schon lange auf ein Kind gewartet haben, helfen können.
Darüber hinaus hat Jonas eine Methode zur Geschlechtsbestimmung entwickelt, die auf den Mondzeichen beruht. Wenn man den Zeitpunkt der Empfängnis kennt, kann

man damit vorhersagen, ob es ein Junge oder Mädchen wird. Steht der Mond zur Empfängnis in einem weiblichen Zeichen (Stier, Krebs, Jungfrau, Skorpion, Steinbock, Fische), wird es ein Mädchen. Steht er in einem männlichen Zeichen (Widder, Zwillinge, Löwe, Waage, Schütze, Wassermann), wird es ein Junge. Einfach, aber wahr – bisher hat es immer gestimmt. Bei Zwillingen mit unterschiedlichem Geschlecht (also nicht-eineiigen Zwillingen) befand sich der Mond bei der Empfängnis am Übergang von einem Zeichen zum nächsten. Männliche und weibliche Tierkreiszeichen wechseln sich immer ab.

Zwillinge werden ja kurz hintereinander geboren. Wie kommt es, dass sie trotzdem so unterschiedlich sein können?
Zwillinge, die im Abstand von mehr als ein paar Minuten geboren werden, können durchaus markante Unterschiede im Horoskop aufweisen. So kann der Aszendent schon in einem anderen Zeichen sein oder Planeten in anderen Häusern stehen. Sehr dicht nacheinander geborene Zwillinge haben tatsächlich fast das gleiche Horoskop, es gibt nur wenige Unterschiede. Eine Erklärung, warum sie sich trotzdem nicht identisch entwickeln, liegt im breiten Spektrum der astrologischen Symbole. Jedes Zeichen, jeder Planet, jedes Haus hat mehrere Bedeutungen. Das Zeichen Schütze, zum Beispiel, hat mit so unterschiedlichen Themen wie Bewegung, Weiterbildung, Sinnsuche und Natur zu tun. Haben die Zwillinge ihre Sonne oder ihren Aszendenten in diesem Zeichen, kann aus dem einen ein philosophischer Gelehrter werden, während der andere als Surfer um die Welt reist. Von außen betrachtet sieht man zwei sehr unterschiedliche Entwicklungen, astrologisch sind sie aber völlig schlüssig. Eine weitere Erklärung liegt im Phänomen der Willensfreiheit begründet. Das eine Kind lebt vielleicht bestimmte Teile seiner Veranlagung voll aus, das andere lebt diese nur wenig aus, aber dafür andere

mehr. Wer welche Seiten ausdrückt, und warum, darüber gibt dann doch wieder der kleine Zeitunterschied zwischen den beiden Auskunft.

Ist ein Horoskop auch für Kaiserschnittgeburten gültig?
Ja. Das Horoskop wird auf den Geburtsmoment eines Kindes erstellt, egal wie diese Geburt zustande gekommen ist. Meist findet sich im Horoskop von Kaiserschnittkindern auch der Hinweis, dass das Kind die Selbstdurchsetzung, die ihm durch die »leichte Geburt« vorenthalten wurde, erst noch erlernen muss.

Wie finde ich die Geburtszeit meines Kindes – oder meine eigene – heraus?
Wenn Sie keine Unterlagen darüber haben, wenden Sie sich an das Standesamt, das die Geburtsurkunde ausgestellt hat. Oft geht das telefonisch, manchmal muss man sich legitimieren und eine Gebühr bezahlen.

Die Planeten sind so weit weg, können sie überhaupt einen Einfluss haben?
Ob die Planeten überhaupt einen Einfluss ausüben – darüber sind sich die Astrologen uneinig. Es gibt zwei grundlegend unterschiedliche Erklärungsmodelle: ein kausales und ein analoges. Dem kausalen Modell liegt das Phänomen von Ursache und Wirkung zugrunde. Es geht davon aus, dass sich die Stellungen der Himmelskörper direkt auf den Menschen auswirken. Zum Zeitpunkt der Geburt nimmt das Kind das aktuelle Magnetfeld auf, speichert es in sich ab und trägt es als Grundstruktur sein Leben lang in sich. Zu dieser Theorie gehört auch das Phänomen von Ebbe von Flut, das dem Mond zugeschrieben wird. Viele moderne Astrologen gehen allerdings von einem analogen Zusammenhang aus. Analog bedeutet hier: So wie die Planeten zum Zeitpunkt der Geburt eines Menschen stehen, bewirken

sie nicht etwas, sondern zeigen etwas an. In diesem Zusammenhang könnte man das Horoskop mit einer Uhr vergleichen: Sie macht die Zeit nicht, sondern sie zeigt sie an. Diese Theorie beruft sich auf den Grundsatz von Hermes Trismegistos: »Wie oben so unten«: Was sich oben am Himmel zeigt, hat seine Entsprechung unten auf der Erde.

Können sich Sternzeichen vererben?
Ja. Manchmal ist dies ganz leicht nachvollziehbar: Zum Beispiel ist der Vater Skorpion (hat die Sonne im Skorpion), und die Tochter hat einen Skorpion-Aszendenten oder umgekehrt. Es werden auch mal Generationen übersprungen: Vielleicht hat die Oma ihre Sonne oder ihren Mond im Skorpion. So ziehen sich die Skorpion-Eigenschaften durch die Familie.

Bedeutet Astrologie, dass unser Schicksal unabänderlich ist?
Die Frage, ob Schicksal oder freier Wille unsere Leben bestimmen, ist so alt wie die Menschheit, und niemand weiß die Antwort. Meinungen dazu gibt es natürlich viele, und sie lassen sich alle in die Astrologie einflechten. Hier kommt es wieder sehr auf den Astrologen an. Ich persönlich gehe – momentan – davon aus, dass es Rahmenbedingungen gibt, innerhalb deren wir uns bewegen. Diese Rahmenbedingungen zeigt das Horoskop sehr deutlich an, sowohl in der Beschreibung unserer Veranlagung als auch in der Prognose darüber, wann sie sich wie entfalten kann. Diesen Rahmen können wir füllen und erweitern, aber nicht sprengen.
Ich vergleiche das Horoskop eines Kindes gern mit einem Samenkorn, in dem alle Informationen über die Frucht enthalten sind. Es beinhaltet sozusagen den Gesamtbauplan. Ob aber dieses Samenkorn in gute, nährende Erde gepflanzt wird und viel Sonne erhält, oder ob es auf steinigen, beschatteten Boden fällt, ist nicht vorhersehbar. Jedoch hängt sehr viel davon ab.

Linda Goodman
Astrologie – sonnenklar
Eine astrologische Charakterkunde
Band 16796

Was die Sterne uns verraten: Dieses Buch macht deshalb so viel Spaß, weil man die eigenen Vorzüge und die Schwächen seiner Zeitgenossen noch nie so witzig und plausibel begründet fand wie hier. So kann man Familie, Freunde und Kollegen wie ein Psychologe durchschauen und ihre Reaktionen wie ein Hellseher voraussehen.

Die Sterne wissen alles!

Fischer Taschenbuch Verlag

Theodora Lau

Das große Buch der chinesischen Astrologie

Was der Mond uns über unsere Männer, Frauen, Liebsten, Kinder, Kollegen und über uns selbst verrät

Band 17375

Die chinesischen Tierzeichen folgen dem Mondjahr, denn die Chinesen glauben, dass nicht die Sonne, sondern der Mond, der der Erde so viel näher ist, Charakter und Schicksal des Menschen bestimmt. Wie Ihr chinesisches Tierzeichen Ihr Leben, Ihre Beziehungen und Ihre Zukunft beeinflusst, zeigt Theodora Lau anschaulich in diesem Buch.

Fischer Taschenbuch Verlag